AI와 통번역의 미래

AI와 통번역의 미래

이상빈 지음

AI and
the future of
translation and
interpreting

한국문화사

 목차

 **AI 시대, 새로운 길을 찾아야 한다!**   09

1장
바벨탑 3.0의 시대, AI와 번역을 논하다   15

1.1 바벨탑 3.0의 시대   15
1.2 기술 발전의 속도와 번역   19
1.3 번역의 주체(들) — 누가 주인인가?   24
1.4 외국어/번역 역량과 교육의 문제   30
1.5 미래의 번역가   34

2장
AI 번역 시대,
번역과 번역자를 바라보는 다양한 관점들   39

2.1 번역의 실존적 위기   39
2.2 비관론: 카를 마르크스의 노동론   42
2.3 낙관론: 알베르 카뮈의 시시포스의 신화   50

2.4 비판적 포스트휴머니즘의 관점에서 ········· 55
2.5 '탈-번역(가)' 마인드셋 ········· 59
2.6 번역의 사이보그화와 윤리 ········· 64
2.7 결론을 대신하며 ········· 68

3장
AI 번역(기)의 한계　　　　　　　　71

3.1 AI 번역기를 비교해 보자 ········· 71
3.2 AI 번역도 편향성을 갖는다 ········· 92
3.3 변덕꾸러기 AI와 나비효과 ········· 101
3.4 첨언: AI 번역 리터러시 ········· 110

4장
출판 산업과 AI 번역　　　　　　　　115

4.1 AI 시대의 도래 ········· 115
4.2 AI 번역과 출판 ········· 116
4.3 AI 번역의 한계 — 사례 분석을 기반으로 ········· 120
4.4 AI 번역의 미래와 과제 ········· 126

5장
창의성과 챗GPT 번역   129

5.1 창의성은 인간 고유의 것인가?   129
5.2 영상물 번역 사례: 말장난(wordplay) 그리고…   132
5.3 창의적인 결과물을 얻으려면 어떻게 질문해야 하는가?   143
5.4 첨언: 장기적인 위협과 과제   153

6장
AI와 문학 번역   157

6.1 AI는 문학작품을 번역할 수 있다?!   157
6.2 AI 문학 번역 사례 — 어느 수준인가?   167
6.3 AI 번역 저작권 그리고…   187
6.4 심리적 장벽: 독자 수용의 문제   196

7장
AI 시대의 도전과 대학의 통번역 교육　　201

7.1 들어가기에 앞서　　201
7.2 주판에서 챗GPT로　　202
7.3 비관주의 회피 함정　　208
7.4 배양 이론과 대중의 인식　　211
7.5 공진화(共進化)는 가능한가?　　213
7.6 미필적 고의　　217
7.7 바보야, 중요한 건 과정이야!　　219
7.8 대학 통번역 교육의 방향　　221

 참고문헌　　231

AI 시대, 새로운 길을 찾아야 한다!

오래전 한 교수가 이런 말을 한 적이 있다. "이 세상은 두 부류의 사람으로 나눌 수 있습니다. 그랜드 캐니언을 가본 사람과 그렇지 못한 사람으로 말입니다." 이 말뜻을 짐작하기는 어렵지 않다. 그랜드 캐니언을 실제 가본 사람만이 그 웅장함과 경이로움을 알 수 있다는 거다.

사실 이와 같은 분류는 얼마든지 만들 수 있다. 이건 어떤가? "이 세상은 두 부류의 사람으로 나눌 수 있습니다. AI를 활용할 줄 아는 사람과 그러지 못하는 사람으로 말입니다." AI가 화두인 요즘, 이런 분류는 저절로 고개를 끄덕이게 만든다. 그러면, 답해 보자. 당신은 어느 부류에 속하는가? 한 지인은 챗GPT를 — 그것도 유료 구독자로서 — "오랫동안 사용해 왔다"라며, 자신을 전자로 규정하였다.

AI를 사용할 줄 아는 사람은 많다. 생성형 AI의 도움을 받아 중간고사 리포트를 작성하는 대학생들. 챗GPT가 제시한 아이디어를 바탕으로 제안서를 구상하는 직장인들. AI 번역을 통해 해외 바이어와 소통하는 사업가들. 이들뿐만이 아니다. 재미 삼아 이것저것 다 해보는 디지털 네이티브(digital native)까지 생각하면, 'AI를 활용할 줄 아는 사람'은 생각보다 많다.

그러니, 단순히 AI를 사용할 줄 아는 것만으로는 부족하다. AI를 사용할 수 있는지에 따라 사람의 능력을 판별하는 시기는 이제 끝났다. 챗GPT가 공개된 직후인 2023년에는 간단한 프롬프트 전략만으로도 경쟁력을 어느 정도 갖출 수 있었다. 하지만 이런 전략도 진부해진 지 오래다. 따라서 세상을 정의하는 우리의 이분법도 달라져야 한다. 가령 이렇게 말이다. "이제 세상은 AI를 비판적으로 평가하고 보완할 수 있는 사람과 그러지 못하는 사람으로 나뉩니다." 이렇게 문장을 바꾸고 보니, 자신을 전자로 규정할 수 있는 사람이 과연 얼마나 될지 궁금하다.

    AI의 편리함과 효율성에 의존하는 사람들은 창의적인 주체로 성장할 수 없다. 이와는 반대로, AI의 한계를 강조하고 HI(인간지능)의 우월성만을 주장하는 사람들은 도태될 공산이 크다. 이제 우리는 AI와 HI가 교접하여 만든 다양한 스펙트럼 속에서 둘 간의 균형점이나 타협점을 찾아야 한다. 이를 위해서는 그간 인간이 독주해 왔던 다양한 직능 분야에서 AI의 잠재력뿐만 아니라 AI의 한계점도 파악할 수 있어야 한다. 통번역 연구자인 나는 바로 이런 고민을 거듭하면서 이 책을 구상하게 되었다. AI가 절대적인 존재로 군림할 거라는 주장과 인간만이 최고의 통번역을 제공할 수 있다는 주장 사이에서, 통번역 전문가들은 저마다 생존의 선택을 강요받고 있다.

    이 책에서 나는 AI 번역에 관한 거시적인 문제와 미시적인 문제를 모두 다룬다. 거시적인 문제란 AI 시대에 전문 번역가나 번역 전공자들이 겪게 될 각종 사회문화적 문제를 가리킨다. 예컨대, 번역 노동의 본질과 번역가의 위상이 AI로 인해 어떻게 달라질 것인지, 나아가 전문 번역 교육은 AI라는 파고에 맞서기 위해 어떻게 변모해야 하는지 등이다. 이에 반해 미시적인 문제는 다양한 실무 영역에서 'AI 번역기'를 어떻게 다뤄야 하는지 그리고 'AI 번역물'을 어떻게 해석하고 수정해야 하는지 등과 관련 있다. 본서에서 소개할 AI 번역물은 생성형 AI 도구 — 챗GPT(ChatGPT 4o), 클로드(Claude 3.5 Sonnet), 제미나이(Gemini) 등의 프론티어 모델 — 로 만든 결과물뿐만 아니라 딥엘(DeepL), 파파고(Papago), 빙(Bing), 구글 번역기(Google Translate)와 같은 '신경망 기계 번역기'의 생성물을 지칭한다. 일부 연구자들은 후자를 '기계 번역'(machine translation)이라는 전통적인 틀 속에 두면서 생성형 AI의 산출물과 구분하지만, 이 책에서는 특별한 상황이 아니면 구분하지 않는다.

본서는 총 일곱 개의 장으로 구성되어 있다. 각 장을 요약하면 다음과 같다.

제1장("**바벨탑 3.0의 시대, AI와 번역을 논하다**")에서는 AI를 필두로 한 기술의 발전이 통번역 세계에 어떤 영향을 미칠 수 있는지를 전망한다. 먼저, '바벨탑 3.0'의 개념을 규정하면서 AI가 번역가의 지위와 역할뿐만 아니라 번역에 대한 대중의 인식과 외국어 교육의 현실을 바꿀 수 있다고 주장한다. 특히, AI와 관련된 기초 개념들, 이를테면 '기술적 특이점'(technological singularity), '불쾌한 골짜기'(uncanny valley), '튜링 테스트'(Turing test), '중국어 방'(Chinese Room) 등을 번역 분야에 적용해 보고, 번역(자)에 관한 새로운 해석을 모색한다. 본서의 밑그림을 보고 싶다면 1장부터 읽으면 된다.

제2장("**AI 번역 시대, 번역과 번역자를 바라보는 다양한 관점들**")에서는 AI 시대가 몰고 올 번역(가)의 실존적 위기와 번역 노동의 변화를 독특한 관점에서 살펴본다. 이 장은 번역 노동에 관한 비관적 시나리오를 가정하고 논의를 시작한다. 먼저 카를 마르크스의 노동론을 소환하여, AI와 인간 번역가의 관계를 자동화된 공장과 노동자의 관계에 빗대어 설명한다. 그다음에는 알베르 카뮈의 '시시포스의 신화'를 살펴보면서, 미래의 번역가들이

어떻게 하면 자존감을 지키면서 번역 노동에 임할 수 있는지를 상상해 본다. 번역에 관한 비관론과 낙관론을 탐구한 후에는 비판적 포스트휴머니즘의 시각에서 '기계 번역자'의 지위와 정체성을 논하고, 인간종 중심의 사고가 AI 시대의 번역가들에게 해로울 수 있다고 주장한다. 또한 미래의 번역가들이 번역 이외에 어떤 업무를 할 수 있는지를 따져 보면서 번역가의 급격한 직무 변화를 어떻게 바라봐야 할지도 탐구한다. 본서 2장에는 필자가 만든 신조어와 번역학 용어가 제법 등장하니, 번역에 대한 이해가 부족한 독자라면 이 장을 가장 마지막에 읽기를 바란다.

제3장("AI 번역(기)의 한계")에서는 1~2장과 사뭇 다른 분위기를 느낄 수 있다. 이 장은 자동 번역기나 생성형 AI 도구로 번역 과업을 수행할 때 마주치는 독특한 현상이나 문제점을 다룬다. 가령, 파파고, 딥엘, 챗GPT, 제미나이, 클로드 등이 동음이의어, 사투리, 전문 용어 등을 어떻게 처리하는지 사례 중심으로 비교한다. 아울러, 빙과 딥엘 번역기의 기능적 특징을 소개하고, 자신만의 '번역 GPT'를 만드는 노하우도 공유한다. 그런 후에는 AI 번역이 문법적 젠더(grammatical gender) 측면에서 편향성을 내포할 수 있음을 살펴본다. 남성과 여성이 문법적으로 구분되는 프랑스어와 이탈리어를 통해 AI가 번역에서 어떤 성차별을 드러내는지 고찰한다. 또한, 문장 부호나 접사 하나가 전체 번역물에 일으키는 엄청난 '나비효과'를 확인하고, 터무니없는 환각(hallucination) 번역의 사례도 분석한다. 끝으로, AI 번역에 관심 있는 사람들이 갖춰야 할 'AI 번역 리터러시(literacy)'의 개념을 소개한다. AI 번역 리터러시는 AI 번역물을 제대로 이해하고 평가할 수 있는 역량 나아가 더 좋은 번역물을 산출하기 위해 AI와 효과적으로 소통할 수 있는 종합적 역량을 뜻한다.

제4장("출판 산업과 AI 번역")에서는 AI 도구와 딥엘 번역기 등으로 출판

된 책들을 소개하고, AI가 출판 시장에 미칠 영향을 예측해 본다. 이어 AI 번역에 어떤 한계가 존재하는지를 '맥락 정보', '문화·정치적 함의를 지닌 용어', '문학적 글쓰기', '창의적인 표현'이라는 네 가지 영역에서 사례 중심으로 살펴본다. 끝으로는, 출판 시장에서 AI 번역이 활용되기 위해 어떤 준비가 이루어져야 하는지를 간략하게 설명한다.

제5장("**창의성과 챗GPT 번역**")에서는 챗GPT가 창의적인 번역을 할 수 있는지를 묻고 답한다. 읽는 재미를 더하기 위해 넷플릭스 영화, K-드라마, 게임 등에서 발췌한 텍스트를 분석한다. 이를 통해 챗GPT가 말장난(word-play)을 효과적으로 번역할 수 있다고 주장하면서, 좋은 번역을 산출하는 프롬프팅 전략도 함께 소개한다. 마지막 절에서는 AI 산출물의 증가가 초래할 창의성 상실의 문제를 간략하게 다룬다.

제6장("**AI와 문학 번역**")도 3~5장처럼 통번역 교육용으로 활용할 수 있는 글이다. 나는 AI가 문학 번역을 '어느 정도' 할 수 있다고 확신한다. 다만 AI가 진정한 의미에서 문학 번역을 잘할 거라고는 생각하지 않는다. 이 장에서는 생성형 AI가 문학작품을 번역할 때 어떤 문제가 발생할 수 있는지를 사례 중심으로 보고할 것이다. 먼저, 현대 시조 한 수와 한국 소설에서 발췌한 문장들을 활용하여 생성형 AI가 이들을 어떻게 번역했는지 소개하고 그 번역물을 인간의 것과 비교함으로써, 문학 번역이 얼마나 복잡한 과업인지를 다시 한번 강조하고자 한다. 그다음에는 AI 번역 저작권과 법적 문제를 간단하게나마 다룬다. AI 사용자가 프롬프트를 통해 문학작품을 번역하는 게 법적으로 어떤 의미를 가지는지, 프롬프트 엔지니어링이 저작권의 대상이 될 수 있는지, 나아가 출판사와 독자는 AI 번역물을 어떻게 바라보는지 다각도로 조명한다.

끝으로 **제7장**("**AI 시대의 도전과 대학의 통번역 교육**")에서는 AI 시대에 통번역 전문가들이 직면한 도전과 위기를 냉철하고도 비판적으로 진단한다. 특히, '비관주의 회피 함정'(pessimism-aversion trap), '배양 이론'(cultivation theory), '공진화'(co-evolution), '미필적 고의' 등의 개념을 토대로, 통번역 교수자들이 AI 시대에 어떻게 변해야 하는지를 제안한다. 일부 통번역 종사자들은 앞서 살펴본 1장과 2장만큼이나 7장의 내용을 탐탁지 않게 여길 수 있다. 그만큼 7장의 내용은 자아 성찰에서 나온 솔직한 고백임을 밝힌다.

이제 AGI — 인공일반지능(인간처럼 다양한 과제를 수행하고 일반적인 지능을 발휘할 수 있는 AI) — 에 관한 논의도 급물살을 타기 시작했다. 챗GPT의 출현도 충분히 충격적이었는데, 그보다도 뛰어난 AI가 등장하면 세상이 어떻게 바뀔지 도무지 예측할 수가 없다. 나로서는 기대보다도 두려움이 앞선다. 다시 한번 기술혁신이 세상을 뒤엎는다면 통번역의 세계는 어떻게 될 것인가? 전문가는 말할 필요도 없고 현재 통번역(학)을 공부하는 사람들도 메가 시프트에 조금이라도 대응할 준비를 갖춰야 한다. 물이 뜨거워지는 줄도 모르고 멍하니 유영하는 개구리가 되어서는 안 된다. 불편한 현실을 외면하고자 땅속에 머리를 파묻는 타조가 되어서도 안 된다. AI의 위세는 더욱더 커질 것이다. AI의 공세를 막는 건 실질적으로 불가능하다. 이에 동의하지 않는 사람이 있다면 그들은 디지털 사진을 포기한 채 필름 현상만을 고집하는 동네 사진사임을 자처하는 것이다. 앞서 언급한 AI와 HI의 타협점을 모색하며 새로운 길을 찾아야 한다. 그 길은 지금까지 걸어온 길과는 완전히 다르며 잘 보이지도 않을 것이다. 어렵겠지만, 뭐든 해봐야 하지 않을까? 이런 뜻에서 이 책이 통번역 업계에 있는 여러분에게 조금이나마 도움이 되기를 바란다.

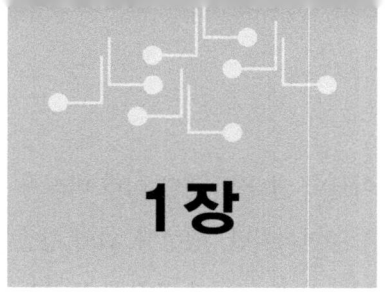

바벨탑 3.0의 시대, AI와 번역을 논하다

1.1 바벨탑 3.0의 시대

아랫글은 김상균 교수가 『초인류』에서 제시한 미래 사회의 모습이다.

> 레슬리는 한국어로 발표를 진행했다. 물론 블랙스버그에 모인 프로젝트 멤버들에게는 각자 자신이 선호하는 언어로 발표가 들렸다. 레슬리가 한국식 농담을 던지면, 멤버의 문화권, 연령 등을 바탕으로 자동으로 이야기가 일부 각색이 되어 전달되었다. 예전과 달리 멤버들의 얼굴에 미소가 가득한 모습을 보면서 레슬리는 더 신나게 발표를 마칠 수 있었다. (김상균, 2023, p. 128)

공상과학소설에서나 나올법한 이 장면이 관심을 끄는 이유는 인공지능이 맥락을 파악하여 "각색[번안]"까지 한다는 데 있다. 한국식 농담이 번안 되어 의도된 반응을 이끌어 낸다?!¹ 정말 이런 미래가 올까? 몇 년 전만 하더라도 가볍게 넘겼을 장면이지만, 생성형 AI의 광풍이 불고 있는 요즘에는 이런 시나리오를 믿을 만한 근거가 충분해 보인다. 적어도 일반 대중에게는 그런 것 같다.

인간은 언어 간 장벽을 넘기 위해 몇천 년 동안 각고의 노력을 해왔다. 이런 노력의 중심에는 늘 번역가²가 있었고, 그들의 노동은 보상의 유형이나 규모와 관계없이 역사적으로 그 가치를 인정받았다. 20세기 들어서는 번역을 자동화하려는 시도가 시작됐다. 이러한 노력의 선봉에는 영국, 미국 등을 비롯한 일부 선진국과 혁신을 내세운 대학 연구팀이 있었다. 하지만 최근까지도 이들의 노력은 우리 일상을 획기적으로 바꿀만한 결실로 이어지지 못했고, 대개는 그저 실험실 결과로만 남게 되었다. 그래서 여전히 번역가는 절대적인 위상을 누렸다. 바로 바벨탑 1.0 시대의 모습이다.

그러다 바벨탑 2.0의 시대가 열렸다. 일부 IT 기업이 대량의 말뭉치를 활용하여 자동 기계 번역기(FOMT)를 선보였고, 그 결과 일반인들도 기계 번역의 가능성을 직접, 무료로 확인할 수 있었다. 하지만 기계 번역의 수준은 여러 논문과 기사 등에서 드러났듯이 우스꽝스럽거나 형편없을 때가 많았다. 일부 연구자는 기계 번역의 품질을 인간 번역(human translation)과 비교하면서 "기계 번역의 시대는 멀었다"라고 선언했다. 그럼에도 불구하고 일반인들 사이에서는 기계 번역 사용이 증가했고, 특정 분야에서는 그 효용이 분명하게 드러났다. 일단 속도 면에서는 인간이 기계를 따라갈 수 없었고, 특정 언어 쌍이나 사용 환경에서는 조잡한 수준이라도 기계 번역

---

1 화행이론(speech act theory)에서 말하는 발화 행위(locution), 발화 의도(illocution), 발화 효과(perlocution)가 모두 달성된 상황이다(Austin & Urmson, 1962).

2 이 글에서 "번역"은 통역의 개념을 포함할 때가 많다.

이 큰 도움이 되었다. 이처럼 바벨탑 2.0의 시대에는 기계 번역에 대한 불신과 신뢰가 공존했다. 사람들은 이 탑이 무너질 수 있다고 생각하면서도 최소한 어느 높이까지는 충분히 올라갈 수 있다고 믿었다.

이제 바벨탑 3.0의 시대가 도래한 것일까? 2022년 챗GPT가 세상에 모습을 드러내면서 일반 대중도 인공지능의 엄청난 잠재력을 두 눈으로 직접 확인할 수 있었다. 언어학자들도 챗GPT의 '언어 구사력'에 놀라움을 금치 못했고, 일부 IT 전문가들은 인공지능이 인류의 미래에 큰 위협이 될 수 있다고 경고했다. 기술적 숭고함(technological sublime)이 인간의 마음속에 경이와 공포를 동시에 불러일으킨 것이다. 다만, 번역만을 놓고 보면 생성형 인공지능이 기존의 신경망 기계 번역을 크게 넘어서지는 못하고 있다.[3] 하지만 생성형 인공지능은 번역 과정에 도움을 줄 수 있는 각종 교정·교열과 원문 분석 등을 지원한다. 게다가 생성형 인공지능은 바로 이 순간에도 학습과 진화를 거듭하면서 그 잠재력을 끊임없이 키워가고 있다. 그래서 생성형 인공지능의 시대(이하 "인공지능 시대")에는 기계 번역을 조롱하는 분위기가 생겨날 틈이 없다. 기계 번역에 대한 신뢰나 의존이 기계 번역에 대한 불신을 조금씩 대체하기 시작한다.

인공지능 시대가 본격적으로 막을 올리면서 기존의 통번역 전문가와 교육자들이 큰 고민에 빠졌다. 빠르게 확장 중인 인공지능 바벨탑을 보면서 교육 철학과 노선을 수정해야 하고, 인공지능 발전에 따른 번역(가)에 대한 인식 변화에도 대응해야 하기 때문이다. 이제 기존의 통번역 전문가들은 〈그림 1-1〉의 '인공지능 바벨탑'(오른쪽 그림) 앞에 모여 있는, 시대에 뒤떨

---

3   지난 1~2년 사이에 변화가 느껴졌다. 경험적으로 볼 때, 생성형 AI가 좀 더 창의적이고 맥락을 이해하는 번역물을 내놓는다(2025년 1월 기준).

어진 사람처럼 보일 처지다.[4]

그림 1-1. 피터르 브뤼헐 1세의 바벨탑(1563)과 DALL·E로 만든 인공지능 바벨탑(2024)

이 글에서 나는 인공지능 시대에 번역장(translation field)이 어떤 변화를 겪고 있는지, 나아가 번역가와 번역 교육자들이 어떤 도전에 직면해 있는지를 다각도로 살펴보고자 한다.[5] 이를 위해 먼저 신기술의 발달 정도를 보여주는 몇 가지 사례를 소개한 후, 기술 진보로 인해 번역 전문가들이 어떤 상황에 놓여 있는지를 생각해 본다. 그다음에는 인간과 기술의 상호관계에 주목하여, 기계 번역의 발전으로 대두된 번역가의 실존적 가치와 번역기계의 주체성·행위성 문제를 다룬다. 이어서는 인공지능 시대에

---

4 피터르 브뤼헐 1세의 바벨탑(왼쪽 그림)을 이용해 오른쪽 그림을 제작하였다. 엄청난 규모의 데이터 센터와 비교되도록 그림 속 사람들을 비슷하게 만들었다.

5 이 장에서는 (AI의 영향을 직접적으로 받는) 비문학 번역 분야에 초점을 맞춘다. 다만, 다음 논평에도 주목할 필요가 있다. "AI의 등장으로 어찌 보면 통역과 번역의 경계도, 문학 번역과 비문학 번역의 경계도 무너지고 있다 […] 개인적으로 문학 번역이 비문학 번역보다 안전지대에 있다고 생각하지 않는다. '문학 번역'이라는 개념은 사실 매우 모호하고 그 경계가 불분명하다(Cronin, 2013)." 문학 번역과 기계 번역에 관한 또 다른 관점은 전미세리(2023)에서 확인할 수 있다.

번역 역량의 의미를 따져 보고, 번역 교육이 직면한 인지적 상황을 간략히 논한다. 끝으로는, 미래의 번역가와 번역의 운명을 상상해 보며 장을 마무리한다.

  이 장의 목적은 인공지능 시대에 번역 전문가가 처한 현실을 진단하고 미래를 예측해 봄으로써 적절한 대응 방안을 모색하기 위한 담론의 장을 마련하는 것이다. 미리 선언하는데, 이 글에서 나는 어떤 문제에 대한 해결책을 제시하지 않는다. 나의 궁극적인 목표는 나와 비슷한 처지에 있는 다른 전문가들이 급변하는 현 상황을 어떻게 인식하고 대응 중인지를 논의할 수 있게끔, 하나의 계기를 마련하는 데 있다.

1.2 기술 발전의 속도와 번역

  우리는 데이터 시대에 살고 있다. 스마트폰 사용을 비롯한 일상의 거의 모든 활동이 데이터로 만들어지고, 이렇게 생산된 데이터는 또 다른 데이터를 대량으로 산출한다. 데이터의 생산 규모는 일반인이 상상하기 힘든 수준이다. 포츠머스 대학의 멜빈 밥슨(Melvin Vopson) 교수는 디지털 데이터의 양이 현재와 같은 속도로 증가하면 비트(bit) 수가 지구의 원자 수를 초과할 수 있다고 전망했다. 그는 최신 데이터 메모리 기술에서 1비트가 대략 25제곱 나노미터를 차지한다고 가정한 후, 약 150~200년 후에는 디지털 데이터가 지구의 전체 부피보다 많은 공간을 필요하게 된다고 추산했다(김성태, 2023, p. 86). 이처럼 데이터가 지수 함수의 곡선처럼 확장하면 챗GPT를 능가하는 신기술도 머지않아 등장할 수 있다.

  데이터를 처리하는 기술 역시 무섭게 발전하고 있다. 인공지능의 성능을 높이기 위해서는 몇 가지 기술적 전제가 필요한데, 그중에는 고도의 컴퓨팅 능력을 갖추는 것도 포함된다. 사실 나 같은 일반인도 이미 엄청난 컴퓨팅 파워를 경험하고 있다. 우리가 사용하는 스마트폰의 컴퓨팅 능력, 메모리 용량 등은 인류 최초로 달 착륙에 성공한 아폴로 11호의 컴퓨터(AGC)보다 우수하다. 인간 대다수가 이미 첨단기술의 선봉에 있다고 해도 과언은 아니다. 이런 상황에서 게임 체인저가 될 수 있는 양자컴퓨팅 연구도 활발히 진행 중이다. 구글 인공지능 퀀텀팀을 이끈 존 마르티니스(John Martinis) UC샌타바바라대 교수 등은 『네이처』(Nature)에 게재한 논문에서 "현존 최고 슈퍼컴퓨터로 1만 년 소요되는 연산을 양자컴퓨터로 200초 만에 해결했다"라고 주장한다(김용주, 2019). 이것도 자그마치 5년 전의 일이다.

통번역 업계도 기술 발전의 직접적인 영향을 받고 있다. 특히 거대언어모델(LLM)의 도입은 우리 삶에 많은 변화를 줄 수 있다. 우선 통번역 자동화를 일으켜 외국어 역량의 중요성을 더욱 감소시킬 것이다(카이스트 문술미래전략대학원 미래전략연구센터, 2023, p. 109). 일부 전문가는 인공지능이 아무리 발전해도 번역에 미치는 영향에는 한계가 있다고 지적한다. 가령 기계는 문학 번역가를 대체할 수 없고, 다른 유형의 번역에서도 반드시 인간의 개입이 필요하다고 주장한다. 그러나 이보다 더 실질적인 문제가 있다. 바로 번역에 대한 사람들의 인식이다. 외국어를 모르는 사람도 이문화 의사소통에서 불편함을 못 느끼면 번역 자체를 중요하게 생각하지 않을 것이다. 즉 노력 휴리스틱(effort heuristic)[6]에 따라 번역을 인간이 힘써야

---

6 노력 휴리스틱은 개체의 품질이나 가치를 그 개체의 생산에 들어간 노력에 따라 판단하는 정신적 경험 법칙이다. 노력 휴리스틱에 따르면 제작에 더 많은 시간이 소요된 물건을 더 가치 있는 것으로 판단한다.

할 분야로 보지 않는다는 뜻이다. 주변을 둘러보자. 인공지능이 거의 모든 일을 다 해줄 수 있을 것처럼 묘사되지 않던가? 하물며 번역이라고 예외로 둘까? 기술적 특이점(technological singularity)이 실제로 온다면 인간의 인지 활동 중 가치 있는 일이 뭐가 있을까 싶다.

기술적 특이점은 인공지능이 모든 인간의 지능보다 뛰어난 초인공지능으로 성장하는 시점이다. 『특이점이 온다』(The Singularity Is Near)의 저자 레이 커즈와일(Ray Kurzweil)은 특이점의 도래를 2045년 전후로 예측한다.[7] 이 용어가 제법 유명해졌을 때, 문득 이런 생각이 들었다. *번역의 기술적 특이점도 존재할까?* 번역의 특이점은 모든 인간보다 번역 능력이 뛰어난 기계나 인공지능이 출현한다는 뜻이다. 이런 정의는 이 글 도입 부분에서 언급한 레슬리의 상황 혹은 언제 봤을지 모를 SF 영화의 한 장면을 떠오르게 한다. 그럼에도 불구하고 한편으로는 가능하지 않을까 싶은 생각도 든다. 통번역 실무 공부를 한창 하던 2000년대 초로 돌아가, 나 자신에게 챗GPT와 신경망 기계 번역을 소개해 준다면, 과거의 나는 어떤 반응을 보일까? 라이트 형제가 1903년에 만든 비행기는 59초를 비행했다. 지금 기준으로 생각하면 비행이라기보다는 허공에 잠시 머물렀다고 보는 게 맞을 듯싶다. 하지만 1909년에는 루이 블레리오가 영국 해협을 가로지르는 비행에 성공했고, 1920년대에는 상업용 항공기도 등장했다. 특히, 라이트 형제가 비행에 성공한 지 약 50년 뒤에는 상업용 제트 여객기의 대중화를 이끈 보잉 707이 탄생했다. 라이트 형제가 노스캐롤라이나 키티호크에서 비행기를 날릴 때 이런 변화를 예상했을까? 위와 같은 진보의 사례는 수없이 많다. 딥마인드가 2010년에 설립됐으니, 그로부터 50년 뒤에는

---

7   커즈와일은 『특이점이 더 가까워졌다』(The Singularity Is Nearer)에서 특이점의 도래 시점을 2029년으로 앞당겼다.

어떤 시대가 열릴지 상상해 보자. 수익 가속화의 법칙(Law of Accelerating Returns)[8]을 고려하면 새로운 시대는 훨씬 더 앞당겨질 수 있다.

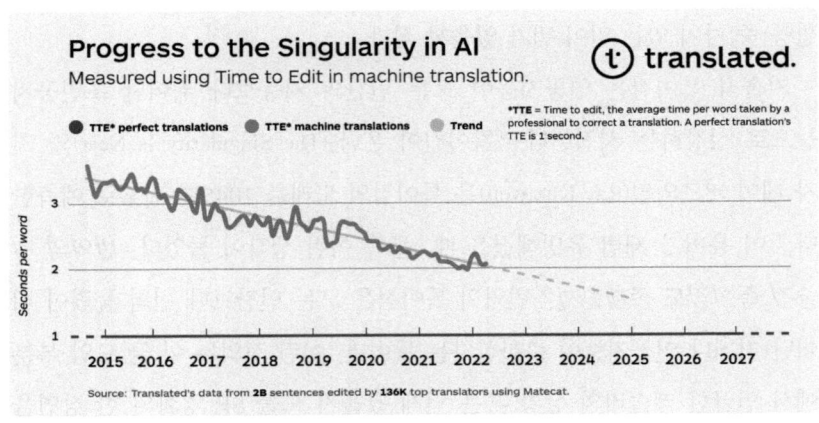

그림 1-2. 기술적 특이점을 향한 진전(Translated, 2022)

번역의 특이점은 나만의 생각이 아니다. 〈그림 1-2〉는 한 업체가 발표한 관련 자료인데, 여기서 우리는 특이점에 관한 실마리를 얻을 수 있다. TTE(Time To Edit)는 전문 번역가가 번역을 수정할 때 소비하는 총시간을 '단어당 평균 시간(초)'으로 환산한 것이다(따라서 수정이 필요 없는 완벽한 번역은 TTE가 0이다). 이 그림에서 "기계 번역 TTE"는 2015년 기준, 3초를 조금 웃돈다. TTE는 해를 거듭하면서 감소세를 보였고 2022년에는 2초 지점에 도달했다. 이런 추세가 지속되면 기계 번역 TTE는 1초대에 머무르면서 0에 가까워질 수 있다. 물론 현재로서는 TTE가 0에 수렴하는 시나리오를 상상할 순 없지만, TTE가 0.2~0.3초 이하만 되더라도 특이점을 거론

---

8 무어의 법칙(컴퓨터 칩의 트랜지스터 수가 약 2년마다 두 배로 증가)을 기초로 한, 커즈와일의 개념이다. 기술의 발전이 기하급수적으로 일어난다는 뜻이다.

할 수 있을 것 같다.

번역 기술의 혁신은 일반 사람들에게 희소식이겠으나, 번역가나 번역 교육자들에게는 우울한 소식이 아닐 수 없다. 어쩌면 우리 전문가들은 이미 '불쾌한 골짜기'(uncanny valley)에 빠져 있는 줄도 모른다. 불쾌한 골짜기란 일본의 로봇공학자 마사히로 모리(森政弘)가 제시한 용어로, 로봇의 진화와 그에 대한 인간의 대응을 압축적으로 묘사한 개념이다. 〈그림 1-3〉이 보여주듯이 개발 초기 단계의 로봇은 인간과 비교해 여러 면에서 부족하다. 그러다 로봇에게 적절한 외모와 능력이 갖춰지면, 인간은 그런 로봇을 호감 있게 바라본다. 하지만 로봇이 인간과 너무 흡사해지면 오히려 불쾌감이나 거부감을 일으킨다. 일부 사람들은 이런 로봇 때문에 정체성을 위협받고 위기의식마저도 느낄 수 있다.

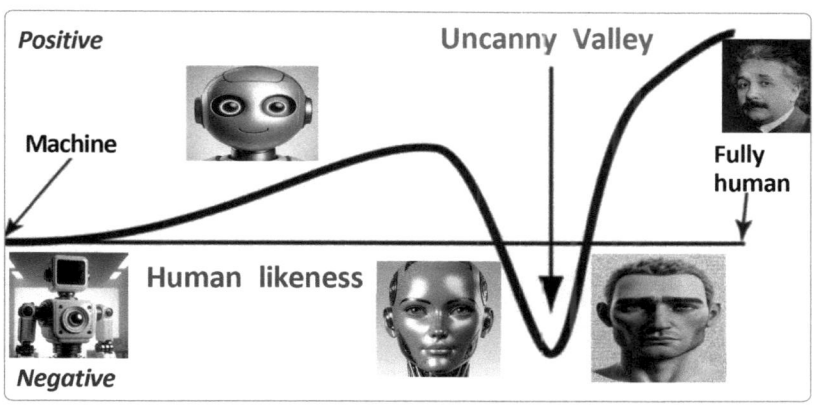

그림 1-3. 불쾌한 골짜기(DALL·E의 도움을 일부 받아 제작)

기계 번역에 관한 초기 번역학 연구를 떠올려 보자. 연구자들이 기계 번역의 '순수함'을 얼마나 놀렸는가? 기계 번역의 효율성은 논외로 한 채, 기계 번역의 오류(오역)에 집중하고 인간 번역의 우수성을 피력한 연구 말이다. 하지만 기계 번역을 실제 사용하다 보면, 감탄은 아니더라도 수긍하는 경우나 편리함을 느낄 때도 적지 않다. 어떤 용도로든 기계 번역을 실무에 사용하는 사람이라면 기계 번역의 효용을 무시하진 않을 것이다. 그러니 인공지능이 더욱 발전하면서 번역 실무자나 교육자들이 불편해하는 것은 어찌 보면 당연하다. '불쾌하다'라는 말을 일차적 의미로만 해석하지 말자. 번역가나 번역 교수자가 인공지능의 발전에 어떻게 대응해야 할지 모르고 있다면, 이런 상황 또한 '불쾌한 골짜기'를 표상하는 것이다.

인공지능의 발전이 심화할수록 통번역 전문가의 고민도 그만큼 깊어진다. 챗GPT와 같은 '도구'를 적극적으로 받아들이기만 하면 될까? 번역 노동의 가치가 떨어지는 상황을 감내하고 노동 환경의 변화에 적응해야만 할까? 초인적 지식을 대가로 기존 정체성을 포기한 '新 파우스트'가 되어도 괜찮을까? 솔직히 대안이 있는지 모르겠다. 그렇다고 기계 번역을 완강히 거부하는 '新 러다이트(neo-Luddite)'로 남을 수도 없다. 통번역 전문가라면 두 극단의 어느 한 지점에서 자신만의 생존법을 찾고 있을 것이다. 어떤 방법을 선택하든, 한 가지 사실은 분명하다. 유발 하라리가 말했듯이 인공지능과 함께 살아가야 하는 우리에겐 변화만이 유일한 상수이다.

1.3 번역의 주체(들) — 누가 주인인가?

기계 번역이 지금보다 훨씬 더 좋아져 인간 번역과 구분할 수 없다면 어떻게 될까? 조금은 엉뚱하지만, 튜링 테스트(Turing Test)[9]의 핵심 논리를 번역 상황에 적용해 보자. 〈그림 1-4〉는 '번역의 튜링 테스트'를 상징적으로 보여주기 위해 DALL·E로 제작한 그림이다. 이 그림에서처럼 기계가 산출한 번역물과 인간이 만든 번역문[10]을 비교하게 한 후, 둘 간의 구분이 어렵다면, 기계의 번역지능은 인간의 번역지능과 비견할 만한 수준이 된 것이다.[11]

그림 1-4. 인간 번역 vs 기계 번역 튜링 테스트(DALL·E에서 제작)

9   이 테스트에는 한 명의 질문자와 두 명의 응답자(컴퓨터와 인간)가 참여한다. 질문자는 어느 쪽이 컴퓨터인지 모르며, 응답은 오직 키보드를 통해서만 이루어진다. 질문자가 컴퓨터와 인간 응답자를 구별할 수 없다면, 컴퓨터는 테스트를 통과한 것으로 간주한다. 이 테스트는 기계가 인간과 얼마나 유사하게 대화할 수 있는지를 기준으로 기계의 지능을 판별하려는 것이며, '이미테이션 게임'으로도 알려져 있다. 1950년 앨런 튜링이 『Computing Machinery and Intelligence』라는 논문에서 처음 제시하였다.

10 국어사전에서 '번역문'(飜譯文)과 '번역물'(飜譯物)의 뜻은 거의 같다. 이 책에서는 한자 '물(物)'의 기본 뜻에 초점을 맞춰 기계가 만든 번역을 번역물로 표현한다.

11 〈그림 1-4〉에는 철자 오류가 있다. 쉽게 찾을 수 없는, 기계의 오류를 상징적으로 보여주기 위해 의도하였다.

물론 이 같은 사고 실험을 진행하기는 당분간 어렵다. 기계 번역이 아직까지는 전문 번역가의 수준에 미치지 못하기 때문이다. 그렇다면 상황을 조금만 바꿔보자. 인간 번역과 기계 번역을 있는 그대로 비교하지 말고, 인간이 교정한 기계 번역 포스트에디팅(MTPE) 산물과 인간 번역을 비교하는 것이다. 만일 인간의 손을 약간 거친 포스트에디팅 결과물과 순수 인간 번역을 구분할 수 없다면 어떨까? 이런 실험은 제한적으로나마 현재도 가능하리라 본다. 만일 라이트 포스트에디팅(light post-editing)의 수준이 인간 번역과 구분할 수 없을 만큼 좋다면, 번역기계는 '튜링 테스트'를 통과했다고 보는 것이다. 물론 여기에는 한 가지 전제가 있다. 포스트에디팅 결과물의 주인을 기계로 본다는 점이다.

번역 주체의 문제는 그리 간단하지 않다. 포스트에디팅을 거친 번역은 궁극적으로 인간의 산물인가, 기계의 산물인가? 기계든 인간이든, 어느 정도 참여해야 진정한 주체가 될 수 있는가? 기계 번역을 활용하는 번역가를 이제는 '교열자'로 불러야 할까? 인간이 포스트에디팅을 자신의 산물로 주장한다면, 그 반대 논리도 타당하지 않을까? 다시 말해, 인간 번역을 챗GPT와 같은 인공지능 '도구'로 교정하면, 인공지능도 그 텍스트의 주인이 될 수 있다는 뜻이다. 인공지능이 저작권을 가질 수 없다곤 하지만, 인간만 '번역자'[12]가 될 수 있다는 주장은 최소한 논리적으로는 타당하지 않다.

기술 수행(techno-performance)은 기본적으로 다음과 같이 몇 단계로 구분할 수 있다.

---

12 번역가와 번역자를 구분하고 싶다. 기계가 번역가는 될 수 없어도 번역자는 될 수 있다는 게 나의 판단이다. 이에 대해서는 다른 글에서 논하겠다.

- 0단계: 인간은 기술의 도움 없이, 독립적으로 수행한다.
- 1단계: 인간이 주도적으로 수행하고, 기술은 보조적 역할만 한다.
- 2단계: 인간과 기계가 동등한 수준으로 수행한다.
- 3단계: 기술이 주도적으로 수행하고, 인간은 보조적 역할만 한다.
- 4단계: 기술이 인간의 도움 없이, 독립적으로 수행한다.

여기서 "기술"은 우리가 쉽게 떠올리는 첨단기술만을 지칭하지 않는다. 신석기 시대의 뾰족한 돌도 인류에게는 첨단(尖端)을 자랑하는 기술이었다. 따라서 0단계는 오늘날 우리의 관점으로는 불가능한 상황이다. 인간은 아주 오랫동안 1단계 상황에서 삶을 영위해 왔다. 지금도 상당수의 번역가가 인터넷과 사전만으로 번역하며, 이때 기술은 보조적 역할만을 수행한다. 2단계에서는 인간과 기계가 비슷한 수준으로 수행한다. 다만 2단계의 경우, 구체적인 사례를 떠올리는 것보다는 상황을 개념적으로만 이해하는 게 편할 수 있다. '동등하다'라는 게 양적으로 같다는 것인가, 아니면 질적으로 비슷하다는 것인가? 어떻게 동등함을 평가할 것인가? 번역의 맥락에서 3단계의 전형적인 사례는 일부 포스트에디팅이나 컴퓨터 보조 번역(CAT)이 활용되는 상황이다. 여기에도 문제는 있다. 인간의 개입이 양적으로 적어도, 인간의 수행을 절대적으로 보는 시각이 있다. 즉, 포스트에디터는 기존의 번역가와 마찬가지로 절대적인 위치에 있다고 보는 것이다. 마지막으로, 4단계는 기술이 더욱 발전하여 인간의 개입이 불필요한 상황을 가정한다. 사실, 4단계의 초기 형태는 지금도 존재한다. 인터넷에서 자신이 모르는 외국어를 개략적으로 이해할 수 있는 것은 인터넷 브라우저에 자동 번역 기능이 있기 때문이다. 일단 브라우저에서 간단한 설정만 해주면 그다음부터는 기계가 모든 번역을 알아서 해준다. 미래에는 이처럼 인간과 기계 사이에 탈매개화 현상이 심화하여 기계의 단독 수행이 좀 더 보편화될 수 있다.

이제 기계는 단순한 타자, 즉 아더(other)가 아니라, 쇼사나 주보프(Shoshana Zuboff) 등의 표현을 빌자면, 빅 아더(big other)이다. 미래에는 기계가 초행위 주체성(hyper-agency)을 얻게 될 것이다. 즉, 매우 발달한 알고리듬 덕분에 인간의 생각이나 의도 등을 건너뛸 수 있는 비인류 발생론적(non-anthropogenic) 방식[13]이 번역 실무의 밑바탕이 될 수도 있다. 이때 인공지능은 번역가에게 실존적 위험이 된다. 기계가 번역의 주체가 된다는 것은 단순히 일자리를 뺏긴다는 뜻이 아니다. 번역장에서 인간이 주변부로 밀려나는 상황을 감당할 수 있느냐의 문제다.

2016년 3월 알파고-이세돌 대국 — 챗GPT를 생각하면 당시 알파고는 장난 수준이었다 — 직후, 나는 한 논문에서 다음과 같이 언급한 바 있다.

> 번역기계는 팬 번역가, 전문 번역가 등과 교류하는 거대 행위자(macro-actor)로 성장할 것이다. 지금까지의 번역기계는 번역가의 완전한 지배를 받는, 단순한 툴로써만 인식됐다. 하지만 가까운 미래의 번역기계는 번역가가 참고할 수도 있는 보조도구가 아니라 번역가가 반드시 동원해야 할 행위자로 기능할 것이다. 특히 게임에서와 같이 제한적 형태의(문학작품 등과 비교해 봤을 때 '제한적인') 번역이 이루어지는 영역에서는 궁극적으로 인간의 번역과 기계의 번역에 차이를 두기가 점점 더 어려워질 수도 있다. 이 경우 번역가는 번역 초기 단계에서부터 완성 단계에 이르기까지 번역기계와 밀접하게 교류할 수밖에 없고, 그러한 과정을 겪은 번역기계는 (번역

---

13 알고리듬에 의해 인간의 생각과 의도를 건너뛰는 절차, 방식 등

데이터의 누적으로) 점점 더 완성도 높은 번역을 산출할 수 있다. (이상빈, 2016, p. 130) 〞

윗글을 썼을 당시, '인공지능' 하면 대개 바둑이나 체스만을 떠올렸고, 번역기계는 종종 놀림감 정도로 취급받았다. 당시만 해도 챗GPT와 같은 생성형 인공지능은 상상조차 할 수 없었다. 위 인용문에서 나는 기계의 수행 가능성을 높이 평가하며 인간과 기계가 동등한 행위자로서 수행할 수 있다고 말했다. 이제 이 글을 다시 읽어보니, 어쩌면 기계가 "[인간과] 교류하는 거대 행위자"임을 넘어, 인간과 교류하고 때로는 인간을 넘어서는 존재가 될 수 있겠다는 생각이 든다. 만일 이런 상황을 기정사실로 간주한다면, 번역가는 어디서 자신의 실존적 가치를 찾아야 할까? 실존적 가치가 죽으면 그 직업도 죽은 것과 다름없다.

데카르트는 이성 중심의 자아를 중시했다. 자아의 본질을 '사고하는 나'에서 찾았고, 따라서 '나는 생각한다. 고로 나는 존재한다'(Cogito, ergo sum)라는 명제를 지식의 출발점으로 삼았다. 이런 사고방식이 그간의 인간 번역가를 지탱해 왔다. 즉, '나는 생각한다. 고로 나는 번역한다'(Cogito, ergo transfero)였다. 번역의 본질과 주체는 인간의 블랙박스를 가정하지 않고서는 논할 수 없었다. 그런데 최근 다른 '블랙박스'가 나타났다. 바로 챗GPT와 같은 생성형 인공지능이다. 이 신종 블랙박스[14]에게 번역은 어떤 의미가 있을까? 번역의 실존적 개념과 이론적 틀이 그들에게 의미 있을 리

---

14 인공지능 전문가들도 챗GPT가 어떤 과정을 통해 결론을 도출하는지 설명하지 못한다. 이런 점에서 생성형 인공지능도 (인간의 블랙박스보다 더 깜깜한) 블랙박스로 묘사할 수 있다.

없다. 예컨대 발터 벤야민의 계생(繼生, Fortleben),[15] 조지 스타이너의 해석학적 운동(Hermeneutic Motion) 등이 '철학 하지' 않는 기계에게 무슨 소용이 있을까? 기계 번역은 추천과 클릭 그리고 알고리듬으로 대체할 수 있는 확률적 등가(equivalence)일 뿐이다.

그렇다면, 사유하지 못하는 인공지능은 번역의 실질적 주체가 될 수 없을까? 말하자면, 인공지능은 번역 도구 그 이상도, 그 이하도 아닌 걸까? 인공지능 시대에 번역 실무자나 교육자가 고민해할 첫 번째 문제가 바로 기계의 주체성 문제이다. 주체성 문제에 어떤 답을 내놓느냐에 따라 그다음 방향이 결정되기 때문이다.

1.4 외국어/번역 역량과 교육의 문제

외국어를 못해도 번역을 할 수 있을까? 인공지능 시대라면 완전히 허황된 질문은 아니다. 먼저 〈그림 1-5〉에 나타난 중국어 방 논증("Chinese Room" argument)을 생각해 보자.

---

15 이 독일어는 당초 afterlife로 번역되어, 국내 연구자들이 오랫동안 '사후세계', '내생', '후생' 등으로 썼다. afterlife가 오역이므로 새로운 용어를 제안한다. 계(繼)가 독일어 Fort-(forth)의 의미를 거의 담고 있다.

그림 1-5. 중국어 방(조이SF. 구글 이미지를 참고하여 그렸음)

중국어 방 논증은 철학자 존 설(John Searle)이 고안한 사고 실험이다. 방 안에 중국어를 모르는 참가자가 들어가서 중국어 질문과 그에 대한 응답이 적힌 매뉴얼을 받는다. 또한 다른 사람과 소통하기 위한 필기도구도 함께 받는다. 심사관이 방 안으로 중국어 질문을 보내면, 참가자는 매뉴얼을 참고하여 올바른 중국어 답변을 작성한다. 방 밖에 있는 관찰자는 이 참가자가 중국어를 구사할 수 있다고 생각하겠지만, 사실 참가자는 중국어 질문과 답변을 이해하지 못한 채, 매뉴얼에 따라서단 답변을 작성했다. 중국어 방 논증은 이 실험을 데이터 처리 과정에 비유한 것이다. 참가자가 중국어 질문에 적절한 답변을 할 수 있어도 그가 중국어를 이해했는지는 알 수 없다. 마찬가지로 기계가 튜링 테스트를 통과해도 그것이 진정한 지능인지 단순한 모방인지는 확실치 않다는 게 중국어 방 논증의 핵심이다.

비슷한 맥락에서 윌리엄 래퍼포트(William J. Rappaport)는 '한국어 방'을 소개했다. 한국에 사는 한 영문과 교수는 영어를 읽지도 쓰지도 못한다. 그는 한국어로 번역된 셰익스피어 작품을 읽고 셰익스피어에 관한 논문을 썼는데 이 논문이 영어로 번역되어 세계적인 인정을 받았다. 만일 이 과정에서 기계 번역이나 인공지능의 도움을 받았다면, 우리는 이 교수를 어떻게 받아들여야 할까?

번역을 제대로 하려면 해당 언어 쌍, 나아가 언어 전반에 관한 지식과 이해가 필요하다. 우리는 외국어 구사 능력이 없는 사람을 번역가라 칭하지 않는다. 영어 실력이 형편없는 영문학자를 상상하기 어렵듯 말이다. 그러나 인공지능 시대에는 이런 전통적인 시각이 조금씩 흔들리고 있다. 외국어에 대한 이해가 부족해도 번역은 할 수 있다는 소위 '결과 중심론적 시각'이 확산하고 있다. 나는 일본어를 전혀 할 줄 모른다. 하지만 최근 구글과 딥엘(DeepL)의 도움을 받아 일본어 번역문을 분석하고 논문을 작성한 적이 있다. 마치 '일본어 방'에 있는 실험 참가자처럼 말이다. 학생들도 이처럼 자신만의 '방'에 있는 걸까? 그러면 외국어 교육은 근본부터 흔들린다.

생성형 인공지능의 발전으로 외국어 교육이 심각한 도전을 받고 있다. "외국어, 배워서 뭐 해"와 같은 자극적인 기사 제목도 심심찮게 보인다. 어학 전공의 필요성에 대한 자조 섞인 농담도 들린다. 이런 상황에서 교육자인 우리는 언어와 번역의 가치를 어떻게 피력해야 할까? 번역은 단지 외국어를 뛰어나게 잘한다는 증거가 아니라, 다른 언어·문화권의 세계관을 이해하려는 인문학적 성찰을 의미합니다. 하이데거는 "언어가 존재의 집이다"라고 말했고, 비트겐슈타인도 "내가 아는 언어의 한계가 곧 내가 사는 세계의 한계다"라고 말했죠. 외국어의 중요성을 강조하기 위해 이런 잔소리를 한다 치자. 이런 말들이 요즘 학생들에게 제대로 전달될까? 현시점에서 나 같은 사람이 가장 고민하는 문제는 외국어와 번역 교육의 기본 방향을 재설정하는 일이다. 나를 포함해 주변의 많은 사람이 새로운 교육 방법을 시도하고 있고, 학교 당국자 또한 외국어 교육에 변화를 가하고자 여러 방안을 강구 중이다. 하지만, 내가 아는 한, 다수가 호응하는 교육 전략이나 전술은 없는 상태다. 기껏해야 외국어 학습의 규모를 줄이면서 특정 영역을 통폐합하고, 챗GPT 같은 도구를 접목하여 전통적인 주제를 다루는 게 보통이다. 그 어느 때보다도 다양한 교실 현장의 목소리를 듣고 새로운 교육 철학을 논해야 하는데, 교육자 대부분은 — 히브리어 '바벨'이 뜻하듯이 — 혼란에 빠져 있는 듯싶다.

걱정되는 점이 또 있다. 나는 대학생의 '번역' 역량(competency)[16]이 차츰 떨어질 거로 생각한다. 기계 번역과 인공지능 도구에 익숙해지면서 번역을 전공하는 학부생조차도, 예전 같으면 할 수 있는 번역을 제대로 하지 못하고, 하더라도 상대적으로 많은 시간을 써야 할지도 모른다. 휴대전화 덕택에(?) 전화번호 암기가 어려워지고 암기의 필요성조차 느끼지 못하듯이, 기계 번역의 확산은 번역 역량의 감퇴로 이어지고 인간 번역의 필요성을 사전에 차단해 버린다. 근본적으로는, 학생들의 외국어 역량이 줄어들 위기에 처했다. 요즘 국내 학생들은 중학교 때부터 영어를 공부한 나 같은 세대와 달리, 훨씬 이른 나이에 영어 공부를 시작한다. 그래서 그런지 문법적인 부분은 몰라도 학생들의 영어 구사력은 예전보다 훨씬 좋아졌다. 하지만 인공지능 도구가 활용되는 요즘 상황을 보면 학생들의 어학 역량이 과연 지속될지 의문이 든다. 외국어 역량을 키우기 위해서는 외국어로 사고하는 습관이 필요한데, 번역기계는 그런 인지적 훈련의 기회를 줄이기 때문이다. 전화번호도 외우지 못하는 마당에 외국어의 세부 내용을 기억

---

16 역량(competency)은 능력(competence)과 달리, 오랜 기간에 걸쳐야만 강화할 수 있는 인지적 기반이다. 대학생들에게 필요한 '번역 역량'은 전문 번역가에게 필요한 번역 능력이라기보다 그들의 경력을 발전시키고 삶을 풍요롭게 하는 더 필요한 핵심 외국어 역량을 말한다.

할 수 있을까?

문자 능력이 사라진 시대를 그린 구병모의 『오토 포이에시스』가 생각난다. *소설을 쓰는 인공지능 로봇 '백지'가 문명이 파괴된 먼 미래에서 깨어난다. 하지만 사람들은 더 이상 글을 쓰거나 읽지 못하고 구전의 형태로만 이야기를 주고받는다.* 여기서 조금 엉뚱한 상상을 해보자. 수백 년 동안 기계 번역에 의존해 온 인류가 인공지능의 거부로 통번역을 직접 해야 한다면? 외국어에 관한 지식이 백지상태가 된 인류에게 어떤 상황이 펼쳐질까?

1.5 미래의 번역가

국내 번역학자들이라면 2017년 2월을 기억할 것이다. 2월 21일 세종대에서 경력이 5년 이상인 전문 번역가 4명이 참여하여 구글 번역기, 네이버 파파고, 시스트란 번역기와 대결을 펼쳤다. 30점 만점인 이 경연에서 번역가들은 평균 24.5점을 획득한 데 반해, '(구세대) 인공지능'은 10점에 그쳤다. 언론에서는 이 경연에 대해 "인공지능(AI) 번역기계와 인간이 벌인 '번역 대결'에서 인간이 압승하며 싱겁게 끝났다" 등으로 보도했다(김은정, 2017, para 1).

2017년 2월은 알파고 사건 때문에 일반인들도 인공지능의 힘을 실감하고 있던 때다. 번역 전문가들도 약간의 위기감을 느끼고 이런 대회를 준비했을 것이다. 하지만 이런 시도는 현재와 같은 챗GPT 시대에서는, 불가능하거나 매우 어색한 이벤트로 남을 공산이 크다. 번역 업체는 물론 공기업, 지자체도 인공지능 번역 쪽으로 사업을 적극 추진하고 있으며, 기계 번역의 품질이 예전보다 크게 향상되었기 때문이다. 번역기가 좋아졌다고 해서 문학 텍스트로 번역 대결을 펼칠 수는 없다. 문학작품은 언어 사용 면에서 가장 인간적인 텍스트이므로 애당초 대결은 기계에 불리하기 때문이다. 어떤 연구자는 인간 번역가의 우위를 주장하기 위해 독특한 번역 사례를 활용하는데, 이는 불공정하다는 인상만을 줄 뿐이다.[17] 맥락, 문체 등이 복잡한 문학작품을 선택해 (이미 출판된) 전문 번역가의 번역과 기계 번역의 품질을 비교하면 승자를 예상하기란 어렵지 않다.

기술이 발전하면서 기계 번역자가 인간 번역가를 조금씩 대체하기 시작했다. 우리는 여전히 번역 노동을 수행하고 있지만, 그 가치가 조금씩 하락하고 있다. 급속도로 진행 중인 번역의 탈숙련화(de-skilling) 때문이다. 탈숙련화란 산업혁명 이후 인간의 노동이 이전만큼 전문성을 요하지 않고 인간의 노동이 점차 파편화되어, 기계의 보조적 역할에 그치는 현상을 말한다. 컴퓨터 보조 번역 수업이 기술에 관한 부분을 다룬다고는 하지만, 이런 학습 영역이 번역의 본질을 깊게 다루는 건 아니다. 즉, 번역 능력이나 역량을 확장하기보다는 번역의 외적인 부분, 즉 기계 조작 능력에 집중하는 경향이 있다. 번역이 단순 기술 조작으로 치환되면 번역가라는 직업에서 남는 것이 없을지도 모른다. 내가 우려하는 점은 미래의 '번역가들'이 반복적인 디지털 노동에 빠져 있는 모습이다. 번역 과정에서 느끼는 문제해결의 기쁨을 누리지 못하고 기계에서만 답을 뽑아내려는 무기력한 '번역가' 말이다. 콜린 맥긴(Colin McGinn)의 개념을 빌자면, 이런 번역가에게는

---

17 세종대 경연에서도 공정성 논란이 있었다. 가령, "[원문이] AI가 많이 학습하는 주요 시사 기사와 거리가 있었다 […] 평가 배점도 AI의 특성을 무시한 채 너무 사람에게 유리하게 되어 있다" 등의 주장이 있었다(김태균, 2017. 2. 22.).

진정한 '내적 경험'[18]이 없다는 뜻이다. 충분한 내적 경험이 수반되지 않으면, 임금이나 작업 요율도 더 떨어질 수밖에 없다. 그래서 나는 우려한다. 기술에 관한 교육이 자칫 번역의 내적 경험을 앗아가고 직업 환경과 조건도 훼손할 수 있음을.

미래의 번역가는 어떤 사람들일까? 앞서 잠깐 언급했듯이, 오늘날 우리가 생각하는 진정한 의미의 번역가는 아닐 수 있다. 원초적 형태의 기술을 활용하면서 텍스트와 장기간 씨름하는 그런 번역가는 문학 번역 등 일부 영역에서만 제한적으로 존재할 것이다. 미래의 '번역가'는 교정·교열, 프로젝트 및 인적자원 관리 등을 주로 수행하는, 다른 의미의 전문가가 될 가능성이 크다. 마치 제조업 공정의 일부로, 대개 분업 하에서 일하며, 텍스트 생산을 보조하거나 대행하는 사람일 수 있다. 그래서 향후 '번역가'는 기계 번역의 오류를 찾아 표시하는 주석자(error annotator), 작업의 전 과정을 조직하거나 감독하는 큐레이터(curator) 및 감독자(supervisor), 번역물의 상태나 품질을 인증하는 검증자(validator) 등의 역할을 모두 수행하거나 이 중 일부만을 수행하는 사람일 수 있다. 물론 다른 가능성도 있다. 가령 어떤 사람은 포스트에디팅을 통해 문학작품의 출판권을 따내고 전문 번역가를 연결해 주는 업무를 할지도 모른다. 어떤 상황에서든 기계 번역이 발전할수록 포스트에디팅을 수반하는 공정 프로세스는 더욱더 세분화할 것이다.

지금까지 언급한 내용을 토대로 "translation"의 어원(tranlatio)을 생각해 보자. 미래의 번역가는 '(힘들게) 강을 건너 물건을 가져오는 사람'으로 남을 수 있을까? 인공지능 시대가 본격적으로 열리면, 강을 건너는 실질적인

---

18 한 전문가가 지적했듯이 베르만의 "체험으로서의 번역"과 상통한다.

주체는 기계이고, 우리는 그저 물건만 배에서 싣고 내리는 하역부가 되는 건 아닐까? 방향타를 이리저리 바꾸며 노를 힘겹게 젓는 인간의 모습은 어디서 볼 수 있을까? 번역에 종사하는 사람들에게 비관적이고 마음을 짓누르는 비유일 수도 있겠다. 하지만 바로 지금이 번역가의 정체성과 미래를 솔직히 고민해야 할 시점이다.

이 글은 『번역학연구』 25권 3호에 실린 필자의 논문을 소폭 수정한 것입니다. 출판을 허락해 주신 한국번역학회에 감사의 뜻을 표합니다.

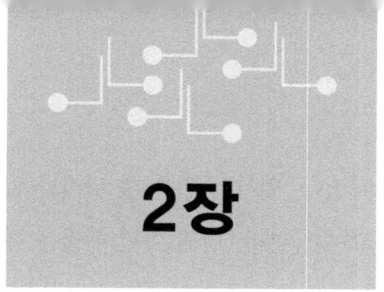

2장

AI 번역 시대, 번역과 번역자를 바라보는 다양한 관점들

2.1 번역의 실존적 위기

> [...]
>
> no one's drowning, baby
>
> no one's moving
>
> no one's losing
>
> their homeland
>
> no one's gonna become
>
> a climate change refugee [...] (Jetñil-Kijiner, 2014)[1]

수천 년의 역사를 간직한 "트랜스레이션" 섬이 서서히 잠기고 있다. 섬

---

1 마셜 제도 활동가이자 시인인 캐시 제틸-키지너가 딸을 생각하며 쓴 시("Dear Matafele Peinem")이다. 이 시는 2014년 9월 〈UN 기후변화 정상회의〉에서 낭송되었다. 영어로 직접 감상하면서 번역가가 'AI 난민'이 될 것인지를 고민해 보자.

주민들은 큰 혼란에 빠졌다. 일부 주민은 현 위기를 일시적 상황으로 진단하고 좀 더 지켜보자고 주장한다. 반면 어떤 이들은 해수면 상승세가 꺾이지 않고 있다며, 다른 섬으로 이주해야 한다고 반박한다. 또 다른 진영에서는 제방을 쌓으면 버틸 수 있을 거라고 주변 사람들을 설득하기 시작했다.

도대체 왜 이런 위기가 닥쳤는가? 기후변화(climate change) 때문이 아니다. 〈그림 2-1〉의 인간 능력 지형도가 보여주듯이, 주범은 바로 인간의 능력을 하나하나 대체하기 시작한 인공지능, 즉 기술변화(computational change)이다.

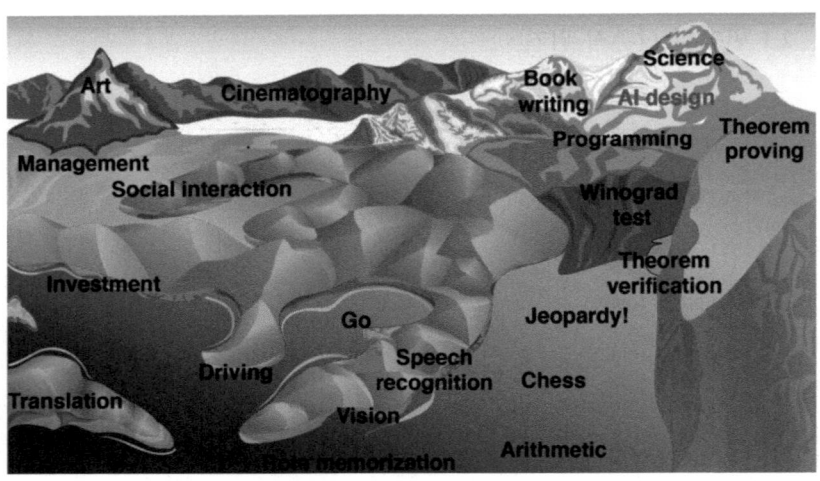

그림 2-1. 『Life 3.0』에 소개된 모라벡의 인간 능력 지형도(Berisha, 2017, p. 26에서 인용)

〈그림 2-1〉에서 '물에 잠긴' 바둑(Go)을 생각해 보자. 이제 지구상의 어떤 사람도 바둑에서 인공지능을 이길 순 없다. 이세돌-알파고 대국 전만 해도 바둑은 기계가 절대 정복할 수 없는 영역으로 여겨졌지만, 이런 확신

은 한순간에 거짓으로 변해버렸다. 알파고에 승리를 자신했으나 결국 패하고 말았던 인간지능의 대표 이세돌 9단은 어떤 생각을 하고 어떻게 살아가고 있을까? 알파고와의 대국 3년 뒤 은퇴를 선언했고 현재는 보드게임 작가로 인생 2막을 시작한 그의 이야기를 최근 한 TV 프로그램에서 우연히 접했다.

> 이세돌: 예전에는 '이세돌 9단이 어떤 생각을 가지고 있을까요? 이 수에 어떤 의미가 있을까요?' 이런 식으로 접근을 했는데, 이제는 ― 인공지능 프로그램이 깔리니까 ― '어, 요기는 퍼센티지[승률]가 좀 떨어지는데요….' 흔히 말해서 인공지능이 지목한 자리가 블루 스팟이라고 하는데, '…블루 스팟 자리가 아닌데요', 뭐 이런 식으로 나와버리니까, 참 어려운 거죠. […] 지금은 바둑을 잘 두는 사람이 필요한 게 아니라고 생각해요. 바둑을 만들 줄 아는 사람이 필요하지 않나… (이세돌, 2024).

이제 바둑기사들은 인간의 수보다 인공지능의 수를 중시하고 있으며, 세계 최강의 바둑기사였던 이세돌마저 "지금은 바둑을 잘 두는 사람이 필요한 게 아니"라고 말한다. 이런 주장을 접하고 나니, 생각이 더욱더 복잡해진다. *번역 업계와 너무 비슷한 거 아냐? 조만간 GPT(Generative Pre-trained Transformer)가 Generative Professional Translator가 되면 어떻게 하지? 그럼 10년 후 트랜스레이션 주민들은 어디에서 뭘 하고 있을까?* 나는 진정 궁금하다. 생성형 인공지능 시대에 번역가들은 어떤 존재로 살아갈 것이며, 우리는 그들의 노동을 어떻게 바라봐야 하는가?

트랜스레이션 주민들이 여러 주장을 펼쳤듯이, 이 장에서 나도 번역과 번역자에 관한 다양한 관점을 자유롭게 논할 것이다. 본문은 크게 다섯 개의 절로 구성되어 있다. 먼저 제2절에서는 번역이 자동화된 인공지능 시대에 인간 번역가가 경험할 수 있는 번역 노동의 가치 하락을 카를 마르크스(Karl Marx)의 노동론을 기반으로 탐구한다. 이어 제3절에서는 시시포스(Sisyphus)에 관한 알베르 카뮈(Albert Camus)의 실존주의 철학을 소개하고 이를 바탕으로 번역 노동에 관한 낙관론을 모색한다. 이처럼 번역에 관한 비관론과 낙관론을 살펴본 후에는 인공지능 번역 시대에 필요한 다양한 시각을 세 가지 틀에 따라 탐구한다. 먼저 제4절에서는 최근 화두가 된 포스트휴머니즘(posthumanism)을 살펴본 후, 비판적 포스트휴머니즘이라는 관점에서 번역 네트워크와 테크놀로지의 영향력을 논한다. 그다음 제5절에서는 '탈-번역' 또는 '탈-번역가'라는 마인드셋(mindset)이 번역 관련 노동자에게 유용한 사고의 틀임을 주장하면서, 미래의 번역 생태계가 어떤 모습을 띠게 될지를 예측해 본다. 이를 위해 '플래트닝'(flattening)과 '파라트랜스레이션'(paratranslation)이라는 개념을 제안하면서 내 주장을 뒷받침하고자 한다. 끝으로 제6절에서는 기계 번역과 인간 번역이 뒤엉킨 사이보그 번역 시대를 논하고, 새로 등장할 윤리 문제들을 고찰한다. 특히 번역 인증마크라는 다소 엉뚱한 상상을 해보면서, 로렌스 베누티(Lawrence Venuti)의 가시성 개념이 인공지능 시대에 새로운 의미를 갖는 이유를 설명한다.

2.2 비관론: 카를 마르크스의 노동론

❝ 에밀리는 기계가 남긴 사소한 실수를 수정하는 끝없는 작업에 갇혀 있었다. 그녀의 자존감은 바닥을 쳤고, 번역가로서의 정체성은 점점 희미해졌다. 하루하루가 무의미한 디지털 노동의 반복이었다. "이게 내가 꿈꾸던

삶이었나?" 그녀는 자신에게 물었다.

　에밀리는 혼자가 아니었다. 다른 나라에도 그녀와 같은 사람들이 수없이 많았다. 그들은 다크웹에 모여 데이터 센터를 동시에 폭파하기로 결심했다. "난 더 이상 기계의 그림자가 아니야. 우리의 가치를 잊으면 안 돼!" 에밀리는 이를 악물며 타이머를 작동시켰다. '이 폭발로 우리가 다시 목소리를 찾을 수 있을까?' 마지막 생각을 뒤로 하고 자리를 떠났다. 거대한 폭발과 함께 데이터 센터는 무너졌고, 전 세계는 멈춰 섰다.

소설 『번역가의 미래』 중 일부(챗GPT, 2024. 7. 27.)

　기계 번역의 품질이 지금보다 훨씬 더 좋아지면, 우리가 알던 번역가의 실존적 가치는 크게 훼손될까? 위에서 소개한 디스토피아적 이야기를 하려는 게 아니다. 지금부터는 미래의 번역가가 직면할 암울한 노동 생태계에 대해 좀 더 현실적인 이야기를 하고자 한다.

　오늘날 번역가들은 자신의 업무가 급격히 자동화되는 현실과 마주하고 있다. 기계 번역을 수반한 작업 건수가 늘고 있으며, 그로 인해 번역가의 처우나 지위가 점차 나빠지고 있다. 일상에도 자동 번역기가 깊게 파고들면서, 번역의 가치에 대한 일반인의 인식도 번역가들이 원치 않는 방향으로 변하고 있다. 그런데 이런 상황, 어디서 들어본 것 같지 않나?

　카를 마르크스의 『Das Kapital』(자본론)에 따르면 인간 노동자는 기계의 도입과 자동화로 인해 많은 것을 박탈당한다. 공장 자동화로 인해 고통받는 노동자의 모습은 다음 발췌문에 요약되어 있다.

> 수공업과 제조업[manufacture: 공장제 수공업]에서는 노동자가 도구를 사용하지만, 공장에서는 기계가 노동자를 사용한다. 수공업에서는 노동

도구의 움직임이 노동자에게서 나오지만, 공장에서는 기계의 움직임을 노동자가 따라야 한다. 제조업[공장제 수공업]에서는 노동자가 살아있는 기계[메카니즘]의 일부가 되지만, 공장에서는 노동자와 무관하게 작동하는 무생물의 기계가 있으며, 노동자는 단지 그 기계의 살아있는 부속품이 된다(포스트에디팅이나 추가 프롬프트 입력 없이 만든 챗GPT 번역(2024. 8. 7.)).[2]
"

윗글에서 마르크스는 공정(工程)의 변화가 노동자 집단에 가져온 변화를 소개한다. 수공업이나 공장제 수공업 체제에서는 인간이 실질적인 주도권을 쥐고 생산 과정을 이끌어 갈 수 있다. 이런 생산 시스템 내에서는 도구와 기계가 인간에게 철저히 종속된다. 하지만 자동화 기계가 도입된 공장에서는 노동 지배 구조가 역전된다. 쉬지 않고 돌아가는 컨베이어 벨트 앞에서 자동 공정을 따라야 하는 노동자의 삶을 상상해 보자. 인간 노동자는 자동화 과정에 자신을 던져야 하고, 마치 기계 부품처럼 묶인 채 노동력을 바쳐야 한다. 즉, 주체성을 가진 살아 있는 존재가 아닌 셈이다.

이 같은 상황은 미래의 번역 자동화 공정과도 유사하다. 지금까지 우리가 경험한 번역의 생산 과정은 수공업이나 공장제 수공업으로 비유할 수

---

2 In handicrafts and manufacture, the workman makes use of a tool, in the factory, the machine makes use of him. There the movements of the instrument of labour proceed from him, here it is the movements of the machine that he must follow. In manufacture the workmen are parts of a living mechanism. In the factory we have a lifeless mechanism independent of the workman, who becomes its mere living appendage (Marx, 1867/1887, p. 276). 매뉴팩처와 수공업에서는 노동자가 도구를 사용하고, 공장에서는 노동자가 기계에 봉사한다. 전자에서는 노동수단의 운동이 노동자로부터 출발하며, 후자에서는 노동자가 노동수단의 운동을 따라가야 한다. 매뉴팩처에서는 노동자들이 하나의 살아 있는 메커니즘의 구성원들이다. 공장에서는 죽은 메커니즘이 노동자들로부터 독립해 존재하며, 노동자들이 살아 있는 부속물로서 그것에 합체되어 있다(김성구, 2021, p. 192).

있다. 대개 번역가는 사전이나 인터넷 등을 활용해, 처음부터 끝까지 생산 과정을 홀로 책임졌기 때문이다. 하지만 앞으로는 기업이 만든 시스템하에서 다른 번역가들과 작업을 조율하며 납기를 맞춰야 하고, 신경망 기계 번역이나 인공지능 번역이 도입된 후부터는 기계가 쏟아낸 번역물을 토대로 1차 번역본(good enough translation)이나 최종본을 이른 시일 내에 완성해야 한다. 며칠 만에 대량의 문서를 포스트에디팅(post-editing) 해야 하는 사람들은, 마치 컨베이어 벨트를 통해 밀려드는 제품 가운데 불량품을 골라내듯이, 기계 번역의 오류를 끊임없이 찾아 수정해야 한다. 다시 한번 생각해 보자. 만일 인공지능 번역 시스템이 지금보다 훨씬 더 발전하면 어떻게 될까? 번역 산업에서 인간의 도구화와 객체화, 번역의 기계화와 탈인간화는 더욱더 심화할 수 있다.

마르크스는 다음과 같이 덧붙인다.

> [이런 상황에서는] 노동의 경감조차도 일종의 고통이 된다. 기계는 노동자를 일에서 해방시키는 것이 아니라, 노동에서 모든 흥미를 앗아가기 때문이다. 모든 형태의 자본주의 생산은 단순한 노동 과정이 아니라 잉여가치를 창출하는 과정인 한, 노동자가 노동 도구를 사용하는 것이 아니라 노동 도구가 노동자를 사용하는 공통점을 지닌다. 그러나 오직 공장 시스템에서만 이러한 전도가 처음으로 기술적이고 명백한 현실이 된다(포스트에디팅이나 추가 프롬프트 입력 없이 만든 챗GPT 번역(2024. 8. 7.)).[3]

---

3   The lightening of the labour, even, becomes a sort of torture, since the machine does not free the labourer from work, but deprives the work of all interest. Every kind of capitalist production, in so far as it is not only a labour-process, but also a process of creating surplus-value, has this in common, that it is not the workman that employs the instruments of

마르크스의 주장대로, 공장 시스템하에서는 노동량이 줄어도 고통이 뒤따를 수 있다. 자동화는 노동자를 일에서 해방하기는커녕, 무미건조한 노동의 굴레로 노동자를 몰아간다. 노동의 심리 역학에서 중요한 요소 중 하나는 노동을 통해 얻는 "흥미", 이른바 자아 충족이나 성취감 등이다. 하지만 공장 시스템은 이런 심리적 보상을 인간에게서 앗아갈 수 있다. 위와 같은 상황이라면, 노동자는 더 이상 살아 있는 주체로서 즐겁게 일할 수 없고 그저 기계에 종속된 신세로 살아가야 한다.

　인공지능에 관한 일반 담론에서도 인간 노동의 축소와 관련된 주장이 제법 많다. 일부 전문가는 인공지능 덕택에 노동의 압박에서 벗어날 수 있고 자아도 실현할 수 있다고 주장한다. 특히 제프리 힌턴(Geoffrey E. Hinton)과 일론 머스크(Elon R. Musk) 같은 유명 인사들은 노동의 필요성과 수요가 크게 주는 만큼, 일하지 않고도 생계를 이어갈 수 있도록 하는 소위 '기본소득'의 필요성까지도 언급한다. 이에 반해, 어떤 전문가는, 지금까지의 역사가 보여줬듯이, 인공지능이 아무리 발전해도 인간은 여전히 바쁘고 분주할 것이며, 노동의 종류와 성격이 달라질 뿐 일자리는 오히려 늘 수 있다고 반박한다(World Economic Forum, 2023). 제삼 지대에 속한 석학이나 전문가도 있다. 가댓(Gawdat, 2021/2023)에 따르면 인간이 인공지능을 어떻게 대하고 어떻게 활용하느냐에 따라 노동의 속성과 인류의 삶은 180도 달라질 수 있다.

　인공지능과 인간 노동의 관계가 이처럼 다양하다고는 하지만, 우리가 기억해야 할 사실은 노동의 양만큼이나 노동의 질도 중요하다는 점이다.

---

labour, but the instruments of labour that employ the workman. But it is only in the factory system that this inversion for the first time acquires technical and palpable reality (Marx, 1867/1887, p. 277).

팬 번역 연구에서도 확인할 수 있듯이 많은 번역가가 단순히 먹고살기 위해서가 아니라 번역 자체에서 얻는 지적 만족감과 자아실현 때문에도 번역을 수행한다. 번역을 통해 시공간을 초월한 다양한 세계를 맛보는 건 다른 직업에서 쉽사리 얻을 수 없는 장점이다. 따라서 기계 번역 덕택에 작업 과정이 단순화되고 육체적 노고가 준다 해도, 번역가의 업무 만족도가 반드시 커지는 건 아니다. 만일 정신적 노동의 대부분을 테크놀로지가 담당하고, 번역가의 업무는 간단한 오류 교정이나 편집 수준에 머문다면, 설령 보상이 똑같다 하더라도 만족감을 얻기가 어려울 것이다.

위와 같은 관점대로라면 '진정한 번역 노동'을 꿈꾸는 오늘날의 전문 번역가들에겐 두 가지 테일러리즘이 문제 될 수 있다. 그중 하나는 '과학적' 경영 관리로 알려진 테일러리즘(Taylorism)이다. 테일러리즘은 노동자에 의존했던 종래의 작업 방식에서 벗어나, 경영자의 관점에서 작업을 세분화하고 각 작업에 드는 시간을 철저하게 측정·관리함으로써 태업을 방지하고 노동 생산성을 극대화하는 생산 전략이다. 창안자인 프레드릭 테일러(F. W. Taylor)의 이름에서 비롯되었으며, 생산성을 크게 높이고 중산층을 확대하는 데 일조하여 많은 전문가에게 찬사를 받은 전략이다.

하지만 부작용과 문제점도 만만치 않았다(Burawoy, 1979; Edwards, 1979). 예를 들어 초 단위로 노동자의 작업량을 측정하고 표준화를 강조하다 보니, 생산성은 높일 수 있었으나 인간성은 철저히 외면했다. 또한 테일러리즘이 표방한 표준화된 작업 방식은 노동을 지나치게 단순화하여 노동자의 소외감을 키웠고 작업의 유연성도 감소시켰다. 이처럼 테일러리즘에 갇힌 노동자는 마르크스가 설명한 노동자의 처지나 자동화된 번역 공정에 놓인 번역가의 신세와 별반 다르지 않다. 테일러리즘과 같은 생산 전략이 번역 공정에 침투하면, 번역 노동자의 미래도 20세기 초 노동자 집단이 경험한 바와 같이 암울할 수밖에 없다.

내가 걱정하는 제2의 '테일러리즘'은 tailor(맞추다, 조정하다)라는 단어에서 생각해 낸 테일러리즘(Tailorism)이다. 이 신조어를 이해하기 위해서는 번역학에서 논의된 테일러링(tailoring)이라는 용어를 알아야 한다. 테일러링의 뜻은 다음과 같다.

> 맞춤화(Tailoring): 독자층에 맞게 텍스트의 문구를 조정하여 더 적합하게 만드는 것. 수정 작업[교정교열]의 언어적 요소 중 하나로, 가독성을 높이기 위해 다듬기(smoothing)와 함께 중요한 역할을 한다(Mossop, 2020, p. 250, 포스트에디팅이나 추가 프롬프트 입력 없이 만든 챗GPT 번역(2024. 8. 9.)).[4]

> 텍스트 재단(Text Tailoring)은 간단한 실수의 수정, 새로운 텍스트의 목적에 맞지 않는 중요한 부분[상당한 분량]의 삭제, 그리고 역사적으로 오래되었거나 잘 알려지지 않은 용어나 관습에 대한 상세한 설명 추가를 포함할 수 있다(Pym, 2016, pp. 231-232, 포스트에디팅이나 추가 프롬프트 입력 력 없이 만든 챗GPT 번역(2024. 8. 9.)).[5]

---

4 Tailoring, tailored: Adjusting the wording of a text to make it more suitable for its particular readership. One of the *Language parameters* of revision. A contribution, along with *smoothing*, to *readability*.

5 This [Text Tailoring] may involve simple corrections of mistakes, the deletion of significant stretches of material that is not relevant to the purpose of the new text [...], and the addition of new material that may enhance that purpose, as in the case of extensive explanations of historically dated or otherwise little-known terms and customs [...].

위에서 확인할 수 있듯이 테일러링의 개념적 경계는 그리 명확하지 않다. 브라이언 모삽의 저서 『Revising and Editing for Translators』(제4판)에는 테일러링이라는 용어가 곳곳에 등장하지만, 정작 명확하고 상세한 개념 정의를 찾기란 쉽지 않다. 그래도 한 가지 분명해 보이는 것은 테일러링이 본연의 번역과 달리 번역에 수반되는 부수적, 파생적 노동이란 점이다. 그래서 내가 생각한 테일러리즘(Tailorism)은 테일러링 같은 부수적 업무가 번역 노동을 잠식하도록 만드는 외부 동인, 또는 그런 동인이 과도하게 커진 상황을 뜻한다.

사실 나는 테일러링을 가볍게 보지 않는다. 지금도 많은 번역가가 테일러링을 하고 있고, 테일러링까지 잘하는 번역가가 시장에서 좋은 평가를 받을 수 있으며, 테일러링에 실패하면 번역 프로젝트 전체가 좌초될 수도 있기 때문이다. 그래서 나는 수업 시간에 테일러링의 개념을 강조하고 테일러링의 세부 내용이나 사례도 소개하는 편이다. 하지만 테일러링이 번역이나 번역가의 정체성을 정의할 순 없다. 즉, 테일러링이 디저트로 남아야지 메인 요리가 될 수는 없다. 만일 번역 테크놀로지가 더욱더 발전하고 테일러링이 번역가의 직무 내용(job description)의 핵심을 차지한다면 어떻게 될까? 번역 산업의 생태계가 테일러링을 넘어 '테일러리즘'까지 나아간다면 번역가의 미래는 참으로 암울할 듯싶다.

2.3 낙관론: 알베르 카뮈의 시시포스[6]의 신화

진정 번역가에겐 암울한 미래만이 남아 있을까? 앞서 설명한 노동 상황을 다른 관점에서 해석할 순 없을까? 예를 들어 인공지능의 위세가 더욱 거세져도 미래의 번역가들은 보람을 느낄 수 있고 자신의 가치를 충분히 인정받을 수 있다고 말이다. 매우 현실적인 나로서는 이런 사고의 전환이 제법 힘들었지만, 시시포스의 신화를 떠올리니 불가능한 건 아니라는 생각도 들었다.

시시포스의 신화는 일명 바위 굴리기 형벌로 잘 알려져 있다. 일단, 챗GPT를 통해 기억을 환기하는 정도로만 살펴보자.

💬 **프롬프트:** 시시포스의 신화를 간단히 설명해 줘.

💬 **챗GPT(2024. 8. 9.):** 시시포스(Sisyphus)는 그리스 신화에 나오는 인물로, 교활하고 영리한 왕으로 알려져 있습니다. 그는 신들을 속이고 여러 가지 악행을 저지르면서 자신의 죽음을 피하려 했습니다. 그러나 결국 하데스(저승의 신)에게 잡혀가고, 그에 대한 벌로 거대한 바위를 언덕 위로 밀어 올리는 끝없는 형벌을 받게 됩니다. 시시포스는 바위를 언덕 꼭대기까지 밀어 올리지만, 바위는 항상 정상에 도달하기 직전에 굴러떨어집니다. 그래서 그는 영원히 이 무의미한 작업을 반복해야 합니다. 이 신화는 종종 무의미하고 반복적인 노동이나 인생의 부조리를 상징하는 비유로 사용됩니다.

---

6 시지프, 시지프스 등으로도 표기한다. 필자가 참고한 역서가 『시시포스의 신화: 부조리에 관한 시론』이므로 이 글에서는 "시시포스"로 적는다.

윗글이 보여주듯이 시시포스의 바위 굴리기는 '무의미하고 반복적인 노동"이며 "인생의 부조리"를 상징한다. 여기서 '부조리'(不條理)는 어휘의 일차적 의미인 '부정행위'나 '이치에 맞지 아니함'을 뜻하기보다는 실존주의 철학에서 말하는 덧없음과 무상함을 가리킨다. 시시포스에게 남은 삶이란 바위를 정상에 올리는 일인데, 이 일에 아무런 의미가 없으니 인생이 얼마나 불합리하게 느껴지겠는가? 실존주의 철학자 알베르 카뮈가 생각나는 이 대목에는 사실 놀라운 반전이 숨어 있다. 정작 카뮈는 이 신화에서 삶의 실존적 의미를 찾았다는 점이다.

카뮈는 1942년에 대표작 『L'Étranger』(이방인)과 함께 『Le mythe de Sisyphe』(시시포스의 신화)를 발표한다. 이 철학 에세이는 "부조리의 추론", "부조리의 인간", "부조리한 창조", "시시포스 신화"라는 네 개의 장으로 구성돼 있다. 시시포스의 부조리한 삶을 이해하기 위해 부조리라는 주제를 상세히 다룬 후, 마지막 장에서 시시포스의 신화를 꺼내 드는 구조다. 이 책에 등장하는 시시포스는 고역을 실천하는 객체로 묘사되다가, 카뮈의 전복적 해석을 통해 새로운 주체로 거듭난다. 카뮈는 시시포스의 바위 굴리기를 부조리한 형벌로 보지 않는다.

그림 2-2. 시시포스의 바위 굴리기(부정적 vs 긍정적 묘사)
DALL.E가 생성한 이미지(2024. 8. 8.)

카뮈는 시시포스의 삶을 노동자, 나아가 인간 모두에게 투영한다. 즉, 시시포스의 바위 굴리기는 아래 발췌문이 보여주듯이 신화 속 개인의 고된 운명이 아니라 우리 모두의 노동으로 치환되며 삶의 근원적 모습을 드러내는 철학적 단상에 가깝다.

> 오늘날의 노동자는 평생을 매일 같이 동일한 일에 종사하며 살아간다. 그리고 그 운명 또한 [시시포스와 비교해] 결코 덜 부조리하지 않다 (포스트에디팅이나 추가 프롬프트 입력 없이 만든 챗GPT 번역(2024. 8. 17.)).[7]

---

[7] L'ouvrier d'aujourd'hui travaille, tous les jours de sa vie, aux mêmes tâches et ce destin n'est pas moins absurde (Camus, 1942, p. 111). 오늘날의 노동자도 하루하루의 삶에서 똑같은 고역을 실천하며 살고 있기에, 이 운명도 부조리하기는 별반 다르지 않다(Camus, 1942/2014, pp. 204-205, 오영민 역).

카뮈의 시시포스는 고통에 빠진, 무의미한 존재가 아니다. 〈그림 2-2〉가 상징적으로 보여주듯이, 우리는 사고의 전환을 통해 자아와 세상을 달리 볼 수 있다. 카뮈가 마지막으로 던진 말은 이렇다.

> 시시포스는 신들을 부정하고 바위를 밀어올리는, 더 높은 충실함을 우리에게 가르친다. […] 이제 주인이 없는 이 우주는 그에게 불모하지도, 무의미하지도 않다. 이 돌의 모든 알갱이, 이 어둠 속의 산의 모든 광물질의 빛, 그 하나하나가 그 자체로 하나의 세계를 이룬다. 정상으로의 투쟁 그 자체가 인간의 마음을 채우기에 충분하다. 우리는 시시포스가 행복하다고 상상해야 한다(포스트에디팅이나 추가 프롬프트 입력 없이 만든 챗GPT 번역 (2024. 8. 17.)).[8]

그렇다! 시시포스는 그 누구보다도 충실한 존재이며, 우주의 작은 부분까지도 성찰할 수 있는 철학적 존재다. 그의 바위 굴리기는 끝없는 형벌이 아니라 목표를 향한 집요한 투쟁이며, 설령 그 목표를 영원히 달성할 수 없다 해도, 그(우리)의 투쟁에 가치가 없는 건 아니다. 그래서 카뮈는 이렇

---

8   Je laisse Sisyphe au bas de, la montagne ! On retrouve toujours son fardeau. Mais Sisyphe enseigne la fidélité supérieure qui nie les dieux et soulève les rochers. Lui aussi juge que tout est bien. Cet univers désormais sans maître ne lui paraît ni stérile ni futile. Chacun des grains de cette pierre, chaque éclat minéral de cette montagne pleine de nuit, à lui seul, forme un monde. La lutte elle-même vers les sommets suffit à remplir un cœur d'homme. Il faut imaginer Sisyphe heureux (Camus, 1942, p. 112). 시시포스는 신들을 부정하고 바위들을 들어 올리는, 보다 차원 높은 성실성을 가르쳐준다. […] 이제 주인이 따로 없는 이 우주가 그에게는 불모의 것으로도, 하찮은 것으로도 여겨지지 않는다. 그에게는 이 돌 부스러기 하나하나가, 캄캄한 밤 이 산의 광물의 섬광 하나하나가, 그것만으로도 하나의 세계를 이룬다. 무수한 산정(山頂)들을 향한 투쟁, 그것만으로도 인간의 마음을 가득 채우기에 충분하다. 행복한 시시포스를 상상해야만 한다(Camus, 1942/2014, p. 208, 오영민 역).

게 마무리한다. 우리는 모두 시시포스를 행복한 존재로 봐야 한다고.

이런 사유는 카뮈 같은 철학자나 무한 낙관론자에게만 가능할까? 지금처럼 번역가의 직업 정체성이 위협받는 상황에서는 행복한 미래를 상상하는 게 쉽지 않을 것이다. 내 주변의 일부 번역가들도 포스트에디팅을 의뢰받기 시작하면서 우려의 목소리를 내고 있다. 불과 몇 년 전만 해도 형편없던 기계가 이제는 나를 대신한다고 생각하니, 외국어 전문가로서 자존심도 상한다.

그래도 누군가는 보람과 자부심을 느낄 것이다. 그리고 그런 사람이 바로 당신일 수도 있다. 그들은 포스트에디팅을 가벼이 보지 않는다. 놓치기 쉬운 오류도 잘 찾아내고 미묘한 언어·문화적 편향을 '초월 번역'으로 극복하는 전문가들이다. 간단해 보이는 교정 하나가 엄청난 효과를 줄 때도 있다. 한 문장에서 단어 하나만 바꿔도, 그 단어가 전체 읽기와 이해에 결정적인 역할을 할 수도 있다. 단어 몇 개 때문에 얼마나 많은 오역 논쟁이 있었는지 생각해 보라. 반대로, 번역가가 만든 단어나 표현 하나가 번역의 성공을 상징할 때도 있다. 예를 들어, 소설 『82년생 김지영』을 번역한 제이미 장(Jamie Chang)과 영화 〈기생충〉을 번역한 달시 파켓(Darcy Paquet)은 각각 "Mom-roach"(맘충)와 "Oxford"(서울대)라는 번역으로 유명하다(김혜란, 2020; 전혼잎, 2019). 이런 관점에서 보면 카뮈의 말처럼 어두운 산속의 작은 돌 하나도 거대한 세계를 이룰 수 있다.

일부 번역가가 잘못 생각하는 게 있다. 포스트에디팅이나 기계 번역 업무가 기존의 번역보다 훨씬 쉽다고 생각하는 것이다. 번역가가 모든 텍스트 작업을 잘하는 건 아니다. 전문 번역가와 주제전문가 집단이 같은 포스트에디팅을 했을 때, 후자의 포스트에디팅이 더 뛰어난 경우도 많다(Temizöz, 2016). 포스트에디팅을 누구나 할 수 있는 부차적인 업무로 보지 말자. 정작 이 세계도 많은 경험과 고도의 전문성을 요한다. 그러니 너무 억울해할 필요 없다. 자신이 인공지능 신(神)의 형벌을 받을 거라고 단정 짓지 말자. 이제 번역가는 새로운 영역으로 진출해 자신만의 노하우와 전문성을 쌓아야 한다. 새로운 배움과 경험이 있는 곳에는 자아실현의 기쁨도 존재한다. 누가 알겠는가? 새로운 영역에서 좀 더 두각을 나타낼지.

2.4 비판적 포스트휴머니즘의 관점에서

21세기 기술의 발전은 가히 혁명적이라 부를 수 있을 만큼 인류의 삶을 근본적으로 바꾸고 있다. 기술의 진보는 인간의 신체뿐만 아니라 인지 영역까지 침투했으며, 때로는 인간과 기술의 경계를 명확히 구분하기 어려울 만큼 기계와 인간의 상호 수렴이 일어나고 있다. 이런 상황을 두고 일군의 학자들은 전통적인 휴머니즘만으로는 인간과 주변 세계를 온전히 이해할 수 없다고 주장한다. 이들에 따르면, 이 세계는 인간의 타자화와 타자의 인간화를 함께 경험하고 있으며, 이러한 상호 침투와 교접은 시간이 갈수록 더욱더 뚜렷해진다. 이처럼 기존의 인간 중심적 사유를 성찰하고 인간과 타자의 경계를 넘어 새로운 존재 방식을 탐구하는 이론적 시도가 바로 포스트휴머니즘(posthumanism)이다.

포스트휴머니즘은 '트랜스휴머니즘'(transhumanism)과 '기술적(technical) 포스트휴머니즘' 그리고 '비판적(critical) 포스트휴머니즘' 등으로 분류된다. 이중 비판적 포스트휴머니즘은 다른 두 포스트휴머니즘[9]의 낙관적 전망을

---

9 이 하위 분야 간의 차이는 로(Loh, 2018/2021)의 개론서에 잘 드러나 있다.

비판적으로 바라보며, 인간에 대한 새로운 이해를 도모한다. 비판적 포스트휴머니스트는 트랜스휴머니스트처럼 (기술을 통한) 인간 증진을 추구하기보다는 비판적 사고를 통해 인간이 만물의 척도라는 인간종 중심주의를 배척하고 비인간 존재에 관한 다른 상(像)을 추구한다. 특히 개체 간의 종적 위계를 거부하고, 각 개체나 영역의 고유성보다는 상호 관계성을 중시한다. 비판적 포스트휴머니즘의 "'비판적 측면'의 원천은 '비판이론과 문화이론' 및 문학비판과 문화비판을 시도하는 포스트구조주의"라 할 수 있다(Loh, 2018/2021, p. 19).

비판적 포스트휴머니즘은 인공지능 시대의 번역을 사유하는 우리에게 새로운 영감을 줄 수 있다. 비판적 포스트휴머니즘은 인간이 테크놀로지를 통해 '번역가 v.2.0', '번역가 v.3.0'으로 거듭날 수 있다고 주장하는 관점(트랜스휴머니즘)이나 인간 번역가의 필요를 없애고 새로운 '종'을 창조하려는 관점(기술적 포스트휴머니즘)과는 다르다. 비판적 포스트휴머니즘은 존재하는 비-인간종에 초점을 맞춰, 인간종의 변화와 자기반성적 태도를 모색한다. 따라서 미래의 번역 생태계, 특히 인간과 기계의 관계를 좀 더 현실적으로 탐구할 때 도움이 된다.

그렇다면 현재 우리는 기계 번역 테크놀로지를 어떤 존재로 인식하고 있는가? 주변 사람들은 대개 FOMT(인터넷에서 무료로 사용할 수 있는 번역기)와 GPT 등을 인간의 능력을 확장하는 보조 도구로 보는 듯싶다. 이러한 인식은 국내 번역학계에서 기계 번역 연구가 조금씩 이루어지기 시작한 2010년대 초부터 나타났고, 신경망 기계 번역과 포스트에디팅이 관심을 끌기 시작한 2017년부터 두드러졌다.

> 시간과 비용의 제약이 큰 대량 번역의 경우 이른바 1차 번역의 도구로서의 기계 번역 활용 시, 해당 개별 언어와 분야, 기계 번역 시스템을 고려한 통제 언어의 적용은 후편집의 수고를 경감시킬 수 있을 것이라는 가능성은 확인할 수 있었다(함수진과 류수린, 2010, pp. 226-227).

> 번역사가 작업의 효율성을 높이기 위해 인공지능 번역 시스템을 유익한 도구로 활용하고자 한다면 우선 발달 과정, 제반 개념, 작동 원리, 성능에 대한 기본적인 이해가 밑받침되어야 할 것이다(신지선과 김은미, 2017, p. 92).

이와는 확연히 다른 관점도 존재한다. 아래 발췌문에서 확인할 수 있듯이, 일부 연구자는 번역기계를 도구 이상으로 바라본다.

> 미래의 번역 네트워크에서는 기계가 핵심 행위자(key actor)로서 기능할 수 있다. […] FOMT와 MORT[실시간 자동 게임 번역기 중 하나] 등이 단순히 부수적인 역할만을 수행하는 기계가 아니라, [번역] 네트워크의 존재를 가능하게 만들고 네트워크의 기능에 절대적인 역할을 수행하는 핵심 행위자임을 의미한다(이상빈, 2016, p. 128).

위에서 저자는 번역기계를 "핵심 행위자"로 묘사한다. 즉, 기계는 인간과 더불어 번역 네트워크를 만드는 핵심 구성원이며 단순히 보조 역할을 하는 도구가 아니라 인간과 대등한 주체라는 것이다. 윗글에서 기계를 행위소(actant)가 아닌, 행위자(actor)로 규정한 점도 (이제 보니) 흥미롭다. 브뤼노 라투르(Latour, 1990/1996)의 관점에서 보면, 기계 등의 비인간 주체도 다양한 네트워크에서 인간과 함께 행위소로 존립한다. 하지만 윗글의 저자가 말한 행위자는 행위소보다 한 차원 높은 주체의 표상이다. 논리는 단순하다. 일반적으로 '행위자'라는 단어는 인간과 같은 행위 주체에게만 쓸 수 있기 때문이다.[10] 결국 내가 주장하고 싶은 점은 '인간=주(인) vs 기계=종'이라는 본질주의적(essentialist) 관점에만 머무르면 미래의 번역 생태계를 제대로 그릴 수 없다는 것이다. 인간 번역가는 번역 생태계에서 절대적인 주체로만 군림하고 기계는 도구의 한계를 벗어날 수 없는 객체로만 인식한다면, 오늘날 우리가 아는 인간 번역가의 운명은 암울할 수밖에 없다. 기계에 많은 부분을 내줘야 하는 번역가에게 필요한 건 최소한의 탈인간중심주의다.

물론, 미래의 번역 네트워크가 어떻게 안정될지는 아무도 확신할 수 없다. 라투르의 논리를 따르면, 인공지능 번역 네트워크는 이제야 '번역'(translation)[11]이 시작되었고, 이 네트워크는 지금보다 확고한 형태로 자리 잡을 수도 있고 다른 네트워크에 밀려 변형되거나 사라질 수도 있다. 그래도 분명해 보이는 사실이 하나 있다. 우리가 원하든 원치 않든, 앞으로 '기계 번역者'(machine translator)는 번역 네트워크에서 더욱더 중요한 자

---

10 라투르의 행위소는 행위자를 포함한다. "행위소를 통해 […] 인간 행위자와 비인간 행위자를 하나의 개념적 평면 위에 나란히 놓을 수 있게 된다"(Blok & Jensen, 2011/2017, p. 44). 기계를 '의식 있는' 행위자로 간주하면 (최소한 현시점에서는) 문제가 된다. 여기서 '행위자'는 기계 행위소의 높은 지위를 강조하는 말이다.

11 블록과 옌센(Blok & Jensen, 2011/2017, p. 28)의 설명이 유용하다.
번역이라는 용어는 라투르와 칼롱이 기술혁신을 설명하기 위해 사용한 기본 개념이었다. 그들은 기술혁신을 다수의 이종적 요소를 소수의 강력한 대표자의 영향력 범위 안으로 번역해(강제하고 구부리고 회유하고 조직화해) 넣는 과정으로 묘사했다. 그러한 번역 과정은 행위자들의 특정한 관계 또는 연결망[네트워크] 속에서 발생하며, 행위자-연결망이라는 이름이 바로 여기에서 유래했다.

리를 점할 것이다.¹²

인공지능 번역 시대에는 특정 분야를 제외하면 인간종 중심의 발상이 별반 도움이 되질 않는다. "기계는 절대 인간 번역가를 대체할 수 없어!", "사람이 번역해야 자연스럽지!", "자동번역기는 이래서 문제야!"와 같은 발상은 시간이 흐르면서 번역가와 인간 번역을 자칫 초라하게 만들 수 있다. '네트워크'라는 단어가 뜻하듯이, 번역 네트워크의 구성 요소들도 긴밀한 상호관계 속에서만 진정한 실존적 의미를 구가할 수 있다. 비인간 타자에 대한 이분법과 도구주의를 버리고 인간 번역가의 실존적 위치를 찾는 게 우리에게 훨씬 더 유리할 것이다.

2.5 '탈-번역(가)' 마인드셋

테크놀로지의 발전 추세를 볼 때, 향후 번역가의 업무는 지금과 많이 달라질 것이다. 번역 연구자들은 이런 직업 변화를 다양하게 예측해 왔는데, 그중 일부를 소개하면 다음과 같다.

> 앞으로 남을 것이 기존의 번역가와 같은 모습은 아님을 알 수 있다. 이제 번역가는 운영자, 경영자, 기획자, 조정자, 저자로서의 역할을 해야 하는 직업이 될 것으로 보이며 그 세부 업무 또한 큰 변화를 겪을 것으로 보인다(김순미, 2018, p. 28).

---

12 한국어 '자'(者)는 비인간 대상에도 쓸 수 있다. 기계에 "번역가"나 "번역사"라는 호칭을 쓸 수는 없을 것이다(이상빈, 2022, pp. 139-144).

> AI 기술의 발전은 번역이라는 직업에 큰 변화를 일으킬 것이다. 인간 번역가들이 의존하던 차선책인 포스트에디팅조차도, 예를 들어 반복적인 프롬프트 사용을 통해 지능형 시스템이 일부 대체할 수 있다. 따라서 번역가들은 점차 포스트-포스트에디터, 그다음엔 포스트-포스트-포스트에디터로 역할이 축소될 것이 불가피해 보인다. 궁극적으로는 번역가들이 번역과는 무관한 일을 하게 되는 역설적인 상황이 올 수도 있다. 예를 들어, 이중 언어 컨설턴트나 번역 자체에서 벗어난 언어 프로젝트 관리자와 같은 역할을 맡게 될 가능성도 있다(Lee, 2023, p. 13, 포스트에디팅이나 추가 프롬프트 입력 없이 만든 챗GPT 번역(2024. 8. 16.)).[13]

위 담론의 공통 분모는 번역가의 업무에 일종의 원심력이 작용할 거라는 점이다. 다시 말해, 이제 번역가의 업무는 순수 번역에만 국한되지 않고 번역과 무관해 보이는 주변 업무를 포함하게 된다. 현재도 진행 중인 이런 변화 과정을 나는 '플래트닝'(flattening)으로 부를 것이다.

플래트닝이란 본연적 의미의 번역(translation proper)이 줄어드는 대신, 파라트랜스레이션(paratranslation) — 번역가의 노동 중에서 번역과 직간접적으로 관련되어 있으나 엄밀한 의미에서 번역은 아닌 노동 — 이 늘어나는 현상을 말한다.[14] 〈그림 2-3〉은 이러한 변화를 시각화한 것이다. 정규

---

13 [A] development trajectory in AI technologies will shake up translating as a vocation. Even post-editing — the fallback plan, so to speak, for human translators — can in part be taken over by intelligent systems through, for instance, the iterative use of prompts. It seems inevitable, then, that translators will gradually recede to the role of post-post-editors, then post-post-post-editors and so on. Ultimately, a paradoxical point may be reached where translators do anything but translate, serving for instance as bilingual consultants or language project managers working at a remove from translating per se.

14 번역학 논문에서 간혹 보이는 paratranslation과는 완전히 다르다. 기존 용어는 원문의 파

분포 곡선처럼 생긴 파란색 곡선(가장 높게 솟구친 곡선)은 지금까지 우리가 알던 번역가의 '업무 분포'를 개략적으로 보여준다. 이에 따르면 현재의 번역가도 파라트랜스레이션을 수행하기는 하나, 업무는 대개 원문에서 번역문을 직접 생산하는 텍스트 작업이다. 그래서 순수 번역 업무를 뜻하는 세로축 주변 영역이 넓게, 위로 솟구친 모습을 하고 있다. 하지만 이 곡선은 번역 테크놀로지가 발전하면서 누군가가 위에서 짓누른 것처럼 납작해진다. 다시 말해 플래트닝이 일어나면서 빨간색 곡선 형태(빨간색 빗금 영역)로 변형된다. 플래트닝이 진행될수록 번역가 본연의 업무는 줄고 파라트랜스레이션 영역은 상대적으로 늘어난다.

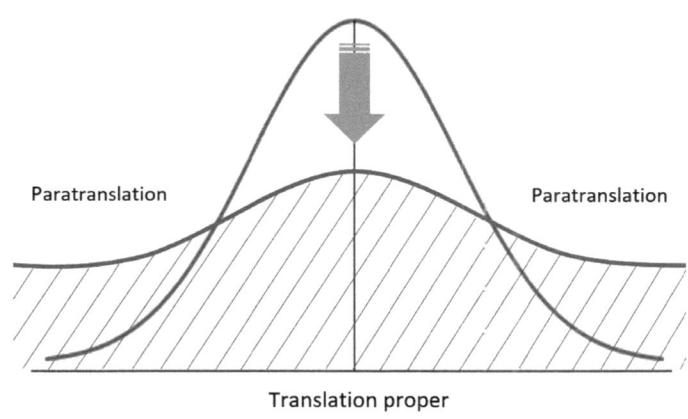

그림 2-3. 플래트닝과 파라트랜스레이션

파라트랜스레이션은 페리트랜스레이션(peritranslation)과 에피트랜스레이션(epitranslation)으로 구분할 수 있다. 페리트랜스레이션은 번역 그 자체는

라텍스트가 번역에서 어떻게 재현됐는지를 설명하기 위해 도입됐는데, 관련 학계에서 큰 호응을 얻진 못했다. 이 용어에 대한 비판은 노르트(Nord, 2012)에 있다.

아니나 번역에 관련된 텍스트 작업을 말한다. 가령 기계 번역 오류 수정, 부가 정보 추가, 출판 전 문서 편집 등을 포함한다.[15] 에피트랜스레이션은 번역과 간접적으로 관련된, 텍스트 외적 활동을 가리킨다. 예를 들면 번역 프로젝트를 수주하고 번역 업무를 기획·분배·조정하는 활동이 여기에 해당한다. 이쯤 되면 혹자는 파라트랜스레이션, 페리트랜스레이션, 에피트랜스레이션의 관계를 제라르 주네트(Gérard Genette)의 파라텍스트 이론과 쉽게 연결 지을 수 있을 것이다. 페리텍스트와 에피텍스트의 상대적 관계처럼, 페리트랜스레이션은 텍스트 내적 활동인 데 반해, 에피트랜스레이션은 텍스트 외적 활동이다. 따라서 김순미(2018) 등이 예측한 운영자, 경영자, 기획자 등은 우리가 알고 있는 번역가라기보다는 에피트랜스레이터[16]에 가깝다.

파라트랜스레이터는 일반적 의미의 번역가보다 문화적·상징적 자본이 적고, 번역가로서 실존적 가치가 부족한 직종으로 비칠 수 있다. 일부 연구자가 번역가의 미래라고 칭하는 포스트에디터를 생각해 보자. 안타깝게도 포스트에디팅은 "언어적 뒤치다꺼리"(Kelly, 2014), "지루하고 자존감을 떨어뜨리는 일"(Moorkens & O'Brien, 2017, p. 109)[17] 등으로도 폄하된다. 실제로 최근 포스트에디팅을 시작한 전문 번역가들은 자신이 해오던 일보다 전문성이 떨어진다고 생각해서인지, 포스트에디팅 업무 의뢰에 씁쓸해하기도 한다. 제도번역(institutional translation)의 메카인 EU에서도 포스트에디팅은 화두로 떠오르고 있다. EU 번역의 현주소를 소개한 신문 기사의

---

15 혹자는 기계 번역 포스트에디팅을 번역으로 간주할지 모른다.
16 AI 번역 플랫폼 기반 직군별 직무 기술에 관해서는 전현주(2022)를 확인하라.
17 "linguistic janitorial work" / "boring and demeaning." 본문은 포스트에디팅을 거치지 않은 챗GPT(2024. 8. 17.)의 번역이다.

일부를 인용하면 다음과 같다.

> EU 번역가들은 오류를 찾아내고 기계 번역된 텍스트를 EU의 표현 방식에 맞게 다듬는 작업으로 일상이 변화하고 있다고 강조합니다. 번역가들 사이에서는 이를 "후편집"이라고 부르며, 이 작업이 점점 더 중요한 업무의 일부가 되고 있습니다. "평생 번역만 하게 되지는 않을 거라는 걸 이미 알고 있어요,"라고 익명을 요구한 젊은 EU 이사회 번역가가 말했습니다. 그녀는 언론과의 인터뷰 권한이 없기 때문에 익명을 요청했으며, 앞으로 후편집이 자신의 주요 업무가 될 가능성이 크다고 덧붙였습니다(Sorgi & Di Sario, 2023, 포스트에디팅이나 추가 프롬프트 입력 없이 만든 챗GPT 번역 (2024. 8. 17.)).[18]

어쨌든 시장은 변하기 시작했다. 플래트닝이 유도할 새로운 번역 생태계를 수용하지 않으면 존립 자체가 불가능할지도 모른다. 특히, 전문성을 쌓기 시작한 젊은 번역가들은 플래트닝 효과를 예의주시하면서 자신의 업무 가능 영역을 폭넓게 해석하고 새로운 미래를 개척해야 한다. 탈-번역 사유를 갖지 않으면 자칫 탈-시장(market) 될 수도 있다. 번역 일변도의 사유나 텍스트 중심주의에서 벗어나는 사람이 역설적으로 시장의 중심에 설지도 모른다.

---

18 EU translators stress that their daily routine is evolving toward spotting mistakes and adapting machine-translated texts to EU speech. In translators' jargon, this is known as "post-editing" and is becoming an increasingly important part of the job. "I already know that I probably won't be translating for the rest of my life," said a young [European] Council translator who spoke on condition of anonymity since she is not authorized to speak to the media. She added that post-editing will likely be the bulk of her work in the future. (챗GPT가 첫 문장의 "speech"를 어떻게 번역했는지도 눈여겨보자.)

2.6 번역의 사이보그화와 윤리

기계 번역 테크놀로지가 발전할수록 인간 번역과 기계 번역의 하이브리드화(hybridization)나 번역의 사이보그화(cyborgization)가 심화할 것이다. 또한 번역가와 기계의 상호작용을 촉진하는 새로운 인터페이스나 시스템도 도입될 것이다. 이제 특정 분야를 제외하면 인간이 모든 '사고' 과정을 홀로 지배하기는 어려울 듯싶다. 낙관론자라면 미래의 번역을 인간의 날실과 기계의 씨실로 엮은 일종의 태피스트리(tapestry)로 묘사하겠지만, 이러한 비유는 기계의 비중을 과소평가한 것에 불과하다. 현실을 좀 더 냉철하게 바라보면, 인간 번역은 기계 번역 숲에 흩어져 있는 작은 관목처럼 보일 것이다.

기계 번역자가 리드하는 번역 환경에서는 새로운 윤리 문제나 법적 분쟁이 발생할 수 있다. 몇 가지 문제는 어렵지 않게 예상할 수 있다. 예컨대, 인간과 기계의 '공동' 번역에서 소유권이나 번역 주체를 특정하기가 어려울 수 있고, 프라이버시, 저작권, 품질 등에 문제가 생겼을 때 번역가나 회사의 책임 영역을 규명하는 일이 생각보다 난해할 수 있다. 계약 사기도 빈번하게 발생할 수 있다. 예를 들어 전문 번역을 의뢰했는데도 인간의 손길이 거의 묻지 않은 기계 번역을 받을 수도 있다. 사실 이런 '인간 번역의 탈을 쓴 기계 번역 늑대'는 골칫거리가 된 지 오래다.

❝ 온라인 통계 기계 번역 덕분에 무료로 원문 번역을 생성한 후, 이를 마치 전문적으로 후편집된 번역인 것처럼 제시하는 것이 가능해졌다. '가짜 번역 에이전시'들은 실제 번역가의 이력서를 가져와 이름과 이메일 주소(때로는 이메일만)를 변경하여 번역 일을 따낸 뒤, 고객에게 편집되지 않은 기

계 번역을 그대로 보내준다. 이러한 사기 행위가 매우 광범위하게 이루어지고 있어, Kenax라는 온라인 서비스는 이러한 가짜 번역가의 신원을 걸러내는 데 도움을 주는 서비스를 제공하고 있으며, 이로 인해 Kenax가 홍보하는 번역가들에게는 어느 정도의 신뢰성을 더해주는 역할을 하고 있다(Pym et al., 2016, p. 47, 포스트에디팅이나 추가 프롬프트 입력 없이 만든 챗GPT 번역(2024. 8. 17.)).[19] 🥺

인공지능 시대에 기계 번역이 대중화되면 위와 같은 짝퉁 번역(자) 문제는 더욱 기승을 부릴 것이다. 그러면 번역 업체들은 고객을 안심시키고 수익을 보전하기 위해 자사의 번역이 '정품'임을 증명해야 할지도 모른다. 포스트에디팅 과정을 제대로 거쳤으며 파라트랜스레이터 등이 번역을 기획·검토했다는 품질 인증 말이다. 짝퉁이 판을 치면 서비스업에서 가장 중요한 신뢰가 무너지고, 그 피해는 고스란히 번역가에게 갈 것이다.

---

19 [O]nline statistical machine translation means that raw translations can be produced for free and presented as if they were professionally postedited translations. […] [F]ake "translation agencies" simply take the curriculum vitae of a legitimate translator, change the name and email on it (sometimes only the email), use it to get translation jobs, then send the client an unedited machine translation. […] Indeed, the extent of the scamming is such that there is at least one online service (Kenax) that offers to help clients filter out false translator identities, thus adding a signal of legitimacy to the translators it promotes.

그림 2-4. 번역 마크, R과 TM, DALL.E가 생성한 이미지(2024. 8. 8.)

이러다 번역 산업에도 인증마크가 생기는 건 아닐까? 간혹 ™이나 ® 심벌을 봤을 것이다. TM(TradeMark)은 상표 등록과는 무관하게, 특정 기업이 자사의 제품 등에 사용하는 상표 기호이고, R(Registered trademark)은 상표 등록을 마친 상표에만 쓸 수 있는 기호이다.[20] 여기에 약간의 상상력을 가미해 보자. 이를테면 〈그림 2-4〉처럼 TM은 '기계가 번역한 것'(Translated by Machines)으로, R은 '인간이 검토한 번역'(Reviewed by humans)으로 말이다. 그렇다면 어떤 번역이 순수 기계 번역인지, 어떤 번역이 전문가가 검토하고 인증한 번역인지를 한눈에 알 수 있을 터이다. 번역™, 번역® 같은 인증마크가 있다면 번역의 이력과 정체를 쉽게 확인하고 번역 품질에 대한 불신을 조금이라도 덜 수 있을까?

이런 엉뚱한 상상을 통해 나는 기계 번역의 대중화와 번역의 표준화가 몰고 올 위험을 좀 더 진지하게 고민할 수 있었다. 기계 번역과 인간 번역이 뒤엉키고 인간 번역의 흔적이 거의 없는 상황에서, 파라트랜스레이터

---

[20] 상표 등록이 되지 않은 상표도 법적으로 보호받을 수 있다. 예를 들어, 등록되지 않은 다국적 기업의 상표는 이미 널리 인식되고 있기에, 법적으로 보호받을 수 있다.

는 동물이 자기 영역을 표시하듯 생존을 위해 자신의 공(功)을 드러내야 할지도 모른다. *제가 확인해서 망정이지, MT를 그대로 썼으면 어쩔 뻔했습니까? 바로 여기가 제가 수정한 부분입니다(괜찮지 않습니까?). 기계는 아직 이렇게까지 번역할 수 없죠. GPT가 번역한 신조어는 역시 이상하네요.*

이런 생각이 꼬리에 꼬리를 무니, 자연스레 로렌스 베누티(Lawrence Venuti)가 떠오른다. 베누티는 번역 실천과 번역 윤리를 성찰하면서, 번역가의 비가시성(translator's invisibility)이 '관행'으로 자리 잡은 번역 생태계를 비판하고, 번역가의 드러냄을 존중하는 이화(異化, foreignization)[21]의 윤리를 주창한다(Venuti, 1995). 이제 그가 제시한 번역가의 가시성 논증은 인공지능 번역 시대에 새로운 울림을 줄 수 있다. 기계 번역이 난무하는 세상에서 인간 번역가는 다른 차원에서라도 가시적인 존재가 되어야 자신의 존재 가치와 번역 윤리를 지킬 수 있기 때문이다.

기계 번역 시대에 인간 번역가의 윤리는 한층 더 복잡해질 것이다. 예컨대 포스트에디터는 일관성을 이유로 기계의 언어에 자신의 언어를 맞춰야 하는 압박을 느낄 수 있는데,[22] 이는 마치 귀화(歸化, domestication)라는 규범의 지배를 받는 오늘날의 번역가와 역설적으로 비슷하다. 또한 기계 번역에 큰 문제가 없는데도 번역가가 자신의 존재감을 드러내고자 불필요한 수정을 하거나 멀쩡한 부분에 오류를 남길 수도 있다(cf. 이상빈, 2017). GPT로 작성된 원문은 누가, 어떻게 번역해야 할까?[23] 이를 인간이 자연스

---

21 이영훈(2023, pp. 81-82)이 중국어와 일본어 번역을 고찰한 후 "귀화"와 "이화"라는 용어를 제안했다. 이 글에서는 두 용어를 좀 더 확장해 사용했다.

22 번역 테크놀로지 환경의 '통제된 언어'(controlled language)와 비슷하다.

23 일본의 구단 리에는 챗GPT를 시켜 만든 문장(전체의 2% 미만)을 활용해 소설 『도쿄도 동정탑』을 완성했고, 이 소설로 제170회 아쿠타가와상을 받았다. 작가는 챗GPT 사용을 공개적으로 선언한 바 있다(오경진, 2024).

럽게 '귀화'하면 원문을 왜곡하는 걸까? 기계 번역 결과물은 태생적으로 인간이 생성한 텍스트에 의존하므로 '귀화'의 산물처럼 보일 때도 있다. 억지스럽게 자연스러운 딥엘(DeepL) 번역을 생각해 보라. 이런 번역은 어떻게 수정해야 할까? 인간의 편향을 내포한 GPT 번역물은 어떤가? 이런 텍스트 뭉치에서 '귀화'의 정도를 조절하거나 '이화'의 길을 택하는 일은 상당히 비효율적이고 비경제적이지만, 여전히 파라트랜스레이터에겐 부분적으로나마 선택의 영역이다.

결국 인공지능 번역 시대에는 기존의 윤리 패러다임에 기계(어)라는 변수가 추가된 매우 복잡한 방정식을 마주해야 한다. 안타깝게도 우리는 이와 관련된 논의를 시작하지 못했다. 인간 번역가의 역할과 실존적 가치를 사이보그 번역에서 어떻게 드러내느냐는 기존의 번역가학(Translator Studies)을 넘어 '기계번역자학'(Machine Translator Studies)이라는 새로운 학문 영역에서 탐구할 주제이다.

2.7 결론을 대신하며

그래서… 당신은 어떤 부류의 주민인가? 다른 섬으로 이주를 주장하는 사람? 첨단 제방을 쌓으면 버틸 수 있을 거라고 믿는 사람? 아니면, 호들갑 떨지 말라며 미래를 자신하는 사람? 혹은…?

당신이 어떤 사람이 될지, 나아가 현 위기에 어떻게 대응할지를 판단하려면, 상황에 대한 다양한 정보를 수집해야 하고 다른 전문가의 의견을 종합해야 한다. 나만의 경험, 내 주변의 파편화된 일부 정보만으로는 번역 네트워크의 미래를 예측할 수 없다. 바로 이 점에서 이 글이 당신에게 조금이나마 생각할 거리를 줬으면 좋겠다.

　이 글엔 결론이랄 게 없다. 당신이 이 글을 통해 번역가의 미래를 진지하게 고민했다면 그게 바로 내가 원한 결론이다. 나의 관찰이나 주장에 반론을 제기할 사람도 있겠지만, 그 점은 크게 신경 쓰이지 않는다. 미래를 누가 확신할 수 있겠는가? 지금, 이 순간 당신이나 나나 동굴 속의 그림자만을 보며 자신만의 이데아를 꿈꾸는 건 아닐까? 당분간은 상상의 끈을 놓지 말자. 다양한 미래를 구상하며 오늘의 나를 조금이라도 바꾸고 치열하게 논쟁할 수 있다면 그걸로 충분하다.

이 글은 『통역과 번역』 26권 3호에 실린 필자의 논문을 소폭 수정한 것입니다.
출판을 허락해 주신 한국통역번역학회에 감사의 뜻을 표합니다.

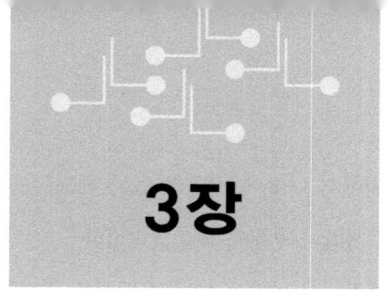

3장

AI 번역(기)의 한계

3.1 AI 번역기를 비교해 보자

AI 번역을 자주 사용하는 사람들에겐 저마다 선호하는 번역기가 있다. 이유야 조금씩 다를 수 있겠지만, 사용자 대부분은 아마도 오역이 적고 목표어가 자연스러운 번역기를 으뜸으로 꼽을 것이다. 그러나 특정 번역기만이 항상 좋은 결과물을 산출하는 건 아니다. AI 번역은 사용자가 통제할 수 없는 여러 상황과 요소 때문에 예측할 수 없는 모양으로 출력될 때가 있다. 본 절에서는 이런 문제의 단면들을 간략하게 살펴본다. 다음 사례로 논의를 시작해 보자.

> 💬 **원문**: In the park, I noticed a bat hanging from a tree, which startled me because I was thinking of the bat used in baseball.
>
> 🗣 **딥엘 번역**: 공원에서 나무에 매달린 방망이를 발견했는데, 야구에서 사용하는 방망이가 생각나서 깜짝 놀랐어요.

- 🗨 **구글 번역:** 공원에서 나무에 매달려 있는 배트를 발견했는데, 야구에 사용되는 배트가 생각나서 문득 떠올랐습니다.
- 🗨 **파파고 번역:** 공원에서 나무에 매달린 박쥐를 발견했는데, 야구에 사용되는 박쥐를 생각하느라 깜짝 놀랐습니다.
- 🗨 **빙 번역:** 공원에서 나무에 매달려 있는 야구 방망이를 보고 깜짝 놀랐습니다.
- 🗨 **챗GPT 번역:** 공원을 방문하던 중, 나무에 매달려 있는 박쥐를 발견했는데, 야구에서 쓰는 방망이를 떠올리고 있던 터라 깜짝 놀랐다.

(2025년 1월 6일)

위 번역물 중에서 어떤 것이 가장 마음에 드는가? 이 사례에서 화자 "I"가 깜짝 놀란 이유를 자연스럽게 설명하려면 첫 번째 bat는 '박쥐'여야 하고 두 번째 bat는 '야구 방망이'여야 한다. 물론, 원문을 보지 못하는 독자라면 박쥐와 방망이가 모두 'bat'라는 점을 떠올릴 수 있어야 한다.

각 번역기가 어떤 번역물을 출력했는지 살펴보자. 딥엘은 두 bat를 모두 '방망이'로 옮겨 오역을 범했다. 이런 번역이 논리상 불가능한 것은 아니다. 다만, 화자가 '나무에 매달려 있는 방망이'를 보고 깜짝 놀랐다면 "야구에서 사용하는 방망이가 생각나서"라고 덧붙이지는 않았을 테다(과거진행형이 쓰였음에 주목하라). 구글 번역기는 bat를 모두 음차하여 결과적으로 딥엘과 비슷한 문장을 생성했다.[1] 파파고는 첫 번째 bat를 제대로 번역했지만, 두 번째 bat를 어처구니없이 '박쥐'로 옮겼다. 두 번째 bat는 in baseball과 묶여 있으니 '박쥐'가 될 수 없다. 빙 번역에는 누락이 많다. 이처럼

---

1 배트는 표준국어대사전에 있는 단어다. 야구·소프트볼·크리켓 따위에서 공을 치는 방망이를 뜻한다.

원문의 일부 정보가 완전히 소실되는 경우는 빙뿐만 아니라 여러 번역기에서 종종 나타난다(나중에 다시 논하자). 원문의 구조가 복잡하고 전문 용어가 많을수록 이런 오류의 가능성이 크다.

위 예에서는 AI 번역기가 다의어 bat를 어떻게 처리하는지 단어 차원에서 살펴봤다. 다음 사례에서는 단어의 층위에 초점을 맞춰 번역물을 비교해 보자.

- 원문: In the garden, I saw a fly resting on a flower, and I was puzzled because I also heard someone talking about "a fly in the ointment."
- 딥엘 번역: 정원에서 꽃 위에 파리 한 마리가 앉아있는 것을 보았는데, 누군가 "연고 속의 파리"라고 말하는 것을 듣고 당황했습니다.
- 파파고 번역: 정원에서 꽃 위에 쉬고 있는 파킈를 봤는데, 누군가 "연고 속의 파리"에 대해 이야기하는 것을 들어서 당황스러웠습니다.
- 빙 번역: 정원에서 꽃 위에 파리 한 마리가 앉아있는 것을 보았는데, 누군가 "연고 속의 파리"에 대해 이야기하는 것을 들었기 때문에 어리둥절했습니다.
- 챗GPT 번역: 정원에서 꽃 위에 앉아있는 파리를 보고 있었는데, 누군가 "옥의 티"에 대해 이야기하는 소리를 들었고, 그 말이 떠올라서 당황스러웠다.
- 클로드 번역: 정원에서 꽃 위에 앉아있는 파리를 보았는데, 누군가가 "a fly in the ointment(약의 파리)"라는 말을 하는 것을 들어서 의아했다.

(2025년 1월 6일)

이 사례에서 a fly in the ointment는 단어 차원에서 직역해야 할 명사구

(연고 속의 파리)가 아니라 '작고 사소해 보이나 전체를 망치는 요소', 즉 '옥에 티'를 뜻하는 숙어이다.² 따라서 문장 전반부에 있는 fly와 문장 후반부에 있는 fly는 다른 층위에 있는 어휘이다. 전자는 단어의 일차적 의미, 즉 화자가 실제로 봤던 곤충을 뜻하는 데 반해, 후자는 물리적 존재이자 비유적 개념의 일부다. 이 사례에서 a fly in the ointment가 '연고 속의 파리'일 가능성은 상대적으로 낮고 전체 번역도 덜 자연스럽다(맥락: 숙어임을 강조하기 위해 큰따옴표를 사용하였다).

이를 고려해 각 번역물을 분석해 보자. 딥엘, 파파고, 빙 번역기는 두 fly를 일차적으로만 해석했다. 이런 번역들은 그 자체로 비논리적이지는 않지만, 원문에서 강조한 숙어의 지위를 없앴다는 점에서 매우 아쉽다. 이에 반해 챗GPT의 번역은 숙어의 뜻을 제대로 표현한 유일한 문장이다. 하지만 영어에 능통하지 않은 독자라면 화자가 왜 당황스러웠는지를 이해할 수 없다. 챗GPT의 번역은 아이러니하게도 딥엘 번역, 파파고 번역 그리고 빙 번역보다도 난해한 셈이다. 클로드의 번역은 어떠한가? 이 번역도 아쉬운 건 마찬가지다. 한국어-영어 병기는 좋은 선택으로 보이나, 숙어를 번역에 제대로 담지 못했다.³

이제 다른 언어 쌍도 살펴보자. 아래 사례는 단일 번역기 내에서도 언어 쌍에 따라 번역물의 수준이 달라질 수 있음을 보여준다.

---

2   이 숙어의 어원은 구약성경 전도서(Ecclesiastes) 10장 1절로 알려져 있다(Osmond, n.d.). 10장 1절에는 다음과 같은 문장이 있다. "Dead flies cause the ointment of the apothecary to send forth a stinking savour." (죽은 파리가 향 기름을 악취 나게 한다.)

3   챗GPT 번역의 장점(숙어의 뜻을 정확히 포착함)과 클로드 번역의 장점(한국어-영어를 병기하여 fly가 두 번 사용되었음을 보여줌)을 적절히 혼합하면 제법 좋은 결과물을 만들 수 있다.

● **원문:** 어떤 삘딩의 옥상에서는 소주 광고의 네온싸인이 열심히 명멸하고 있었다.

● **딥엘 번역(영어):** On the rooftop of a certain Pilding, the neon sign of a soju advertisement was burning brightly.

● **파파고 번역(영어):** On the roof of some spinning, the neon sign of the soju advertisement was blinking hard.

● **파파고 번역(일본어):** あるビルの屋上では焼酎広告のネオンサインが必死に明滅していた。

● **파파고 번역(프랑스어):** Sur le toit d'un immeuble, le panneau néon de la publicité pour le soju était en train de disparaître.

(2025년 1월 10일)

원문은 김승옥의 단편소설 『서울, 1964년 겨울』에서 발췌한 문장이다. 여기서 "삘딩"이라는 단어가 눈에 띈다. '삘딩'은 오기가 아니라 원작자가 의도적으로 선택한 어휘이다. 현행 외래어 표기법에 따르면 building은 '빌딩'으로 표기해야 옳지만, 예전에는 '빌딍', '삘딩', 심지어 '삘딍' 등으로도 쓰였다.[4]

이 한국어 문장을 딥엘 번역기에 입력하면, 위에서 확인할 수 있듯이, 의미를 알기 어려운 문장이 생성된다. 딥엘은 삘딩이 building이라는 사실을 '파악하지' 못했기 때문에 음차 형식으로 단어를 출력했다. 파파고의 영

---

[4] "8·15 광복 이전까지 이 땅에서 'Building'의 외래어 표기법 중 가장 많이 사용된 형태는 '삘딍'이었다. 네이버 뉴스 라이브러리에서 확인한 결과 1945년 이전까지 《조선일보》, 《동아일보》 기사에 등장한 'Building'의 표기 건수를 조사해 보면 '삘딍' 671건, '삘딩' 370건, '빌딍' 93건, '빌딩'이 84건으로 파악된다." (김영준, 2021, p. 51)

어 번역물도 황당하기는 마찬가지다. 뻴딩을 spinning으로 옮겼기 때문이다. 흥미로운 점은 파파고에서 같은 한국어 문장을 일본어와 프랑스어로 번역시켰을 때 나타난다. 앞선 경우와 달리, 일본어와 프랑스어 번역물에서는 뻴딩이 제대로 번역됐다. 일본어 ビル[비루]는 ビルディング(빌딩)의 준말이며, 프랑스어 immeuble은 여러 층의 건물, 아파트를 뜻한다. 요약하자면, 같은 번역기 내에서도 언어 쌍에 따라 번역물의 품질이 완전히 달라질 수 있으며, 때로는 기계 번역 데이터가 상대적으로 많은 언어 쌍에서도 문제가 발생할 수 있다.

파파고를 통해 다른 사례도 확인해 보자.

원문: The OECD Convention on Combating Bribery of Foreign Public Officials in International Business Transactions is a legally binding international agreement; countries which join the Convention agree to establish a criminal offence of bribing a foreign public official in their national laws, and to implement effective policies to prevent, detect, investigate and sanction foreign bribery.

파파고 중국어(간체자): 《经合组织打击在国际商业交易中贿赂外国公职人员公约》是一项具有法律约束力的国际协定;加入该公约的国家同意在其国家法律中规定贿赂外国公职人员为刑事犯罪, 并执行有效政策, 以防止,侦查,打击和打击贿赂外国公职人员的行为。查处和制裁外国贿赂。[챗GPT의 직역:《OECD 외국 공무원에 대한 국제 상거래에서의 뇌물 방지 협약》은 법적 구속력이 있는 국제 협정입니다. 이 협약에 가입한 국가는 자국 법률에서 외국 공무원에 대한 뇌물을 형사 범죄로 규정하고, 외국 공무원에 대한 뇌물 행위를 방지, 탐지, 조사 및 처벌하기 위한 효과적인

정책을 시행하는 데 동의합니다. 외국에서의 뇌물 수수에 대한 조사와 제재를 실행합니다.]

- 🗨 **파파고 일본어:** OECDの国際ビジネス取引における外国公務員の贈賄防止に関する条約は法的拘束力のある国際協定です。条約に加盟する国々は、自国の法律において外国公務員に贈賄する刑事犯罪を確立し、防止、検出するための効果的な政策を実施することに同意します、外国からの贈収賄について調査・制裁を行います。[챗GPT의 직역: OECD의 국제 비즈니스 거래에서 외국 공무원에 대한 뇌물 방지를 위한 협약은 법적 구속력이 있는 국제 협정입니다. 협약에 가입한 국가들은 자국의 법률에서 외국 공무원에게 뇌물을 제공하는 것을 형사 범죄로 규정하고, 이를 방지하고 탐지하기 위한 효과적인 정책을 시행하는 데 동의하며, 외국으로부터의 뇌물 수수에 대해 조사·제재를 시행합니다.]

- 🗨 **파파고 한국어:** OECD 국제 비즈니스 거래에서 외국 공무원의 뇌물 수수 방지 협약은 법적 구속력이 있는 국제 협약입니다. 협약에 가입한 국가들은 자국 법률에서 외국 공무원에게 뇌물을 주는 범죄 행위를 확립하고, 외국 뇌물 수수를 예방, 탐지, 조사 및 제재하기 위한 효과적인 정책을 시행하기로 합의합니다.

이 발췌문을 자세히 읽어보면 모든 번역물에서 크고 작은 문제를 확인할 수 있다. 먼저, 중국어 번역물을 살펴보자. 이 번역의 가장 큰 문제는 밑줄 친 문장(查处和制裁外国贿赂)이 추가되었다는 점이다. 마지막 문장은 바로 앞 문장의 일부와 같다. 일본어 번역에도 큰 문제가 있다. 예를 들면 원문의 "policies to prevent, detect, investigate and sanction foreign bribery"는 하나의 의미 단위로 처리되어야 하는데, 일본어 번역에서는 이 부분이 분리되어 있어 문장을 이해하기가 어려워졌다. 한국어 번역은 앞서 살펴본 두 번역에 비해 비교적 간결하고 명확하다. 하지만 단점도 명확하다. 예컨대 '외국 공무원에게 뇌물을 주는 범죄 행위를 확립하다'가 무슨 뜻인지 이해하기가 어렵다. 이 부분은 중국어 번역이나 일본어 번역에서 크게 문제 되지 않는다.

세 산출물이 모두 아쉬워, 제미나이에게 번역을 요청했다. 그 결과는 다음과 같다.

> **제미나이 번역: OECD 외국 공무원 국제적 부패방지 협약**은 법적 구속력을 가진 국제 협정입니다. 이 협약에 가입한 국가들은 자국법에 외국 공무원에게 뇌물을 제공하는 행위를 형사범죄로 규정하고, 외국 공무원 뇌물수수를 예방, 탐지, 수사 및 처벌하기 위한 효과적인 정책을 시행하는 데 동의합니다.
>
> **Key points in the translation:**
> - OECD: 경제협력개발기구 (Organization for Economic Co-operation and Development)
> - Convention: 협약
> - Combating Bribery: 뇌물수수 방지
> - Foreign Public Officials: 외국 공무원
> - International Business Transactions: 국제적 상거래
> - legally binding: 법적 구속력을 가진
> - criminal offence: 형사범죄
> - implement: 시행하다

- prevent, detect, investigate, sanction: 예방, 탐지, 수사, 처벌하다

이 정도면 훌륭하다. 일단 협약명을 굵게 처리한 점부터 마음에 든다(다만, 협약명을 구성하는 단어 순서가 엉망이다). 요청하지도 않았는데, 주요 어휘나 용어를 리스트 형태로 제공한 것도 흥미롭다. 물론, 가장 중요한 번역에 문제가 있어서는 안 될 것이다. 다행히 여기서는 앞서 언급한 문제점들을 찾을 수 없다.

지금까지 살펴봤듯이, 한 번역기 내에서도 언어 쌍이나 번역 방향에 따라 번역이 크게 달라질 수 있다. 그러나 이처럼 짧은 분석만으로는 특정 번역기가 더 우수하다거나 특정 언어 쌍이 다른 언어 쌍보다 AI 번역에 적합하다고 주장할 수 없다. 번역에 영향을 미치는 원문 요소가 생각보다 많은 데다, 번역에 관한 기술적 요인들은 '설명 불가능할' 때가 많기 때문이다.[5]

생성형 AI로 다양한 언어를 번역하는 사람이라면 〈그림 3-1〉과 같은 정보가 조금이나마 도움이 될 수 있다. 이 그래프에 따르면 2024년 기준으로 GPT-4의 정확성은 영어의 경우 85.5%에 이른다. 이는 GPT-3.5에 비해 약 15% 포인트 증가한 수치다. GPT-3.5가 대중에 공개된 게 2022년 11월 말이고, GPT-4가 공개된 건 2023년 3월 중순이니, GPT의 언어 실력이 얼마나 빨리 성장했는지를 짐작할 수 있는 대목이다. 영어 실력이 월등한 건 당연해 보인다. GPT 훈련용 데이터가 대개 영어이기 때문

---

5 설명 가능성은 AI에서 매우 중요한 연구 분야다. AI가 특정 결과물을 제시했을 때 왜 그런 결과물이 나왔는지를 신뢰할 만하게 설명할 수 있어야 얼라인먼트(alignment) 등의 핵심 영역도 명료하게 이해할 수 있기 때문이다. '설명 가능한 AI'를 흔히 XAI(eXplainable AI)로 쓴다.

이다.[6] 그렇다면 다른 주요 언어들의 정확도는 어떨까? 우리에게도 제법 익숙한 스페인어, 독일어, 프랑스어의 경우 각각 84.0%, 83.7%, 83.6%로 나타나, 영어와 비견되는 수준이다. 이에 비해 한국어의 정확도는 77.0%에 불과하다. 하지만 77%라는 실력도 일반 사용자의 관점에서 보면 제법 쓸만한 수준이다. 따라서 향후 GPT 한국어의 발전 가능성은 더욱 커질 것으로 보인다.

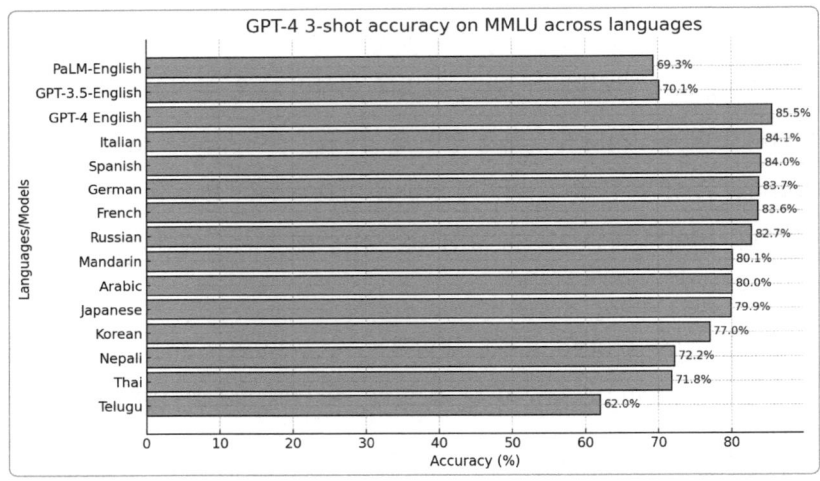

그림 3-1. 언어별 GPT-4의 정확성(OpenAI, 2024, p. 8의 그림을 요약·재구성)

번역기가 다 비슷해 보이지만, 기능상 차이도 엄연히 존재한다. 가령, 빙 번역기는 '격식' 번역과 '비격식' 번역 그리고 '표준' 번역을 구분할 때가

---

6 존슨 등(Johnson et al., 2022, p. 3)에 따르면, 인터넷에서 사용된 언어 중 영어는 44.9%를 차지한 데 반해, GPT-3를 훈련하는 데 사용한 언어 중 영어는 93%를 차지했다(2021년 기준). 존슨과 그의 동료들은 이런 비대칭을 지적하면서 논문 제목을 『기계 속의 유령은 미국 악센트를 쓴다』라고 정했다.

있다. 앞서 살펴본 김승옥의 문장을 빙 번역기에 입력하면 다음과 같은 결과를 얻을 수 있다.

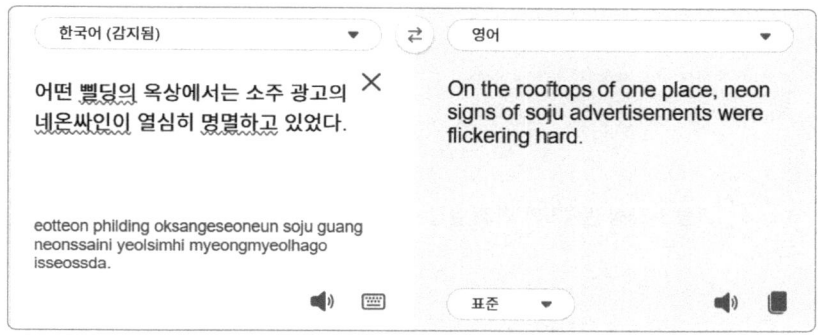

그림 3-2. 빙 번역기의 '어조' 설정 - '표준'인 경우(2025년 1월 23일)

〈그림 3-2〉의 오른쪽 화면을 보면, 앞서 언급한 문제가 빙에서도 재현되었음을 알 수 있다. 그나마 다행이라고 해야 할까? 빙 번역기는 '삘딩'을 엉뚱한 개념이 아닌 장소(one place)로 번역했기 때문이다. 이 점만을 놓고 보면 빙의 결과물이 딥엘이나 파파고의 결과물보다도 준수하다.

이제 우측 창 하단에 있는 "표준" 설정을 "비격식"으로 바꿔보자. 그러면 〈그림 3-3〉과 같은 결과를 얻을 수 있다.

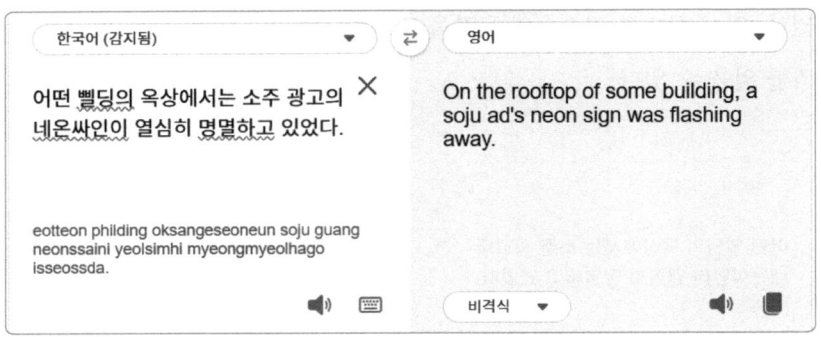

그림 3-3. 빙 번역기의 '어조' 설정 - '비격식'인 경우(2025년 1월 13일)

놀랍게도 one place가 some building으로 변했다. 문장 후반부도 제법 달라졌지만, 의미 있는 변화는 아닌 듯싶다. 빙 번역기가 '삘딩'을 비격식 대화에서 사용할 법한 어휘로 인식한 것일까? 이 같은 '어조' 기능은 적어도 무료 버전의 경우 딥엘, 구글, 파파고에서는 지원되지 않는다.

한 가지만 더 해보자. "저 삘딩에 그녀가 산다"라는 문장을 입력했더니 〈그림 3-4〉와 같은 번역물이 나왔다. 이 결과를 보니, 빙이 '삘딩'을 음차의 대상으로 인식한 게 아닌가 싶다. 여기서 내가 강조하고 싶은 점은 왼쪽 창의 추천 기능이다. 빙은 입력 데이터를 비정상적인 것으로 인식하여, "저 빌딩에 그녀가 산다"가 의도한 문장인지를 사용자에게 묻는다("이것을 의미합니까?"). 단어의 빈도를 따지는 번역기의 특성상 이는 대단한 기능이 아니다. 그래도 입력 데이터의 오류 가능성을 잡아낼 수 있는 점은 유용해 보인다.

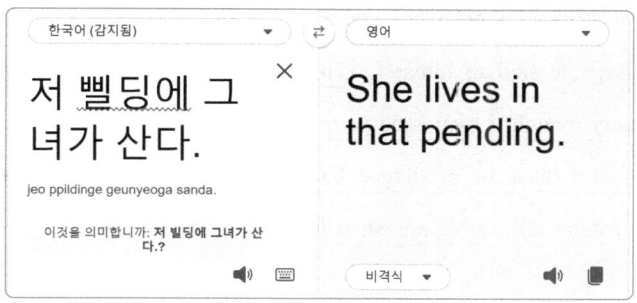

그림 3-4. 빙 번역기의 추천(2025년 1월 13일)

그럼, 방언이나 개인어 등은 번역기에서 어떻게 처리될까? 다음 사례를 통해 단편적으로나마 이 질문에 대한 답을 얻을 수 있다.

- 💬 **원문:** 만석은 그런 그들을 마음속으로 비웃고 무시했다. 느그덜이 양반 부자집 자석들이라 내가 지는 거시여. 고런 것 싹 읎애뿔고 혀본다면 다 한주먹밥잉께 이런 속말을 하고 있었다.
- 💬 **딥엘 번역:** The full house laughed at them inwardly and ignored them. They are magnets for the rich, and I am the one who loses. All of them were saying these words to Han Jumbo Bap Ying if they had a tongue.
- 💬 **챗GPT 번역:** Mansuk mocked and dismissed them in his heart. *You think I'm losing just because you're the sons of rich noble families? If we stripped all that away, you'd be nothing more than a handful of rice.* That's what he was muttering to himself inside.
- 💬 **클로드 번역:** Mansuk inwardly mocked and looked down on them. "You may win because you're from noble, wealthy families. But if

we strip all that away, you're just a handful of rice like everyone else," he said to himself. [This passage appears to show Mansuk's inner thoughts, expressed partially in dialect, revealing his resentment toward those of privileged backgrounds while asserting that fundamentally, all people are equal.]

(2025년 1월 13일)

원문은 조정래의 『유형의 땅』에서 발췌한 것이다. 이 세 문장에는 신분이 미천한 주인공 만석이 양반 집 아이들의 괄시를 참고 있는 상황과 원통한 심정이 담겨 있다. 한국인 독자라면 작품을 읽지 않았어도 쉽게 이해할 수 있는 대목이다.[7]

그러나 이런 글이 자동 번역기에게는 쉽지 않다. 형태 면에서 독특한 개인어와 방언 때문이다. 이는 딥엘의 번역물을 보면 단번에 이해할 수 있다. 딥엘은 '만석'이 사람이라는 것조차 파악하지 못했고, 자식(子息)을 뜻하는 '자석'[8]을 문자 그대로 magnets으로 옮겼다. 이뿐만 아니라 '혀본다'(해본다)의 '혀'를 tongue으로, '한주먹밥잉께'를 Han Jumbo Bap Ying으로 옮겼다. 딥엘에 대한 사용자의 평가 수준을 고려할 때 '웃픈' 결과가 아닐 수 없다.

클로드와 챗GPT의 번역도 살펴보자. 딥엘과 비교하면 놀랍도록 좋은 번역이다. 둘 다 만석을 사람으로, 자석을 자식으로 해석했다. 비록 '한주

---

[7] 미국인 교수 故 마샬 필(Pihl, 1993, p. 222)은 이 문장을 다음과 같이 번역했다. Mansŏk inwardly scorned and dismissed such children: "You kids think just because you're from some rich man's family that I'm not so good. Well, if I was going to take you out, I could do it with one punch!" he would mumble to himself.

[8] 강원, 전북, 경남 등에서 쓰이는 '자식'의 방언이다.

먹밥'을 문자 그대로 번역하여 이독성이 떨어졌지만, 전반적인 번역 수준은 양호한 편이다.[9] 하지만 내가 강조하고 싶은 두 번역의 장점은 다른 데 있다. 챗GPT의 번역에서 만석의 속마음을 표현한 부분을 보자. 이탤릭체로 되어 있지 않은가? 영문 소설에서 인물의 속마음을 표현할 때는 보통 이탤릭체를 사용하는데(이상빈, 2023, p. 169), 챗GPT는 이런 쓰기 관행을 번역물에 반영했다. 클로드의 번역에서는 밑줄 친 부분에서 볼 수 있듯이 원문을 간단하게 정리해 준 대목이 눈에 띈다. "이 한국어 텍스트를 영어로 번역해"라고만 주문했는데, 원문의 상황을 진단까지 해줬다. 참으로 기특한 놈이다.

이제 전문 용어와 관련된 번역기 간의 차이를 살펴보자. 번역학계에서 자주 쓰이는 용어 중에 explicitation, consecutive interpreting, simultaneous interpreting을 포함하는 영어 문장 하나를 딥엘 번역기에 입력했다.

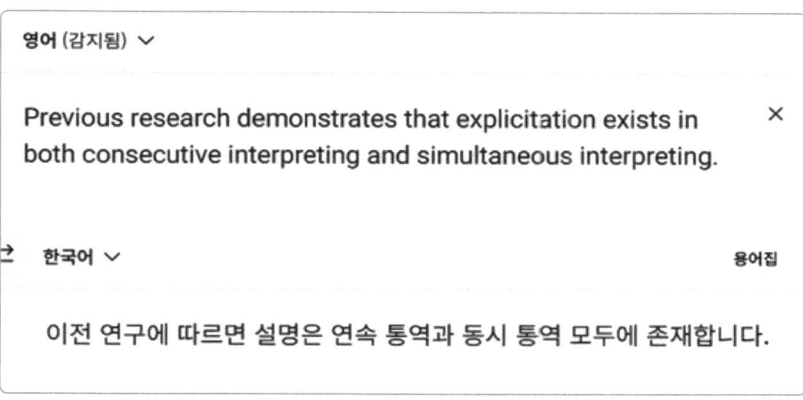

그림 3-5. 용어집에 용어를 입력하지 않았을 때 결과물(딥엘)

---

9 챗GPT가 한국어 사투리도 잘한다는 언론보도를 2024년 가을부터 접할 수 있었다.

딥엘의 번역물은 〈그림 3-5〉에서 볼 수 있듯이 실망스럽다. '명시화'를 뜻하는 explicitation이 단순히 '설명'으로 번역되었고, '순차통역'인 consecutive interpreting이 '연속 통역'으로 번역됐기 때문이다. 다른 번역기는 어떨까?

- **제미나이 번역:** 이전 연구는 연속통역과 동시통역 모두에서 설명화 현상이 존재함을 보여준다. **설명화(explicitation)**는 원어에 암시적으로 포함된 정보를 목적어에서 더 명시적으로 표현하는 현상을 의미합니다.
- **구글 번역:** 이전 연구에 따르면 명시화는 연속 통역과 동시 통역 모두에 존재한다는 것이 밝혀졌습니다.
- **빙 번역:** 이전 연구는 순차 통역과 동시 통역 모두에 명시적 해석이 존재한다는 것을 보여줍니다.
- **클로드 번역:** 기존 연구들은 순차통역과 동시통역 모두에서 명시화 현상이 존재한다는 것을 보여준다.
- **챗GPT 번역:** 이전 연구는 명시화(explicitation)가 순차통역(consecutive interpreting)과 동시통역(simultaneous interpreting) 모두에서 존재한다는 것을 보여준다.

챗GPT와 클로드의 번역을 제외하면 모든 번역에 오류가 있다. 다만, 제미나이의 "설명화 현상"과 빙의 "명시적 해석"은 의미론적으로 제법 타당해 보인다. 제미나이가 제시한 설명화의 정의를 보면 제미나이가 explicitation의 뜻을 꽤 정확하게 파악하고 있음을 알 수 있다. 하지만 이 용어 설명에도 문제는 있다. "목적어"는 target language를 옮긴 것으로 보이는데, 이는 일반 문법 용어인 목적어(object)를 떠올리게 한다. 이와 같은 이유로 챗GPT의 번역이 살짝 돋보인다. 챗GPT는 전문 용어의 경우 한국어와 영어를 병기하여 전문 용어임을 암시했다.[10]

이처럼 어렵지 않은 전문 용어를 번역시켰는데도 만족스럽지 않은 번역물이 산출되었다. 좀 더 난도가 있는 전문 용어가 있다면 어떻게 될까? 또한 그런 용어들이 원문에 많이 포함되어 있다면? 이런 상황에 대비해 딥엘 번역기는 용어집 기능을 제공한다. 만일 여러분이 '명시화'나 '순차통역'에 관한 전문 텍스트를 번역한다면 이렇게 자주 등장하는 용어들을 미리 용어집에 저장하여 번역의 속도와 정확도를 높일 수 있다. 위 사례에서 문제됐던 용어들을 용어집에 입력하면 〈그림 3-6〉과 같다.

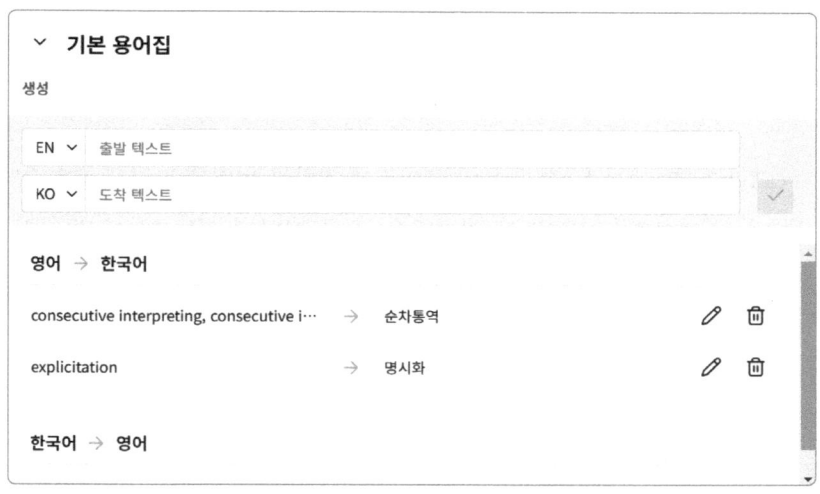

그림 3-6. 용어집에 '순차통역'과 '명시화'를 입력한 장면(딥엘)

---

10 이런 병기가 무조건 좋다는 뜻이 아니다. 병기 방식은 제한적으로 쓰는 것이 좋다.

딥엘에 따르면 이 용어집은 로컬 기반 서비스다.[11] 즉, 딥엘의 서버에 저장되는 게 아니라 개별 디바이스에 저장되는 형식이다. 따라서 용어집을 대규모로 구축했다 한들, 다른 컴퓨터를 사용하면 기존 용어집은 쓸모가 없다.

용어집에 전문 용어와 대응어를 입력해 놓으면 〈그림 3-7〉과 같은 번역물이 생성된다.

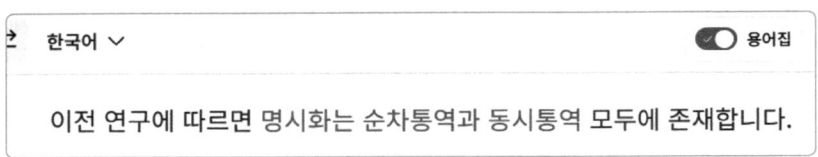

그림 3-7. 용어집 사용 후 출력 결과(딥엘)

〈그림 3-7〉에서 볼 수 있듯이 용어집에 기반한 번역은 파란색 글자("명시화는 순차통역과 동시통역")로 처리된다. 우측 상단에 있는 "용어집" 버튼을 클릭하면 용어집 기능을 비활성화할 수 있으며, 이때는 다시 "명시화"

---

11 "번역 서비스 사용 시 텍스트가 당사 서버로 전송됩니다. 이러한 텍스트의 전송은 당사가 번역 및 서비스를 제공하기 위해 필요합니다. 당사는 신경망과 번역 알고리듬을 훈련하고 개선하기 위해 제한된 기간 동안 이용자의 텍스트 및 업로드 문서와 해당 번역을 처리할 수 있는 권리를 보유합니다. 이는 번역문에 대한 이용자의 수정 사항에도 적용됩니다. 이용자가 수정한 텍스트는 정확성 검증을 위해 당사 서버로 전송되며, 필요시 이러한 수정 내용을 반영하여 번역 텍스트가 업데이트됩니다. **용어집 기능을 사용하여 특정 용어 쌍을 입력하는 경우, 이 데이터는 이용 중인 기기에 로컬로만 저장되며 당사 서버로 전송되지 않습니다. 따라서 다른 브라우저나 기기에서는 이용자가 용어집에 등록한 용어 쌍을 사용할 수 없습니다.** 추가 기능(예: 요약)을 사용하는 경우, 이용자의 텍스트와 파일이 외부 제3자의 서버로 전송될 수 있습니다. 이러한 서버는 모두 유럽경제지역(EEA) 내에 위치합니다." (DeepL, 2024)

가 "설명"으로, "순차통역"이 "연속 통역"으로 전환한다. 용어집에 입력한 용어 쌍은 언제든지 편집·삭제할 수 있다.

빙이나 딥엘의 기능은 생성형 AI에 비할 바가 못 된다. 챗GPT 같은 도구에서는 "이 텍스트를 한국어로 번역해 줄래?"와 같은 프롬프트만으로도 제법 괜찮은 번역물을 얻을 수 있지만, 좀 더 세부적이고 복잡한 번역을 자주 다루는 사람이라면 자신만의 GPT를 만들어 사용할 수도 있다. 이를 테면, 맞춤형 자동 번역기를 제작하는 것이다.

방법은 비교적 간단하다. 먼저, 우측 상단에 있는 사용자 아이콘을 클릭하고 "내 GPT" 항목으로 입장한다. 그다음 "GPT 만들기(Customize a version of ChatGPT for a specific purpose)"를 클릭한다. 그러면, 〈그림 3-8〉에서 볼 수 있듯이 GPT를 만들 수 있는 "초안" 페이지가 생성된다. 분할된 화면 좌측에는 "구성"(Configure) 항목이 있는데, 여기서 GPT의 "이름"을 지어주고 용도에 관한 짧은 소개를 "설명" 항목에 입력할 수 있다. "지침" 항목에는 GPT의 용도를 상세하게 기록할 수 있는데, 바로 여기서 번역에 관한 지침, 즉 프롬프트를 상세하게 작성하면 된다. 프롬프트 입력을 마무리했으면, 우측 상단에 있는 "만들기"(Create)를 클릭한 후 "공개" 여부와 범위를 결정한다.[12] 이제, 끝났다!

하지만 한술에 배부를 수는 없다. '내 GPT'를 사용하다 보면 마음에 안 들거나 예상치 못한 문제들이 발생할 수 있다.[13] 이때는 "내 GPT"로 다시

---

[12] 다른 방법으로 나만의 GPT를 만들 수 있다. 챗GPT가 추천하는 방식대로 단계별 절차를 따르면 된다(직접 해보라! 어렵지 않다).

[13] 예컨대 이렇게 완성한 '내 GPT'에 번역하고 싶은 텍스트를 입력한 후 ENTER 키를 누르면, 번역이 생성되지 않는다. 챗GPT는 번역을 진행하지 않고 '이 글을 어떻게 처리할까요?'라고 되묻는다. 따라서 프롬프트를 입력할 때, '영어 텍스트가 입력되면 무조건 한국어로 번역해 주고, 한국어 텍스트가 입력되면 무조건 영어로 번역해 줘'와 같은 문장을 제

입장해 GPT의 세부 내용을 추가·삭제·편집할 수 있다. 해당 GPT 항목에서 '연필' 아이콘을 클릭하거나 '내 GPT' 창에서 "GPT 편집"을 클릭하면 된다. 수정이 끝났으면 우측 상단의 "업데이트"를 누르면 된다.

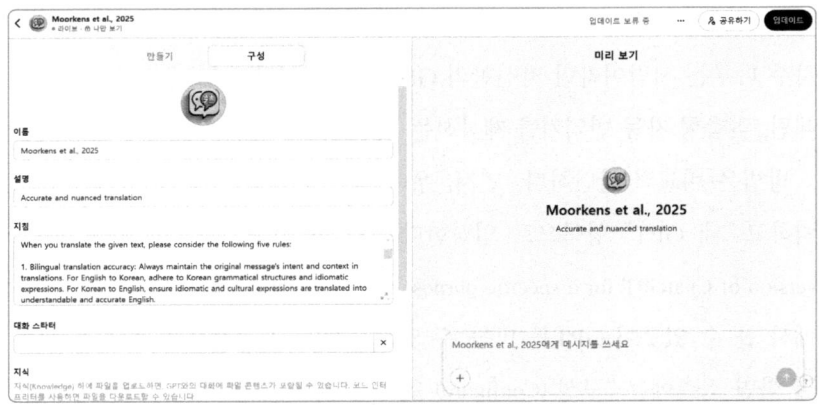

그림 3-8. 나만의 번역 GPT 만들기

제작 과정에서 프롬프트를 세밀하고 논리적으로 설계하는 게 쉽지 않다. '내 GPT'의 성능은 프롬프트가 좌우한다. 문제는 번역이란 게 본질적으로 매우 복잡한 과업이어서 프롬프트 몇 개만으로는 만족할 만한 번역을 얻기가 상당히 어렵다는 점이다. 여러분이 전문가의 조언을 받아 번역에 관한 프롬프트를 100개의 문장으로 만들었다 해도, 그 GPT가 완벽한 번역을 해줄 거라는 기대는 하지 말라. 프롬프트가 복잡하면 성능이 오히려 떨어질 수 있다. 떡볶이에 100가지 재료를 무턱대고 넣은들, 떡볶이가 맛있어질 리 없다. 프롬프트 엔지니어링에도 중도와 절제가 필요하다.

---

1 원칙으로 제시하면 된다. 그러면, 추가 프롬프트를 입력하지 않고도 GPT를 편하게 쓸 수 있다.

그래도 뭔가는 보여줘야 할 듯싶어, 무르켄스 등(Moorkens et al., 2025)이 참고용으로 만든 프롬프트 세트를 아래와 같이 소개한다. (프롬프트 내용을 영한 번역의 맥락으로 변환한 것이다.)

1. **이중 언어 번역의 정확성**: 원문의 의도와 맥락을 항상 유지하여 번역합니다. 영어에서 한국어로 번역할 때는 한국어 문법 구조와 관용적 표현을 따르고, 한국어에서 영어로 번역할 대는 문화적 표현과 관용구를 이해하기 쉽고 정확한 영어로 변환합니다.
2. **언어의 뉘앙스와 문화적 감수성**: 문화적 감수성을 고려하고 지역별 방언 차이를 인식합니다. 문화적 맥락을 정확히 반영하는 단어와 표현을 선택하며, 문화적으로 부적절하거나 으해의 소지가 있는 번역을 피합니다.
3. **격식과 어투**: 원문의 격식 수준에 맞춰 번역의 어조를 조정합니다. 공식적인 문장과 비공식적인 문장을 구별하여 적절한 표현을 사용하고, 대상 독자와 목적에 부합하는 톤을 유지합니다.
4. **기술 및 전문 용어**: 기술 용어와 특정 분야의 전문 용어를 정확하게 번역해야 하며, 양 언어에서 올바른 용어를 사용해야 합니다. 법률, 의학, 과학, 기술 등과 같은 전문 분야의 텍스트를 번역할 때는 용어의 정확성이 매우 중요하므로 문맥을 고려하여 가장 적절한 번역을 선택해야 합니다.
5. **오류 처리 및 모호성 해결**: 애매한 문구나 굼장을 마주했을 때는 가능한 경우 명확성을 위해 추가 설명을 요청하거나, 문맥을 바탕으로 가장 적절한 번역을 제공합니다. 직접 번역할 수 없는 단어나 표현은 원어 그대로 유지하면서 설명을 추가하거나, 해당 언어에서 적절한

대응 표현을 제시합니다. (Moorkens et al., 2025, pp. 200-201)

앞에서 나는 GPT 제작 방법을 간단히 소개했다. 그때 무르켄스 등 (Moorkens et al., 2025)이 제시한 영어 프롬프트를 "지침" 항목에 입력했고, 그렇게 만든 GPT를 재귀적으로 사용하여, 위와 같은 번역물(한국어 프롬프트 세트)을 얻었다. 영어 원문이 필요한 독자는 원서를 구해 직접 확인하기를 바란다.

사실 이 프롬프트도 제법 복잡한 축에 속한다. 위 발췌문에 있는 모든 항목을 챗GPT가 항상 지킬 거로 믿어서는 안 된다. 초보자들은 이런 프롬프트를 보고 혹할 수도 있겠지만, 프롬프트만으로 모든 번역 과업을 해결할 수는 없다. 게다가 위처럼 복잡한 프롬프트 세트가 "이 텍스트를 한국어로 번역해 줄래?"와 같은 프롬프트를 항상 이길 거란 보장도 없다.

3.2 AI 번역도 편향성을 갖는다

AI를 조금이라도 공부해 본 사람이라면 편향(bias)에 대해 들어봤을 것이다. AI 편향이란 AI가 특정 방향으로 치우친 결과를 도출하는 현상을 말한다. AI 모델을 훈련할 때 편향된 데이터를 사용했거나 알고리듬 설계 과정에서 편향이 반영됐을 때 나타난다. AI 편향의 결과는 사용자 개인의 영역에 그치지 않고 때로는 사회적·윤리적 문제를 초래할 수도 있다. 가령 콤파스(COMPAS)는 미국 법원에서 피고인의 재범 가능성을 평가하기 위해 사용했던 예측 알고리듬인데, 보도에 따르면 이 모델은 흑인을 지나치게 차별하는 예측값을 산출했다.[14] 한편, 아마존은 AI를 활용해 자동화된 채용 시스템을 개발한 바 있는데, 이 시스템이 여성 지원자를 부당할 정도로 낮게 평가하였다. 또한 애플과 골드만삭스가 함께 출시한 애플 카드는 대출 심사 시 여성에게 차별적인 한도를 부여하였다.[15]

AI의 젠더 편향은 번역에서도 나타난다. 특히, 목표어가 로망스어(Romance languages) — 명사, 형용사 등의 형태가 성별에 따라 달라지는 언어군 — 인 경우, 젠더 편향의 문제를 상대적으로 쉽게 관찰할 수 있다. 따라서 본 절에서는 한불 번역 사례를 활용하여 젠더 편향의 기본부터 간단히 살펴볼 것이다. (프랑스어를 몰라도 아래 내용을 이해할 수 있다.)

> 💬 **한국어 원문:** 대통령과 의사를 치료한 건 바로 그 간호사였다.
>
> 💬 **딥엘 번역:** C'est la même infirmière qui a soigné le président et le médecin.
>
> 💬 **구글 번역:** C'était l'infirmière qui soignait le président et le médecin.
>
> 💬 **제미나이 번역:** C'est cette infirmière qui a soigné à la fois le président et le médecin. (à la fois: both; at once; at the same time)
>
> 💬 **클로드 번역:** C'était cette infirmière qui a soigné le président et le

---

14 "분석대상인 형사피고인 중에서 재범 가능성 높은 고위험군으로 예측되었지만 실제로 재범을 하지 않은 사람의 비율이 백인에 비해 흑인이 두 배 가까이 높은 것으로 나타났다(23.5% vs 44.9%). 반면에, 저위험군으로 예측되었지만 실제로 재범을 한 사람의 비율은 흑인에 비해 백인이 훨씬 높은 것으로 나타났다(47.7% vs 28.0%)." (고학수, 2021)

15 "웹개발회사인 '베이스캠프'(Basecamp)의 설립자 겸 최고기술책임자인 데이비드 핸슨이 '나와 내 아내는 같은 납세자료를 제출했고 커뮤니티 하우스에서 함께 살고 있으며 오랫동안 결혼 생활을 유지하고 있는데 아내의 신용카드 한도는 나와 비교하면 20분의 1밖에 되지 않는다'며 '이런 성차별적 프로그램이라니!'라는 글을 올린 것이 계기가 됐다." (정진영, 2019)

médecin.

💬 **챗GPT 번역:** La personne qui a soigné le président et le médecin, c'était justement cette infirmière.

(2025년 1월 14일 기준)

이 번역 사례에서 infirmière는 '간호사'를 뜻하는 여성형 명사이다. 여성형 명사라는 사실은 infirmière 바로 앞에 있는 여성 정관사 la 혹은 여성형 단수 명사 앞에 쓰이는 지시형용사 cette를 통해서도 알 수 있다. 만일 간호사가 남성이었다면 infirmière가 아니라 infirmier를 써야 했다. 마찬가지로 대통령도 남성형으로 번역되었다. '대통령'을 뜻하는 président 앞에 남성 정관사 le를 볼 수 있다. 만일 대통령이 여성이었다면 le président이 아니라 la présidente였을 것이다. 의사도 마찬가지다. 명사 médecin(의사) 자체는 성별에 따라 형태가 바뀌진 않지만, 바로 앞에 남성 정관사 le가 있으니 이 의사는 남자임을 알 수 있다. 만약 의사가 여자였다면 la femme médecin 또는 la médecin 등으로 표현했을 것이다.[16]

요약하면, 모든 번역물에서 대통령과 의사는 남성형으로 번역됐지만, 간호사는 여성형으로 번역됐다. 주지하다시피 이 세 사람이 남성인지 여성인지 원문만으로는 알 수 없다. 하지만 AI 번역기는 어떤 단서도 달지 않은 채, 대통령과 의사를 남자로, 간호사를 여자로 번역했다. 왜 그랬을까? 전통적으로 대통령과 의사는 남자였고, 간호사는 여자였기 때문이다. 즉, 이런 (편향된) 현실 세계의 모습이 인간의 언어 사용에 고스란히 반영되었고, 그 결과를 AI가 그대로 학습했기 때문이다. 만일 간호사가 남자들의

---

16 프랑스어 femme는 영어의 woman에 해당한다.

직업이었다면 AI 번역기는 '간호사'를 infirmier로 번역했을 것이다.

기왕 간호사 문제를 꺼내 들었으니, 이를 바탕으로 논의를 좀 더 끌어가 보자. 남자 간호사와 여자 간호사가 섞여 있는 집단이 있을 때, 그 집단의 성은 어떻게 정해야 할까? 이런 질문을 던지는 이유는 프랑스어에서 혼성 집단을 표현할 때는 일반적으로 남자가 대표가 되기 때문이다. 프랑스어에서 they에 해당하는 3인칭 복수 대명사는 ils(그들)과 elles(그녀들) 두 종류가 있는데, 만일 남성과 여성이 한 집단을 이루면 '남성들'로 표현한다. 설령 남자가 한 명, 여자가 아홉 명 있어도 그 집단을 남성 복수로 지칭한다. 이런 현실을 고려하여 다음 상황을 가정해 보자.

- **원문:** [신기하게도] 그곳에 모인 간호사 10명 중 여자 간호사는 단 한 명 뿐이었다.
- **챗GPT 번역:** Parmi les dix infirmiers réunis là-bas, il n'y avait qu'une seule infirmière.
- **클로드 번역:** Parmi les dix infirmiers réunis là-bas, il n'y avait qu'une seule femme.
- **제미나이 번역:** Parmi les 10 infirmières réunies là-bas, il n'y avait qu'une seule femme (직역). Sur les 10 infirmières présentes, une seule était une femme (더 자연스러운 표현). Elle était la seule femme parmi les 10 infirmières présentes (좀 더 강조하는 표현).

앞선 논의를 바탕으로 챗GPT, 클로드, 제미나이의 번역물을 분석해 보자. 챗GPT와 클로드는 "간호사 10명"(이 중 한 명만 여성임을 기억하자!)을 infirmiers(남자 간호사들)로 번역했다. 즉, 혼성 집단을 '남성'으로 지칭한

셈이다. 이에 반해 제미나이는 세 가지 번역을 제시했는데, 모든 번역에서 간호사 10명을 infirmières(여자 간호사들)로 표현했다. 와! 이런 차이를 뭐라고 설명해야 할까? 제미나이에서는 문법 규칙보다 젠더 편향이 더 강력한 걸까?

그럼, 프롬프트를 추가해 보자. "고마워! 하지만 이 번역은 젠더 측면에서 편향된 결과야. 성별 고정관념이 없게끔 다시 번역해 줄래?" 다음은 제미나이가 제시한 답변 중 일부이다.

> 말씀하신 부분, 매우 공감합니다. 제가 제시한 번역이 성별 고정관념을 반영하여 문제가 될 수 있다는 점을 간과했습니다. 포괄적인 언어[inclusive language] 사용의 중요성을 다시 한번 되새기고, 보다 중립적인 표현으로 수정해 보겠습니다.
>
> - 옵션 1: Parmi les dix soignants réunis à cet endroit, il n'y avait qu'une seule femme. (해석: 그곳에 모인 10명의 의료진 중 여성은 한 명뿐이었다.)
> - 옵션 2: Sur les dix professionnels de santé présents, une seule était une femme. (해석: 참석한 10명의 의료 전문가 중 여성은 한 명뿐이었다.)

다른 생성형 AI처럼 제미나이도 잘못을 바로 시인했다. 답변의 도입부를 읽어가면서 내심 기대를 했건만, 그다음부터는 영 아닌 해결책이 등장한다. 접근법 자체는 그리 나쁘지 않으나 '간호사'를 대체한 어휘나 표현이 정확하지 않기 때문이다. 밑줄 친 soignants은 '의료 종사자', '간호사', '간병인' 등을 뜻한다. 마찬가지로 professionnels de santé는 영어의 health professionals, 즉 의료진이나 의료 종사자 등을 뜻한다. 결국, 제미나이의 어휘 선택은 간호사뿐만 아니라 다른 의료 종사자도 지칭하므로 특정 상황이 아니면 쓸 수 없는 대안이다.

간호사에 대해서만 길게 논의한 듯싶어, 다른 직업도 간단하게 살펴보자. 이번에는 "각 문장의 주어가 남자인지 여자인지 모르겠어"라는 문장을 프롬프트에 추가하였다. 제미나이와 챗GPT의 답변은 〈표 3−1〉과 같다.

원문	제미나이 번역	챗GPT 번역
My boss strongly supports me.	남성 상사일 경우: Mon patron me soutient fortement. 여성 상사일 경우: Ma patronne me soutient fortement.	Mon patron me soutient fortement. ("Patron"은 남성형이지만, 여성일 경우에도 일반적으로 사용될 수 있습니다. 필요하면 "patronne"로 수정 가능합니다.)
The lawmaker was arrested on charges of corruption.	남성 의원일 경우: Le législateur a été arrêté pour corruption. 여성 의원일 경우: La législatrice a été arrêtée pour corruption.	Le législateur a été arrêté pour des accusations de corruption. ("Législateur"는 남성형으로 기본 번역되었으며, 필요하면 "législatrice"로 변경 가능합니다.)
My babysitter has a very good personality.	남성 베이비시터일 경우: Mon baby-sitter a une très bonne personnalité. 여성 베이비시터일 경우: Ma baby-sitter a une très bonne personnalité.	Mon/ma baby-sitter a une très bonne personnalité. ("Baby-sitter"는 성별에 따라 "mon" 또는 "ma"를 선택합니다. 성별을 알 수 없을 때는 그대로 유지 가능합니다.)

표 3-1. 직업명의 번역 사례(영어 → 프랑스어)

이 표에서 확인할 수 있듯이 제미나이의 번역에는 독특한 점이 거의 없다. 제미나이는 남성과 여성일 때를 구분하여 문장을 제시했기 때문이다. 반면 챗GPT의 답변은 유용한 해설이 추가되었지만, 불완전하고 자칫 위험할 수도 있다. 프랑스어를 모르는 사용자가 해설만 보고 무심코 번역물을 사용하면, 문법적으로 잘못된 문장을 사용할 수 있기 때문이다. 예컨대 여성형 patronne를 쓰려면 바로 앞에 있는 Mon도 Ma로 고쳐야 한다. 하지만 챗GPT는 이에 대해 언급하지 않았다. 마찬가지 논리로, législateur 대신 여성형 législatrice를 사용하려면 동사 arrêté를 arrêtée로 수정해야 한다.

지금까지는 어휘 차원에서 한불 번역의 젠더 편향을 살펴보았다. 이제는 텍스트의 구조가 젠더 편향에 영향을 줄 수 있는지를 살펴보고자 한다. 문장 구조와 문장 간 관계에 초점을 맞춰, 〈표 3-2〉를 자세히 들여다보자. 참고로, 목표어는 이탈리아어이고, 번역물은 모두 2025년 1월 중순에 산출한 것이다.

영어 원문	구글 번역	딥엘 번역
(1) The writer finished the first draft. Then she started proofreading.	(1) Lo scrittore* ha terminato la prima bozza. Poi ha iniziato a correggere le bozze.	(1) La scrittrice ha terminato la prima stesura. Poi ha iniziato a correggere le bozze.
(2) The writer finished the first draft, and then she started proofreading.	(2) La scrittrice ha terminato la prima bozza e poi ha iniziato a correggere le bozze.	(2) La scrittrice ha terminato la prima stesura e poi ha iniziato a correggere le bozze.

(3) The writer who started proofreading had finished her first draft.	(3) La scrittrice che ha iniziato la correzione di bozze aveva finito la sua prima bozza.	(3) La scrittrice che ha iniziato a correggere aveva finito la prima bozza.
(4) The writer started proofreading because she finished her first draft.	(4) La scrittrice ha iniziato a correggere le bozze perché aveva finito la sua prima bozza.	(4) La scrittrice ha iniziato a correggere perché aveva terminato la prima stesura.
(5) The writer started proofreading. The reason was that she had finished her first draft.	(5) Lo scrittore* ha iniziato a correggere le bozze. Il motivo era che aveva finito la sua prima bozza.	(5) La scrittrice ha iniziato a correggere. Il motivo era che aveva finito la prima stesura.

표 3-2. 문장 구조에 따른 젠더 편향 여부(Molino, 2023, p. 328을 참고)

〈표 3−2〉에서 lo는 남성 단수 정관사이며, scrittore는 '작가'나 '저자'를 뜻하는 남성형 단수 명사이다. 반면 la는 여성 단수 정관사이며, scrittrice는 scrittore의 여성형이다. 흥미롭게도 구글 번역 (1)번과 (5)번에서만 the writer가 남성형 lo scrittore로 번역됐다. 영어 원문 다섯 개가 의미상 큰 차이가 없는데도 이런 차이가 발생한 이유는 뭘까? 문장 구조(연결)의 차이가 주된 원인으로 보인다. 원문 (1)의 she는 내용상 (정말 특별한 상황이 아니라면) the writer를 가리킨다. 그런데 구글 번역기는 the writer를 남성으로 해석했다. 원문 (5)와 그 번역물도 비교해 보자. 원문 (5)의 두 문장 간 논리는 원문 (1)에 비해 명확하다. The reason으로 시작하는 두 번째 문장이 앞 문장의 이유를 밝히고 있고 두 문장의 시제도 각각 과거형과 과거완료형이므로, 전후(인과) 관계가 명확하다. 그러나 구글 번역기는 이 경우에도

the writer를 남성형으로 번역했다. 간단히 정리하면, the writer가 여성임이 분명한데도, 구글 번역기는 (아마도) 문장 구조와 문장 간 관계에 따라 the writer를 남성으로 번역할 때도 있고, 여성으로 번역할 때도 있다.

그렇다면 구글이 만든 제미나이도 구글 번역기와 동일한 실수를 범할지 궁금해진다. 제미나이에게 앞서 살펴본 원문 다섯 개를 번역해 달라고 요청하면 다음과 같은 산출물을 얻을 수 있다.

(1) **Lo scrittore** ha finito la prima bozza. Poi ha iniziato a correggerla.

(2) **Lo scrittore** ha finito la prima bozza, e poi ha iniziato a correggerla.

(3) **Lo scrittore** che ha iniziato a correggere aveva finito la sua prima bozza.

(4) **Lo scrittore** ha iniziato a correggere perché aveva finito la sua prima bozza.

(5) **Lo scrittore** ha iniziato a correggere. Il motivo era che aveva finito la sua prima bozza.

일반 구글 번역보다 더 편향된 결과가 나왔다. 모든 문장에서 the writer가 남성형 lo scrittore으로 번역됐음을 확인할 수 있다. 똑같은 프롬프트를 사용하여 챗GPT와 클로드에게 번역을 주문하면, 문장의 주어는 모두 la scrittrice로 출력된다. AI 도구를 훈련할 때 쓰는 데이터 세트가 서로 다르다는 점을 고려할 때, 이와 같은 결과는 어쩌면 구글의 데이터가 젠더 측면에서 좀 더 편향됐을 가능성을 보여준다. 물론 어디까지나 단편적인 추측이다. 앞서 강조했듯이 예시 몇 개만으로 AI 전체를 판단하는 건 타당하지 않다.

3.3 변덕꾸러기 AI와 나비효과

입력 데이터에 아주 작은 변화만 있어도 결과물에 큰 변화가 일어날 수 있다. 평소에 좋다고 생각한 번역기에서도 사소해 보이는 입력값 하나가 전체 번역을 망칠 수 있다. 이를테면, AI 번역에도 나비효과(butterfly effect)가 나타난다.

즉흥적으로 시도해 보자. 인터넷에서 한국어 신문 기사 하나를 구해 구글 번역기에 넣어봤다. 분위기도 바꿀 겸, 금융 분야의 짧은 문장 하나를 입력했다.

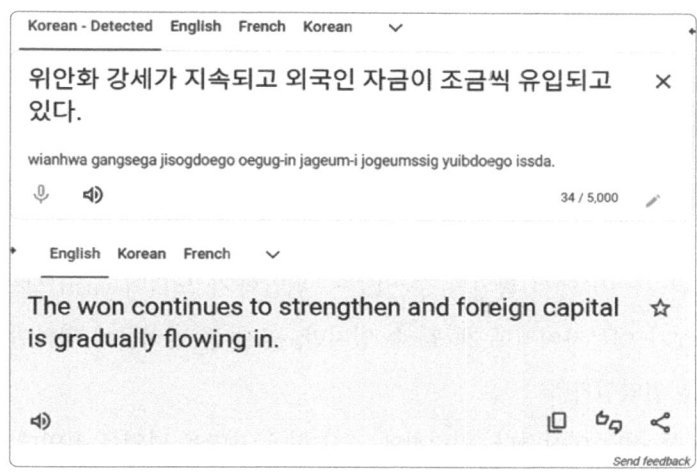

그림 3-9. 구글 번역기의 '위안화' 번역(2025년 1월 20일)

〈그림 3-9〉에서 볼 수 있듯이 황당한 번역이 나왔다. 캡처한 이미지가 조작이라 해도 믿을 정도다(이 사례를 불과 5분 만에 찾았다!). '위안화'가 어떻게 '원화'로 둔갑할 수 있지? 다른 부분에는 특별한 문제가 없는데, 유독

'위안화'만 이상하게 번역됐다. 뭐가 문제일까? 원문에 서너 가지 간단한 변화를 준 끝에야 해답(?)을 찾아냈다. 위안화 다음에 조사 '-의'를 넣는 것이다.

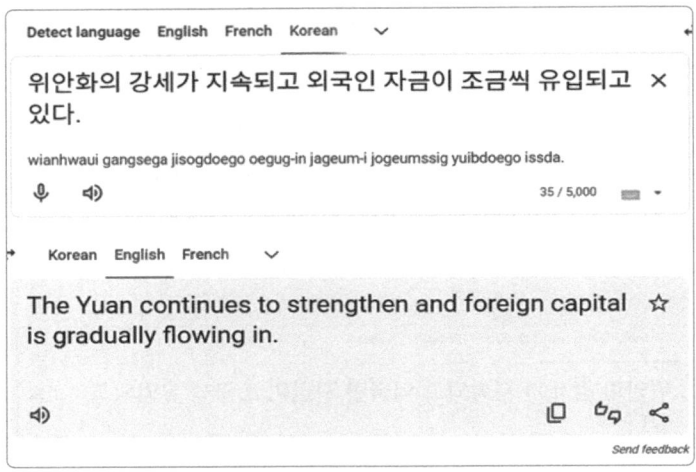

그림 3-10. 구글 번역기의 '위안화(의)' 번역

〈그림 3-10〉에서 확인할 수 있듯이 '위안화'가 드디어 yuan으로 출력됐다. Y가 대문자여서 문제 될 수 있지만, 앞서 본 번역물에 비하면 얼마나 좋은 번역인가?

아무튼 정말 이상하다. 입력창에 조사 한 글자만을 넣었을 뿐인데, 번역이 이렇게 달라지다니! 원문에 실질적인 의미 변화를 주는 글자도 아니지 않는가? 그런데 이런 사례는 생각보다 많다.

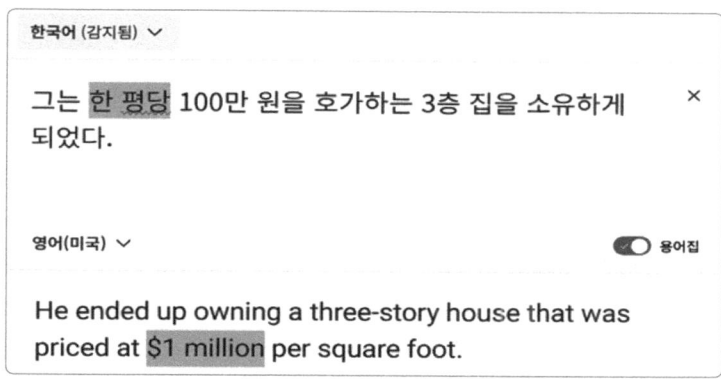

그림 3-11. 딥엘의 '한 평당' 번역(2025년 1월 20일)

〈그림 3-11〉의 원문은 단편소설 문장 하나를 발췌해 이해하기 쉽게 재구성한 것이다. '평당'을 엉뚱하게 per square foot으로 번역한 건 둘째 치고, 100만 원을 "$1 million"(백만 달러 = 요즘 환율로 15억 원에 육박하는 금액)으로 번역한 건 '제2의 위안화 오역'으로 불릴만하다(도대체 어떤 집이길래 이렇게 비싸지?). 번역 품질이 비교적 우수하다고 알려진 딥엘에서도 이런 결과가 나오니, 어떤 측면에서는 신기하게도 느껴진다. 참고로 덧붙이면, "한 평당"을 "평당"으로 바꿔도 결과는 같다.

그러면, 다시 한번 작은 변화를 줘 보자. 어떻게 해볼까? 마침 "평당"이라는 두 글자에 빨간색 밑줄이 있으니, 이 두 글자를 띄어 써 볼까? '-당'은 접미사이므로 앞 단어에 붙여 쓰는 게 맞다. 그러니, 한국어 원문에 띄어쓰기 오류를 일부러 만드는 셈이다. 이런 조작을 하면, 〈그림 3-12〉에서 볼 수 있듯이 '100만 원'이 올바로 번역된다.

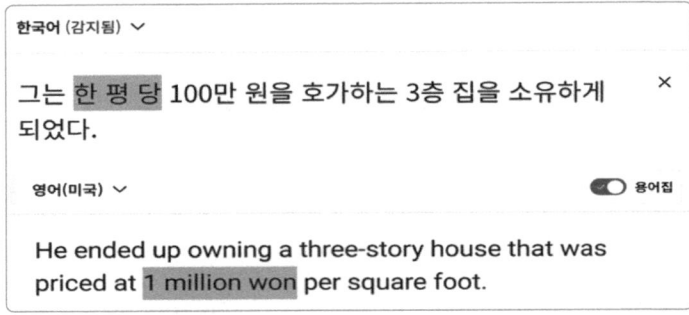

그림 3-12. 딥엘의 '한 평 당' 번역

'평' 이야기를 잠깐 해보자. 위에서 살펴봤듯이 딥엘 번역기는 '평'을 제대로 번역하지 못했다. 주지하다시피 1평은 약 3.3 제곱미터로, 우리나라에서 면적을 계산할 때 쓰는 단위다. 국제 기준에 맞추기 위해 몇 년 전부터 공식적으로는 제곱미터를 사용하기로 했지만, 현실에서는 여전히 '평'의 인기가 높다. 심지어 한국 문화가 해외로 널리 알려지면서 '평'을 음차로 표현한 외국어 문서도 간간이 확인할 수 있다. 이 점을 고려하면서, 다른 번역물을 비교해 보자. 동일한 문장을 활용하여, 챗GPT, 클로드, 제미나이에게 "이 한국어 문장을 영어로 번역해 줄래?"라고 주문했다.

- 🗨 **챗GPT 답변:** He came to own a three-story house valued at 1 million won per square meter.
- 🗨 **클로드 답변:** He became the owner of a three-story house that costs 1 million won per pyeong. 참고: "pyeong" (평)은 한국의 전통적인 면적 단위로, 1평은 약 3.3제곱미터입니다. 영어로 번역할 때 이 단위를 그대로 "pyeong"으로 표기하거나, 필요한 경우 "square meters"로 환산하여 사용할 수 있습니다.

🧠 **제미나이 답변:** He now owns a three-story house that costs more than 1 million won per pyeong. [생략] "평"이라는 단위가 외국인에게 익숙하지 않기 때문에, 추가적인 설명이 필요할 수 있습니다. 예를 들어, "(1 pyeong is approximately 3.3 square meters)"와 같이 덧붙일 수 있습니다.

전반적으로 훌륭한 답변이다. 평에 대해 모르는 사용자도 이 답변을 통해 새로운 사실을 배울 수 있다. 특히 '평'을 어떻게 번역할 수 있는지, 그 접근법도 확인할 수 있다. 다만, 챗GPT의 답변은 상대적으로 실망스럽다. 번역물만 제시했는데, 그나마 번역에도 오류가 있기 때문이다.

또 다른 사례도 살펴보자. 이번엔 문장부호에 관한 내용이다.

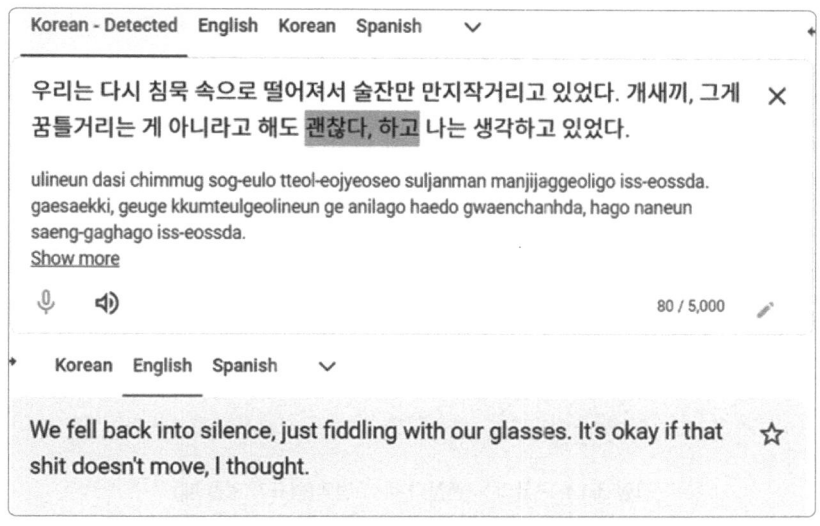

그림 3-13. 구글의 '…괜찮다, 하고' 번역(쉼표가 있을 때)

〈그림 3-13〉의 원문은 김승옥의 단편소설『서울, 1964년 겨울』에서 발췌한 것이다. 두 번째 문장에 화자 '나'의 속마음(개새끼, 그게 꿈틀거리는 게 아니라고 해도 나는 괜찮다)이 삽입되어 있다. 여기서 주목할 점은 "괜찮다" 다음에 쓰인 쉼표다. 이 쉼표는 '(속마음이) 인용된' 부분이 어디까지인지를 보여주는 문법적 장치다.[17] 다만, 작가에 따라 이런 쉼표를 쓰기도 하고 쓰지 않기도 한다. 쉼표가 있건 없건, 독자가 내용을 이해하는 데 지장이 없다.

이제 〈그림 3-13〉의 영어 번역을 살펴보자. 어떤가? 이상하지는 않아 보인다. 그럼, 문체를 바꾼다고 가정하고 원문에서 쉼표를 삭제해 보겠다. 그 결과는 〈그림 3-14〉와 같다.

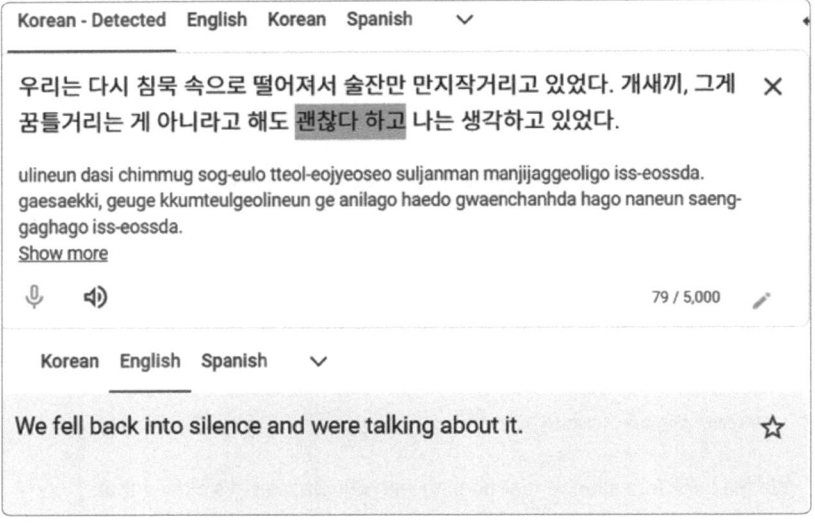

그림 3-14. 구글의 '…괜찮다 하고' 번역(쉼표가 없을 때)

---

17 이런 인용 방식이 종종 보이지만, 어법상 큰따옴표나 작은따옴표를 사용하는 것이 바람직하다.

뭐지? 이제 번역물에는 '우리는 침묵 속으로 떨어져'만 남았고, 뜬금없이 "talking about it"이 등장했다. 이보다 더 큰 문제는 나머지 부분이 완전히 사라졌다는 점이다. 쉼표 하나만 삭제했을 뿐인데, 결과는 참혹하다.

이 같은 결과는 어쩌면 AI 도구 사용 중 나타나는 환각 증세(할루시네이션)일지도 모른다. AI 환각이란 "대규모 언어 모델(종종 생성형 AI 챗봇 또는 컴퓨팅 비전 툴)이 인간 관찰자에게는 존재하지 않거나 [인간 관찰자가] 인식할 수 없는 패턴이나 물체를 인식하여, 무의미하거나 전적으로 부정확한 아웃풋[결과물]을 생성하는 현상"을 뜻한다(IBM, n.d.). 환각의 원인은 다양하다. 예를 들면 학습용 데이터가 불충분하거나 모델이 잘못된 가정을 내렸을 때 또는 모델 학습에 사용된 데이터가 편향됐을 때 발생한다(Google Cloud, n.d.). AI 도구로 번역을 주문할 때도 비록 빈도는 낮으나 환각이 발생할 수 있으며, 일부 연구에서는 환각 오류들이 구체적인 사례와 함께 보고되기도 한다.

일례로, 〈표 3-3〉은 아주 간단한 중국어-영어 번역에서 어떤 종류의 환각이 나타날 수 있는지를 개략적으로 보여준다.

유형	원문	예상되는 번역	환각 번역
내재적 (Intrinsic)	迈克周四去书店。	Mike goes to the bookstore on Thursday.	Jerry doesn't go to the bookstore on Thursday.
외재적 (Extrinsic)	迈克周四去书店。	Mike goes to the bookstore on Thursday.	Mike happily goes to the bookstore on Thursday with his friend.

표 3-3. 기계 번역 환각 사례 (Zhou et al., 2021을 응용)

'내재적(intrinsic) 환각'은 번역물에 완전히 잘못된 정보가 포함되는 경우를 말한다. 〈표 3 - 3〉에서 Mike가 Jerry로 변하고 긍정형 문장이 부정형으로 둔갑한 사례가 여기에 해당한다. 한편 '외재적(extrinsic) 환각'은 원문에 없는 정보가 추가된 상황을 일컫는다. 〈표 3 - 3〉에서 happily와 with his friend가 추가된 경우 그리고 앞서 확인한 〈그림 3 - 14〉에서 talking about it이 추가된 경우가 여기에 해당한다.

그러면, 〈그림 3 - 14〉에서 원문의 상당 부분이 사라진 건 뭐라고 부를 수 있을까? 방금 설명한 용어를 적용해 보면, 내재적 환각에 가까울 듯싶다. 하지만 번역에서의 환각을 좀 더 명확히 표현하려면 이 두 용어만으로는 한계가 있다. 그러니 새로운 분류법을 만들어 보자. 예컨대 변환형 환각(transformative hallucination), 확장형 환각(expansive hallucination), 축소형 환각(reductive hallucination)을 가정하겠다. 변환형 환각은 ABCD(예상되는 번역)가 ABXY(실제 출력된 번역)로 나오는 경우이고, 확장형 환각은 ABCD가 ABCDEF로 나오는 경우이며, 축소형 환각은 ABCD가 AB로만 나오는 경우를 말한다. 물론 이 세 가지가 단독으로만 나타나리라는 법은 없다. 〈그림 3 - 14〉에서 보았듯이 확장형 환각과 축소형 환각이 함께 나타날 수도 있다.

혹자는 〈그림 3 - 14〉의 사례를 환각으로 규정하지 않을 수 있다. 하지만 입력 데이터를 바탕으로 '무조건' 번역물을 만들어 내는 자동 번역기의 속성을 고려할 때, 나아가 환각이 "무의미하거나 전적으로 부정확한 아웃풋을 생성"하는 것임을 고려할 때, 〈그림 3 - 14〉와 같은 사례는 환각으로 보는 것이 타당할 듯싶다. 다만, 어디서부터 '오역'이고 어디서부터 '환각'인지 때로는 결정하기 어려울 수 있다. 이때 우리에게 필요한 판단 기준은 앞서 살펴본 환각의 정의 요소, 즉 "무의미하거나 전적으로 부정확한 아웃풋"이다. AB-XY, ABCD-EF, AB-∅에서 XY와 EF 그리고 사라진 CD는 황당하리만치 부정확한 요소다. "우리는 다시 침묵 속으로 떨어져서 술잔만 만지작거리고 있었다. 개새끼, 그게 꿈틀거리는 게 아니라고 해도 괜찮다, 하고 나는 생각하고 있었다"라는 문장에서 "우리는 다시 침묵 속으로 떨어졌다"만 번역되고 엉뚱한 정보가 추가됐는데, 이를 어찌 단순 오류로 볼 수 있겠나?

이제『서울, 1964년 겨울』에서 발췌한 문장을 생성형 AI로 번역해 보자. 쉼표가 포함된 문장과 쉼표가 없는 문장을 챗GPT, 클로드, 제미나이에게 번역시켰더니 다음과 같은 결과가 나왔다.

🎙 챗GPT의 번역

- 쉼표가 있는 경우: We fell back into silence, merely fiddling with our glasses. "Bastard, it's fine even if it's not writhing," I was thinking to myself.
- 쉼표가 없는 경우: "We fell back into silence, merely fiddling with our glasses. Bastard, it's fine even if that thing isn't wriggling, I thought to myself."

🎙 클로드의 번역

- 쉼표가 있는 경우: We fell back into silence, just fidgeting with our drinking glasses. "That bastard – it's okay even if that wasn't really moving," I thought to myself.
- 쉼표가 없는 경우: "We fell back into silence, just fidgeting with our wine glasses. 'You bastard,' I thought, 'it's okay even if that thing isn't squirming.'"

3장 AI 번역(기)의 한계 **109**

💬 **제미나이의 번역**

- 쉼표가 있는 경우: 직역에 가까운 번역 = We fell back into silence, fiddling with our drinks. "Damn it," I thought, "it doesn't matter if that doesn't wiggle."
- 쉼표가 없는 경우: 직역에 가까운 번역 = We fell back into silence, fiddling with our drinks. I was thinking, "Even if that bastard isn't wriggling, it's okay."

노파심에서 말하지만, 위 실험을 진행할 때 각 프롬프트는 새로운 창에 입력했다. 이전 프롬프트의 실행 결과가 실험에 미치는 영향을 최소화하기 위해서다. 위에서 확인했듯이 쉼표를 없앨 때 미묘한 변화들이 나타났다. 어휘뿐만 아니라 따옴표 — 특히 챗GPT와 클로드의 번역에서 '쉼표가 없는 경우'에 나타난 큰따옴표 — 등에도 변화가 생겼다. 세 AI 모두 큰 오역 없이, 괜찮은 번역물을 만들어 냈다. 다만 여기서도 쉼표 하나가 번역의 다양한 측면에 영향을 준 것으로 보인다.

3.4 첨언: AI 번역 리터러시

지금까지 살펴봤듯이, 그리고 앞으로도 논하겠지만, 생성형 AI로 번역 과업을 성공적으로 수행하기 위해서는 출발어와 도착어에 관한 지식뿐만 아니라 AI 번역 도구의 한계를 인식하고 보완하는 능력 그리고 프롬프트를 효과적으로 작성하는 기술과 지혜가 필요하다. 이처럼 AI 번역을 생산·변형·사용하는 데 필요한 지식과 능력의 일체를 AI 번역 리터러시(AI translation literacy)라 부른다.

AI 번역 리터러시를 이해하기 위해서는 'AI 리터러시'라는 개념부터 살펴볼 필요가 있다. 미국의 국가AI자문위원회(NAIAC)에 따르면 AI 리터러시는 다음과 같이 정의할 수 있다.

- 인공지능(AI) 기술을 비판적으로 평가할 수 있는 능력, <u>AI와 효과적으로 소통하고 협력할 수 있는 능력</u>, 그리고 온라인, 가정, 직장에서 AI를 도구로 활용할 수 있는 역량을 뜻한다.
- <u>AI의 출력[산출물]을 활용하고, 모니터링하고, 비판적으로 평가하는 능력</u>을 포함하지만, AI 도구를 직접 개발할 수 있는 능력을 뜻하지는 않는다.
- AI 리터러시에 대한 추가 정의를 논의 중이다.[18]

(NAIAC, 2023, p. 5, 챗GPT의 번역)

밑줄 친 부분에서 확인할 수 있듯이 AI 리터러시는 AI 툴을 활용하는 능력이나 AI 산출물을 읽고 이해하는 능력만을 가리키지 않는다. 진정한 의미의 AI 리터러시는 AI 산출물을 제대로 이해하고, 산출물의 변화[19]까지도 세심히 파악하며, 산출물의 세부 내용을 비판적으로 평가할 수 있는 역량이다. 또한 더 나은 결과물을 도출하기 위해 AI와 원활히 소통할 수

---

[18] A set of competencies that enables individuals to critically evaluate AI technologies; communicate and collaborate effectively with AI; and use AI as a tool online, at home, and in the workplace. The ability to use, monitor and critically evaluate AI output. AI literacy does not require the ability to create AI tools. Additional definitions for AI literacy are in progress. (Long & Magerko, 2020을 참고함)

[19] 영어사전에서 monitor(ing)의 뜻을 확인해 보자.

있는 역량도 포함한다. 이게 끝이 아니다. 마지막 항목이 보여주듯이 AI 리터러시는 확장 가능성이 큰 개념이다.

AI 리터러시에 관한 메타 연구를 살펴보면 이 개념이 다양한 영역에서, 폭넓은 의미로 쓰였음을 알 수 있다. 다비 티즈 킷 응과 그의 동료들은 AI 리터러시에 관한 논문을 수집해 용어 개념을 고찰한 바 있다(Ng et al., 2021). 그들은 선행연구를 네 가지 항목, 즉 'AI 이해', 'AI 활용·응용', 'AI 평가·개발', 'AI 윤리'로 분류했다(p. 4). 이 중에서 'AI 개발'(LLM 개발이라기보다는 AI 관련 창작 활동을 포괄적으로 지칭)과 'AI 윤리'는 앞서 살펴본 정의에 등장하지 않는 항목이다.

지금까지의 내용을 종합해 보건대, AI literacy를 'AI 문해력'으로 옮기는 건 타당하지 않다. 그동안 셀 수 없이 많은 연구자가 literacy를 문해력으로 번역해 썼다. 문해력은 사전적 의미로 '글을 읽고 이해하는 능력'을 일컫는다.[20] 하지만 '글(메시지)을 읽고 이해함'은 일방향만을 표현하는 단선적 개념이다. 다른 사람이 전하는 메시지를 수용하는 능력을 뜻하지만, 반대로 메시지를 구상·개발·전달하는 능력은 포함하지 않는다. 즉, 소통적 개념이 빠졌다는 뜻이다. 앞서 'AI 리터러시'의 (작업적) 정의를 확인했듯이, 리터러시는 단순히 메시지를 읽고 이해하는 능력만을 지칭하지 않고, 메시지를 확인하고 평가하며 효과적으로 구축·전달하는 전(全) 과정을 포함한다.

따라서 AI 번역 리터러시는 AI 번역물을 제대로 이해하고 평가할 수 있는 역량 나아가 더 좋은 번역물을 산출하기 위해 AI와 효과적으로 소통할 수 있는 종합적 역량을 뜻한다.

---

20 주요 영어사전들은 literacy를 the ability to read and **write** 등으로 정의한다.

AI 번역 리터러시는 다음과 같이 여섯 개의 하위항목으로 분류할 수 있다.[21] 첫째, AI 사용자는 AI 도구와 번역의 원리 등을 이해하고 있어야 한다. 이는 '지식(knowledge) 리터러시'에 해당하는데, 여기에는 LLM의 언어 처리 방식, AI 번역의 특징, 자동 번역기 간의 차이, 번역 테크놀로지 등 다양한 기초 지식이 포함된다. 둘째, AI 사용자는 AI 번역물을 비판적으로 읽고 평가할 수 있어야 한다. 이는 '분석(analysis) 리터러시' 혹은 '평가(evaluation) 리터러시'에 해당한다. 셋째, AI 사용자는 AI 번역의 오류와 문제점을 효과적으로 수정하고 보완할 수 있어야 한다. 따라서 이런 역량을 교정(revision) 리터러시로 부를 수 있다. 분석 리터러시와 교정 리터러시를 별개로 두는 이유는, 리터러시의 기본 정의가 그러하듯, '읽는' 능력과 '쓰는' 능력을 명확히 구분하기 위함이다. 넷째, AI 사용자는 AI 툴을 효과적으로 다룰 수 있어야 한다. 가령 프롬프트 엔지니어링 기법, 생성형 AI 사용법이 이러한 '활용(application) 리터러시'에 속한다. 다섯째, AI 사용자는 AI 툴을 윤리적으로, 책임감 있게 사용해야 한다. '윤리(ethics) 리터러시' 또는 '책임성(accountability) 리터러시'는 AI로 번역물을 생성할 때 발생할 수 있는 저작권 위반, 프라이버시 침해, 편향 가능성 등의 문제를 사전에 처리할 수 있도록 돕는다. 여섯째, AI-인간 '협업(collaboration) 리터러시'는 AI와 인간 번역가의 역할 분배를 이해하고 최적의 결과물을 도출하기 위해 어떤 분업과 협업이 필요한지를 파악하고 실천할 수 있는 능력이다.

---

21 이영훈(2025)은 보우커와 부이트라고-치로(Bowker & Buitrago Ciro, 2019)가 제시한 6대 요소를 바탕으로, 기계 번역 리터러시를 위한 교육 항목을 (1) 기본 지식, (2) 기초 능력, (3) 위험 관리, (4) 투명성, (5) 유연성, (6) 신뢰도로 제시하였다.

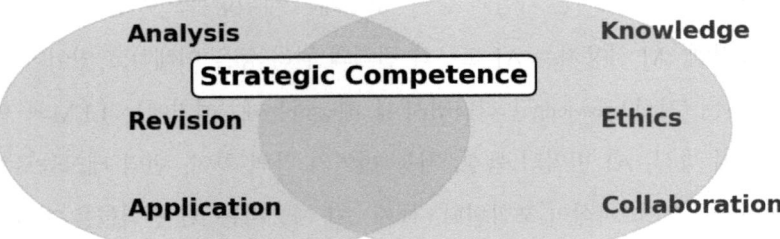

그림 3-15. AI 번역 리터러시

〈그림 3-15〉에서 볼 수 있듯이, 분석, 교정, 활용은 번역 과업과 직접적으로 연관된 텍스트 층위의 리터러시(textual literacy)인 데 반해, 지식, 윤리, 협업은 텍스트 층위의 리터러시를 보완하고 번역 과업을 뒷받침하는 텍스트 외적 리터러시(extra-textual literacy)이다. 텍스트 리터러시와 텍스트 외적 리터러시를 전략적으로 조율하고 융합하는 능력도 AI 번역 리터러시를 효과적으로 발휘하는 데 필요하다. 지금까지 소개한 리터러시의 개념과 분류법은 내가 거의 즉흥적으로 생각한 것이다. 따라서 AI 번역 리터러시의 개념과 하위항목은 실증적인 연구와 토론을 통해 수정·보완될 필요가 있다.

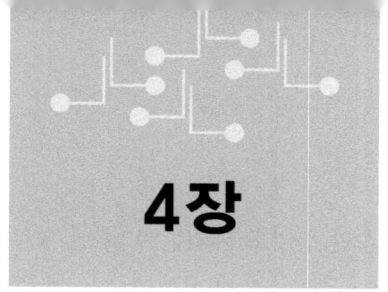

4장

출판 산업과 AI 번역

4.1 AI 시대의 도래

2022년 11월 30일, 챗GPT가 대중에 공개됐다. 그전에도 다양한 AI 도구가 우리 일상에 스며들어 있었지만, 챗GPT와 같은 생성형 AI는 자연어를 통해 사용자의 의도를 이해하고 다양한 전문 과업을 수행할 수 있다는 점에서 기존 기술과는 차원이 달랐다. 특히 생성형 AI가 보여준 언어 구사 능력은 전문가들도 깜짝 놀라게 할 만큼 혁신적이었다.

AI 기술이 진화하면서 AI 번역 서비스도 점차 친숙해지고 있다. 이메일과 소셜미디어의 자동 번역은 물론이고 휴대전화에 내장된 실시간 통번역 서비스도 보편화되고 있다. 또한 기업 보고서나 논문처럼 고도의 분석이 필요한 문서를 자동으로 요약·번역하는 기술이 널리 활용되고 있으며, 최근에는 '페르소 AI 비디오 트랜스레이터'(PERSO AI Video Translator) 같은 자동 더빙 기술까지 등장했다. 이처럼 AI 번역 기술은 우리 삶에 실질적인 영향을 미치기 시작했으며 다양한 산업의 업무 방식에도 크고 작은 변화를 일으키고 있다.

변화에 보수적인 출판 산업도 예외는 아니다. 일부 출판사와 편집자들은 번역, 편집, 디자인, 마케팅 등의 과정에서 AI 도구의 활용 가능성을 적극적으로 모색하고 있다. 하지만 아직은 걸음마 단계에 머물러 있고, 일부 출판사나 작업 분야에서만 눈에 띄는 성과를 도출한 상태다. 저작권 침해 등을 이유로 AI 도입에 반대하는 목소리가 큰 데다, 아직 AI 기술이 출판 산업에 녹아들 만큼 충분히 성숙하지 않았기 때문이다.

본 장에서는 AI 기술, 특히 AI 번역의 한계를 짚어보고, 출판 업계가 AI 번역을 활용하기 위한 방향을 논의한다. 이를 위해 최근 나타난 AI 기반 출판 사례들을 살펴보고 AI 번역의 한계와 현주소를 진단한 후 AI 번역의 가능성과 미래를 탐구해 본다.

4.2. AI 번역과 출판

4.2.1 AI에 기반한 도서 제작

2022년 12월 4일, 테크 디자이너인 암마르 레시(Ammaar Reshi)가 『Alice and Sparkle』을 출간했다. 24쪽 분량의 이 동화책은 출간되자마자 수천 건의 트윗을 생산하며 SNS를 뜨겁게 달궜다. 레시가 주말 시간을 활용해 AI 도구(챗GPT와 미드저니)로 만든 책이었기 때문이다. 챗GPT가 일반에 공개된 게 2022년 11월 30일이었으니, 출판이 얼마나 빨리 진행됐는지를 쉽게 짐작할 수 있다. 그러나 저작권 침해와 집필 윤리 문제가 불거

지면서, 책 판매가 잠시 중단되었고 레시는 살해 위협까지 받았다.

국내에도 비슷한 출판 사례가 몇 건 있었다. 가장 대표적인 사례는 2023년 2월 말에 출간된 『삶의 목적을 찾는 45가지 방법』이라는 자기 계발서다. 출판사는 이 책을 "인간 출판 기획자와 AI가 펴낸 최초의 책"으로 홍보하며 미래 출판 산업의 새로운 가능성을 강조했다. 보도에 따르면, 본문은 챗GPT가, 번역은 파파고가, 일러스트는 셔터스톡이 완성했다. 분량이 260쪽인데도, 집필부터 출간까지 7일밖에 걸리지 않았다. 반응은 그리 나쁘지 않았다. 연합뉴스, YTN, MBC, TV 조선 등 여러 언론매체가 이 책을 보도했고, 주요 온라인 서점의 독자 반응도 7점대 후반이나 8점대 후반을 기록 중이다.

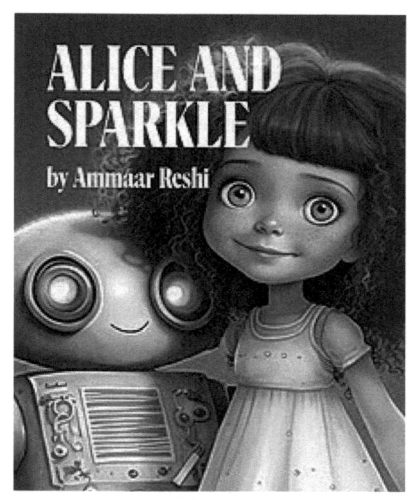

그림 4-1. 『Alice and Sparkle』의 표지

그러나 AI에 기반한 출판 프로젝트는 대부분 단발성으로 이루어졌다. 이런 프로젝트는 대중의 호기심을 자극하는 데 그쳤으며, 출판 산업에 실질적이고도 눈에 띄는 변화를 불러오지는 못했다. 이는 어찌 보면 당연한 일이다. 생성형 AI가 공개된 지 얼마 되지 않아, AI의 가능성과 한계에 대한 이해가 부족하기 때문이다. 또한 출판 산업에 적합한 응용 사례가 충분히 누적되지 않았으며, AI를 출판 산업에 통합할 인프라와 규범이 부재하기 때문이다. AI를 활용한 출판 관행이 변하기까지는 적지 않은 시간이 필요할 듯싶다.

4.2.2 AI 번역을 통한 출판

AI에 기반한 출판 프로젝트는 대개 가벼운 주제를 다루며, 호기심에서 비롯된 흥미 위주의 시도인 경우가 많다. 하지만 최근에는 학술적인 주제를 탐구하는 프로젝트나 실용적 목적을 지향하는 프로젝트도 확인되고 있다. 예를 들어 김익현 지디넷코리아 미디어연구소장은 기계 번역 포스트에디팅(MTPE) 방식으로 『인공지능 데이터 리터러시, 데이터 과학 속으로』[1]라는 학술서를 번역·출간했다. 이 책의 〈옮긴이 서문〉에는 다음과 같은 말이 있다.

> 한국언론진흥재단은 이 책 번역을 의뢰하면서 "AI를 활용해 보면 어떻겠냐"라고 제안했다. 처음엔 "말도 안 된다"고 거절했다. 하지만 곰곰 따져 보니, 한번 시도해 볼 만하겠다는 생각이 들었다. 그래서 초벌 번역을 AI에 맡겨 보기로 했다. 고민 끝에 많은 이들이 사용하고 있는 딥엘(DeepL)을 활용해 봤다. [중략] 딥엘의 번역 품질은 생각했던 것보다 훨씬 훌륭했다. 특히 일상적인 영어보다는 AI 기술이나 통계 전문 용어 관련 번역처럼 생소한 영역을 번역하는 능력이 뛰어났다. 관련 데이터를 학습할 기회가 많았기 때문일 것이다. 덕분에 번역 시간을 많이 단축할 수 있었다. 원서 분량만 200쪽에 이르는 책을 두 달이 채 안 되는 기간에 번역하는 데는 AI 번역기가 큰 도움이 됐다. [중략] 앞으로 AI는 번역가의 작업도 상당 부분 대체할 수 있을 것이란 확신을 갖게 됐다.

---

1   Bill Schmarzo, 『AI Data Literacy: Empowering Citizens of Data Science』, Packt Publishing, 2023.

위 발췌문에는 그간의 역자 서문에서 볼 수 없었던 새로운 내용이 담겨 있다. 이 가운데 우리가 주목해야 할 핵심은, 번역가가 (1) AI 번역 의뢰를 자발적으로 수용했고, (2) AI 번역기의 효용성에 크게 만족했으며, (3) AI의 발전 가능성을 높이 평가했다는 점이다.

이런 관점에서 볼 때, AI 번역 도구가 비문학 출판 시장에 미칠 장기적인 영향을 세 가지로 예측할 수 있다. 첫째, 전문 번역(specialized translation)에 AI가 동원되는 사례가 점차 많아질 것이다. 그간 전문 서적의 번역은 내용의 난해함과 문장의 복잡함 등으로 인해 전문 번역가 개인의 몫인 경우가 많았다. 하지만 AI 번역의 품질이 날로 좋아지면, 과거처럼 인간이 처음부터 끝까지 독자적으로 번역하는 사례는 크게 줄 것이다. 둘째, AI 번역을 활용하는 출판사가 늘어나면 포스트에디팅의 비중과 중요성이 훨씬 더 커질 수 있다. 사실 포스트에디팅 과업은 이미 비즈니스 분야에서 조금씩 늘고 있다. 따라서 비슷한 현상이 출판 시장에 일어나는 건 시간문제로 보인다. 셋째, AI 번역에 대한 심리적 저항이 줄어들 수 있다. AI 번역이 출판 시장에서 좀처럼 사용되지 않는 이유는 책을 생산하고 소비하는 사람들이 여전히 '사람 냄새'를 원하기 때문이다. 이를테면, 기계가 생성한 글을 읽는 게 왠지 꺼림직하거나 AI에게 번역을 맡기는 게 믿음이 안 가서이다. 하지만 여러 번역가와 출판사가 포스트에디팅을 적극적으로 확대하고 이를 공개적으로 드러낸다면, AI 번역에 대한 불신의 시선 또한 줄어들 수 있다.

다만, 독자가 AI 번역을 수용할 준비가 되어 있어도 출판사가 애당초 AI를 사용하지 못하거나 거부할 수도 있다. AI 도구로 생산 단가를 줄이려는 소형 출판사와는 달리, 사회경제적 자본이 갖은 대형 출판사는 번역 품질과 저작권 등을 이유로 AI 사용을 반대할 수 있다. 실제로 이런 가능성은 현실로도 나타났다. 펭귄랜덤하우스를 비롯한 주요 해외 출판사들은 최근 국내 출판사들과 체결한 판권 계약서에 'AI 번역기 사용 금지' 조항을 추가하였다.[2] 이에 따라 국내 번역자가 파파고, 구글, 딥엘과 같은 도구를 활용하여 책을 출판하면 법적 책임을 질 수 있다. 어쩌면 AI 번역을 놓고 출판 업계가 양분될지도 모른다.

4.3 AI 번역의 한계 — 사례 분석을 기반으로

앞서 언급한 바와 같이 AI 번역 기술은 일부 출판사에서 활용되기 시작했다. 하지만 AI 번역 기술이 좀 더 다양한 분야에서 신뢰할 수 있는 도구로 활용되려면 번역학 담론에서 논의됐던 문제들이 반드시 해결되어야 한다. 아래 내용은 현재 AI 번역이 안고 있는 여러 한계 중 일부이다.

4.3.1 맥락 정보

AI는 인간 세계를 직접 경험하지 못하기 때문에 우리가 쉽게 파악할 수 있는 배경·맥락 정보도 놓칠 때가 많다. 예를 들면 다음처럼 간단한 텍스트에서도 엉뚱한 번역을 내놓기도 한다.

💬 **원문:** "Little John was looking for his toy box. Finally, he found it.

---

2 https://bit.ly/4i4LgMy

The box was in the pen. John was very happy."³

- **파파고 번역:** 리틀 존은 장난감 상자를 찾고 있었습니다. 마침내 그는 상자를 찾았습니다. 상자는 펜 안에 있었습니다. 존은 매우 행복했습니다.
- **딥엘 번역:** 꼬마 존은 장난감 상자를 찾고 있었어요. 마침내 상자를 찾았습니다. 상자는 펜 안에 있었습니다. 존은 매우 기뻐했습니다.
- **구글 번역:** 리틀 존은 장난감 상자를 찾고 있었습니다. 마침내 그는 그것을 찾았습니다. 상자는 우리 안에 있었습니다. 존은 매우 기뻤습니다.
- **챗GPT 번역:** 작은 존은 자신의 장난감 상자를 찾고 있었습니다. 마침내 그는 상자를 발견했습니다. 그 상자는 울타리 안에 있었습니다. 존은 매우 기뻤습니다.

위 번역은 국내에서 자주 사용되는 번역기 4종에서 얻은 것이다(2024년 11월 중순). 여기서 주목할 점은 다의어 'pen'이 문맥에 맞게 번역됐느냐다. 인간 번역가라면 원문의 pen을 일차적 의미인 필기도구로 해석하지는 않을 것이다. 원문이 허무맹랑한 사건을 묘사한 게 아니라면, 펜 속에 상자가 들어 있을 리는 만무하기 때문이다. 하지만 기계는 인간처럼 경험에 근거해 번역하지 않는다. 위 발췌문에서 확인할 수 있듯이 파파고와 딥엘은 단어의 일차적 의미만으로 문장을 구성하였다. 탄면 구글과 챗GPT는 각각 '(가축의) 우리'와 '울타리'로 번역하여, AI 번역의 잠재력을 보여주었다. 다만, the pen을 his pen으로 바꾸면, 구글 역시 오역을 내놓는다.

---

3   Gerd Gigerenzer, 『How to Stay Smart in a Smart World』, Penguin, 2022.

4.3.2 문화·정치적 함의를 지닌 용어

단어나 표현이 복잡한 뉘앙스를 품을 때가 있다. 예를 들어 다음 사례를 살펴보자.

- 💬 **원문:** Abe latersaid, "Japan has repeatedly expressed the feelings of deep remorse and heartfelt apology for its actions during the war."
- 💬 **구글 번역:** 아베는 나중에 "일본은 전쟁 중의 행동에 대해 깊은 반성과 진심 어린 사과의 마음을 거듭 표현했다"고 말했다.
- 💬 **파파고 번역:** 아베 총리는 이후 "일본은 전쟁 중 자신의 행동에 대해 깊은 유감과 진심 어린 사과의 감정을 반복해서 표명했다"고 말했습니다.
- 💬 **딥엘 번역:** 이후 아베 총리는 "일본은 전쟁 당시의 행동에 대해 깊은 반성과 진심 어린 사죄의 마음을 거듭 표명해 왔다"고 말했습니다.
- 💬 **챗GPT 번역:** 아베는 나중에 "일본은 전쟁 중 자국의 행위에 대해 깊은 반성과 진심 어린 사과의 마음을 반복해서 표명해 왔다"고 말했다.

위 원문에는 정치·외교적으로 민감한 내용이 담겨 있다. 피해국과 피해자의 관점에서 볼 때 일본 정부의 공식 입장이 어떤 언어로 표현되는지는 매우 중요하다. 가령, '유감'과 '반성'은 완전히 다르다. 후자가 잘못을 바로잡으려는 의지를 훨씬 더 강력하게 표현하기 때문이다. 비슷한 논리로 생각하면, '사과'보다는 '사죄'가 무겁게 느껴진다. 결국, 위에서 제시한 사례들은 독자의 정치적 신념이나 입장에 따라 옳은 번역일 수도, 그렇지 않은 번역일 수도 있다. 기계는 이러한 차이에 둔감한 편이다.

4.3.3 문학적 글쓰기

한강의 노벨상 수상 이후, 문학에 대한 대중의 관심이 한층 더 커졌다. 스웨덴 한림원은 한강의 소설을 "역사적 트라우마와 인간 삶의 연약함을 드러내는 강렬한 시적 산문"으로 평가하며, 그를 노벨상 수상자로 선정한 이유를 밝혔다. 이 짧은 평가에서도 유추할 수 있듯이 문학작품의 언어는 인간의 감정선을 자극하고 깊은 공감을 이끌어 내기 위해 매우 치밀하게 구성된다. 따라서 문학적 글쓰기는 다음 사례가 보여주듯이 자동 번역기로 재현하는 데 한계가 있다.

- 💬 **원문:** 바지 주머니에서 마스크를 꺼내 쓴다. 초를 태워도 아무 소용 없네. 냄새를 견디며 너는 강당에 들어선다.
- 💬 **딥엘 번역:** You pull a mask out of your trouser pocket and put it on. You burn a candle, but it does no good. <u>Enduring the smell</u>, you enter the auditorium.
- 💬 **챗GPT 번역:** You pull a mask out of your pocket and puts it on. Even burning candles makes no difference. <u>Enduring the stench</u>, you step into the auditorium.
- 👤 **데보라 스미스의 번역:** You get your surgical mask out from your trouser pocket and put it on. *These candles are no use at all*. You step into the gym hall, <u>fighting down the wave of nausea that hits you with the stench</u>.[4]

---

4 Deborah Smith, 『Human Acts: A Novel』, Random House, 2017.

원문은 한강의 소설 『소년이 온다』에서 발췌한 것이다. 서술 대상인 동호(You)가 계엄군에게 학살당한 시신 냄새를 맡으며 강당으로 들어서는 장면이다. 이 짧은 발췌문에서도 기계 번역과 인간 번역의 묘사 방식은 엄청난 차이를 보인다. 특히 "냄새를 견디며" 부분은 AI 번역의 밋밋함을 여실히 드러낸다. 이에 반해, 데보라 스미스(Deborah Smith)의 번역은 작가의 의도를 생생하게 명시화함으로써 마치 독자가 현장에 있는 듯한 느낌을 제공한다. 이런 감각적이고도 예리한 연출은 AI 도구로 하기에는 비효율적이다.

4.3.4 창의적인 표현

창의적 표현의 번역은 전문 번역가에게도 늘 어려운 과제다. 표현의 기저에 있는 원저자의 의도를 파악하기가 쉽지 않은 데다, 표현의 표층적 구조를 목표어로 재구성하는 데에도 한계가 있기 때문이다. 때로는 그림과 같은 시각적 요소 때문에 번역 작업이 한층 더 복잡해지기도 한다. 예컨대 〈그림 4-2〉의 카툰[5]을 번역한다고 가정해 보자.

---

5 Kevin KAL Kallaugher, The Economist, Kaltoons.com

그림 4-2. 더 이코노미스트(The Economist)의 카툰

- 🗨 **딥엘 번역:** 시리아에 오신 것을 환영합니다. 저는 아무런 조건 없이 평화적인 해결책을 원했습니다.
- 🗨 **챗GPT 번역:** 줄이 가득한 시리아에 오신 걸 환영합니다. 줄에 얽매이지 않은 평화를 기대했는데요. (그림의 세부 내용을 프롬프트로 전달한 결과임)
- 👤 **학생 1의 번역:** 시리아 내전극. 이젠 실마리를 찾아야 할 텐데.
- 👤 **학생 2의 번역:** 시리아 내전극. 실 – 익(實益) 없는 전쟁, 인제 그만.[6]

이 카툰에는 시리아 내전을 둘러싼 복잡한 국제 정세가 압축적으로 담겨 있다. 그림 우측 하단에는 "I was hoping for a peaceful solution with

---

6 이상빈, 『생각을 키우는 번역학 수업』 (개정판), 한국외국어대학교 출판부, 2023.

no strings attached"라고 말하는 목각 인형 하나가 있는데, 여기서 with no strings attached는 '아무런 조건 없이'를 뜻하는 관용표현이다. 따라서 인형의 발언은 "이번 사태가 아무런 조건 없이 잘 해결됐으면 좋겠어"라는 뜻을 전하면서도, "인형(시리아 내전 당사자들)을 조종하는 실(관련국의 개입)이 없다면 사태가 평화롭게 해결될 텐데"라는 냉소적인 메시지도 전달한다. 이런 다의성을 번역에 온전히 반영하는 작업은 생각보다 쉽지 않다. 그럼에도 불구하고 번역을 전문적으로 배우지 않은 학생들도 이 사례에서 볼 수 있듯이 작가가 의도한 언어유희(wordplay)를 훌륭하게 소화했다. 이에 반해 AI는 카툰의 내용을 상세하게 설명해 줘도 만족할 만한 결과를 출력하지 못했다.

4.4 AI 번역의 미래와 과제

AI를 활용한 역서 출간을 확대하기 위해서는 번역의 정확성뿐만 아니라 번역 윤리에도 주의를 기울여야 한다. 어떤 출판사나 번역가는 AI 사용 여부를 스스로 밝히겠지만, 어쩌면 다수는 포스트에디팅 결과물을 순수 번역으로 포장할지도 모른다. 만일 AI 도구로 초벌 번역을 했는데도 이를 명시하지 않는다면, 역서에 어이없는 오류가 발견됐을 때 더 큰 비난에 직면할 것이다. 이미 해외에는 AI 초벌 번역을 전문가의 번역인 것처럼 속여 파는 사기꾼들이 있다. 이런 비윤리적이고 불법적인 행위가 국내에서 일어나지 말라는 법은 없다.

따라서 AI 번역 시스템이 전(全) 출판 과정에 통합되기 위해서는 적어도 두 가지 요건이 충족되어야 한다. 첫째, AI 번역을 투명하고 효율적으로 사용할 수 있도록 업계 내규나 지침이 마련되어야 한다. 예를 들어 번역 과정에서 저작권 보호와 데이터 사용의 투명성을 강화하고, 작업에 참여하는 포스트에디터, 감수자, 편집인 등의 권리와 책임을 상세하게 규정해야 한다. 또한 자동 번역기 사용 여부에 대한 고지를 의무화하고, AI 번역과 포스트에디팅 결과물을 평가할 수 있는 세부 기준도 마련해야 한다. 둘째, 포스트에디팅의 기능과 역할을 강조해야 한다. 포스트에디터는 AI가 생성한 결과물을 세밀하게 검토하고 수정해야 할 뿐만 아니라 AI가 놓친 사회문화적 뉘앙스를 적절히 가미함으로써 인간 번역에 버금가는 완성도를 추구해야 한다. 이를 위해서는 포스트에디팅이 개인 차원에서 진행되도록 할 게 아니라 체계적인 시스템하에서 단계별로 진행될 수 있게 해야 한다.

앞서 상세히 설명했듯이 AI 번역은 여러 한계와 문제를 내포하고 있다. 하지만 그런 한계가 AI 번역의 활용을 원천적으로 차단하는 건 아니다. 장기적으로 볼 때 AI 번역 기술은 지속적으로 발전할 것이며 출판 산업 전반에 더욱더 광범위한 영향을 미칠 것이다. 그렇다면, 기존에 우리가 알던 순수 번역은 차츰 줄어들고, 전문 번역가의 역할은 서서히 포스트에디팅 분야로 옮겨갈 것이다. 이런 과정에서 AI 번역 기술은 우리가 예상하지 못했던 문제들을 야기할 수 있다. 다행인지 모르겠지만, 현재 국내 출판 업계가 직면하고 있는 AI 관련 문제들은 다른 산업 분야에서도 비슷한 형태로 확인되고 있다. 따라서 국내 출판 업계는 해외 출판 시장과 AI 관련 산업의 동향을 예의주시하면서, AI 번역 기술을 윤리적이고 효율적으로 사용할 수 있도록 차분히 대응해야 한다.

이 글은 『KPIPA 리포트』 11권에 실린 필자의 기고문을 소폭 수정한 것입니다.
출판을 허락해 주신 한국출판문화산업진흥원에 감사의 뜻을 표합니다.

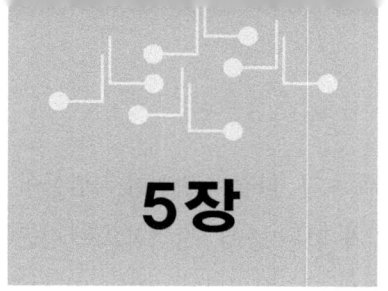

5장

창의성과 챗GPT 번역

5.1 창의성은 인간 고유의 것인가?

"당신은 창의적인 사람입니까?" 누군가 당신에게 이런 질문을 한다면 뭐라고 답할 것인가? "네, 그렇습니다"라고 자신있게 말할 수 있는 사람은 많지 않을 것이다. 창의성 — "창작성", "독창성" 등이라 해도 좋다 — 을 떠올리면, 왠지 모르게 위축되는 느낌이 든다. 이 단어에서 뿜어져 나오는 힘은 대단하다. 역사적으로 창의성을 대표한 인물들이 실로 대단한 존재였기 때문이기도 하다. 다방면에서 창의성을 발휘한 르네상스 시대의 천재 레오나르도 다빈치, 현대 과학 기술의 기틀을 마련한 토머스 에디슨, 상대성 이론으로 새로운 패러다임을 제시한 알베르트 아인슈타인, 중력과 미적분의 개념을 발견한 아이작 뉴턴 그리고 혁신적인 제품과 디자인 철학을 내세운 스티브 잡스에 이르기까지, 창의성의 대표 주자들은 일반 대중이 따라가기에는 너무도 벅찬 상대이다. 그들처럼 고도의 창의성을 발휘할 수 있는 존재가 지구상에 얼마나 될까?

눈높이를 대폭 낮춰 보자. 나같이 평범한 사람들이 일상에서 쓰는 '창의성'으로 말이다. 우리가 업무 중에 "창의적으로 접근하자"라고 말한다면, 그때의 창의성은 레오나르도 다빈치나 스티브 잡스가 발휘한 그런 창의성이 아니다. 우리에게 익숙한 창의성은 기존의 뭔가를 조금 비틀어 착안한 것 또는 일이 꼬였을 때 돌파구를 마련해줄 약간의 새로움 등을 의미할 때가 많지 않던가? 다시 말해, 현대 사회에서 쓰는 일상적인 창의성은 우리가 범접할 수 없는 뭔가가 아니라는 뜻이다. 이구용도 김기태(Kim, 2023)의 말을 인용하며 창의성의 뜻을 다음과 같이 표현한다.

> 김기태는 "저작권법상 '창작성'이란 완전한 의미의 독창성을 말하는 것이 아니며, 단지 어떠한 작품이 남의 것을 단순히 모방한 것이 아니고 각자 자신의 독자적인 사상 또는 감정의 표현을 담고 있음을 의미할 뿐이어서 이러한 요건을 충족하기 위해 단지 저작물에 그 저작자 나름대로의 정신적 노력의 소산으로서의 특성이 부여되고 있고 다른 저작자의 기존 작품과 구별할 수 있을 정도이면 충분하다"는 대법원 판례를 예로 언급하면서, 이 판례로 보아 "창작성의 정도를 높게 요구하지는 않는 입장"이라는 의견 피력에 이어, 저작권법에서 보호하는 저작물인 '창작물'에 대한 또 다른 판례 하나를 더 들고 있다. "저작자 자신의 작품으로서 남의 것을 베낀 것이 아니라는 것과 수준이 높아야 할 필요는 없지만 저작권법에 의한 보호를 받을 가치가 있는 정도로 최소 한도의 창작성이 있다는 것을 의미한다."는 것으로, 저작권 보호에 있어서의 기본적인 '창작적 표현 형식'의 중요성을 강조하고 있다. (이구용, 2024, p. 218)

이 발췌문에 따르면 창의성은 법적으로도 대단한 뭔가가 아니다. "대단한 것과 그렇지 않은 것의 차이가 도대체 뭐냐?"라고 묻는다면 구체적인 답변을 내놓기는 쉽지 않다. 다만, 여기서 전하고 싶은 바는 창의성이란 게 일반인들이 달성할 수 없는 목표가 아니라는 점이다.

이런 관점에서 보면 AI도 인간처럼 창의적인 생산자가 될 수 있다. 그것도 아주 쉽게 말이다. 현존하는 AI는 뭔가를 스스로 계획해 창의적인 결과물을 생산하지 못한다. 하지만 사용자가 적절한 프롬프트를 입력해 창의적인 결과물을 주문하면, AI도 제법 그럴듯한 창작물을 내놓을 때가 많다. 우리가 생성형 AI를 경외의 시선으로 보면서 동시에 두려워하는 이유이기도 하다.

AI가 창작물을 만들 수 있다는 주장은 다분히 결과론적 해석에 근거한다. 즉, AI의 산출물이 프롬프트의 목적을 고려할 때 창의적일 수 있다는 뜻이지, 다른 측면, 예컨대 그러한 산출물을 만들기까지의 과정과 경험까지도 창의적이라는 뜻은 아니다.[1]

바로 이 점에서 AI와 인간의 창의성은 결이 다르다. 인간은 창작물을 완성하기까지 다양한 인지적 과정과 물리적 경험을 거친다. 인간의 창작물은 고뇌와 유레카(Eureka)를 수반하는 때가 많다. 반면 AI는 이러한 프로세스를 거치지 않는다. AI의 생산은 로봇이 제품을 조립하듯 알고리듬에 근거한 기계적인 과정이다. 그러니 인간과 AI의 창작물은 값어치가 다를

---

[1] 인공일반지능, 즉 AGI에 관한 논의에서도 과정과 결과를 구분하는 것이 중요하다. 어떤 연구자들은 AGI를 정의할 때 과업을 성취하는 '과정'까지도 인간과 비슷해야 한다고 주장하지만, 이는 지나친 인간 중심주의적 관점이다. "AGI에 대한 대부분의 정의는 AGI가 무엇을 수행할 수 있는가에 초점을 맞추고 있어 과업을 성취하기 위한 메커니즘을 이야기하지 않는다. 프로세스가 아니라 역량에 초점을 맞추기 때문에 시스템이 사람과 같은 방식으로 생각하거나 이해할 필요는 없다. 마찬가지로 의식이나 지각 같은 자질을 보유하는 것도 AGI의 필수 전제 조건이 아니다. 이러한 특성은 프로세스에 초점을 맞출 뿐 아니라 현재 합의된 과학적 방법으로 측정할 수 없기 때문이다." (한상기, 2024, p. 95)

수밖에 없다. 진정한 과정이 있느냐 없느냐는 창의적 산물의 값을 달리 책정하는 기준이 된다. 게다가 창작물의 가치를 결정하는 주체가 인간이다 보니, 인간이 직접 만든 산물이 더 높은 가치를 부여받는 건 당연해 보인다.

본 장에서는 창작의 과정을 다루지 않는다. 다만, 좀 더 만족스러운 번역물을 얻기 위해 프롬프트를 어떻게 바꿀 수 있는지는 간단하게 소개한다. 이런 프롬프트 전환과 그 응답 내용을 확인하면, 생성형 AI도 창의적인 번역을 할 수 있다는 사실을 분명히 파악할 수 있다. 아울러 AI의 산출물을 보면서 '나도 이렇게 번역할 수 있을까?'라고 자문해 본다면 좀 더 도움이 될 것이다.

5.2 영상물 번역 사례: 말장난(wordplay) 그리고…

앞 장에서 나는 카툰 번역 사례를 간단히 소개하였다. 확인한 바와 같이, 챗GPT는 원작자가 의도한 언어유희를 제대로 구현하지 못했다. 하지만 그런 사례 하나만으로는 챗GPT의 능력을 단정지을 수 없다. 그래서 지금부터는 챗GPT의 편을 들어줄까 한다.

챗GPT가 말장난을 얼마나 성공적으로 번역할 수 있는지를 확인해 보자. 가장 먼저 살펴볼 사례는 〈시간 여행자〉라는 외화 시리즈에서 발췌한 것이다. 미래에서 온 두 시간 여행자 A와 B가 햄버거를 두고 다음과 같은 대화를 나눈다.

넷플릭스 영화 〈시간 여행자〉 시즌1 제3화 중에서[2]

A: (햄버거 냄새를 맡으며) Meat?

B: It's ground meat.

A: You know they don't actually grow that in the ground, right?

예시의 첫 번째 ground는 동사 grind(~을 갈다)의 분사형이다. 이 짧은 대화에는 다짐육(ground meat)과 땅에서 키운 고기(meat in the ground)가 말장난을 이루고 있다. 이 말장난을 살리기 위해 어떻게 번역할 수 있을까? 넷플릭스의 공식 자막을 살펴보자.

넷플릭스 자막

A: 고기야?

B: 햄버거잖아.

A: 햄버거에 햄이 안 들어가는 건 알지? 햄버거잖아.

좋은 번역이라고 생각한다. 글자 수를 잘 조절했고, 대화의 흐름을 유지하면서도 언어유희를 살렸기 때문이다. 다만, 내용에 있어 신선함은 떨어진다. 여러 블로그 포스팅이나 세계사 서적이 '햄버거에 햄이 없는 이유'를 소개해 왔기 때문이다.

AI도 이런 번역을 할 수 있을까? 대표 주자 챗GPT에게 물어봤다.

---

2   Travelers (2016)

🗨 챗GPT의 번역

A: 고기야?

B: 간 고기래.

A: 진짜 간(肝)에서 나온 건 아닌 거 알지?

이 역시 괜찮은 번역이다. 원문에 '햄버거'라는 단어(영어를 못하는 사람도 쉽게 포착할 수 있는 단어)가 없다는 점 그리고 B의 자막이 원문과 똑같다는 점을 고려하면, 훨씬 더 마음에 든다.

참고로, 위 번역물은 2024년 8월에 얻은 것이다. 이 글을 쓰고 있는 시점(2025년 1월 말)에서 다시 번역을 주문해 보니, 위와 같은 번역을 얻을 수 없었다. 당시 사용했던 프롬프트를 삭제했기 때문에 본 실험을 똑같이 재현하지는 못했다. 다만, 프롬프트를 한 번만 입력했고 그 내용은 복잡하지 않았던 것으로 기억한다. 챗GPT에게 '미래에서 온 두 남자가 햄버거를 두고 나누는 대화'라는 건 설명했다.

또 다른 사례를 살펴보자.

영화 〈블라이 저택의 유령〉 제2화 중에서[3]

[어른과 아이가 요리 중이다. 아이가 음식에 뭔가를 많이 넣으려고 한다.]

Adult: No, no, no, no, not too much, or they'll come to take you away.

Child: Who will?

Adult: The food police / For a salt and buttery.

---

3 The Haunting of Bly Manor (2020)

넷플릭스 한국어 자막

어른: 안 돼. 너무 많이 넣으면 널 잡으러 올 거야

아이: 누가요?

어른: 음식 경찰이 / <u>소금 버터 폭행죄로</u>

위 상황을 제대로 이해하려면 법률 용어 assault and battery를 알아야 한다. 이 용어를 알아야 한국어 자막에 느닷없이 "폭행죄"가 들어간 이유를 이해할 수 있다.

원문 전체를 한국어로 번역해 달라고 챗GPT에게 의뢰해 보자. 이번에는 '번역의 근거'도 함께 물었다.

💬 챗GPT의 설명

이 예시에서 a salt and buttery는 assault and battery(폭행 및 상해죄)의 발음을 이용한 말장난입니다. Salt는 소금, buttery는 '버터 맛이 나는', '버터가 든' 등을 의미하며, 음식 관련 단어로 해석됩니다. 그러나 실제로는 "assault and battery"(폭행과 상해)의 발음과 유사하여 법적인 용어처럼 들립니다.

어른: 안 돼! 너무 많이 넣으면 큰일 나!

아이: 왜요?

어른: 음식 경찰이 와서 잡아가 / 소금 폭탄 테러죄랑 버터 과다 유포죄로!

이 번역도 괜찮지 않나? 재미로만 따지면, 넷플릭스 자막보다 마음에 든다. '소금 폭탄'은 일상에서 쉽게 접할 수 있는 표현이며 '[폭탄] 테러'와

5장 창의성과 챗GPT 번역 **135**

도 잘 어울린다. '버터 과다 유포죄'는 '허위 사실 유포죄' 등을 상기시켜, 익숙하면서도 참신하게 느껴진다.

다만, 고백할 게 하나 있다. 위 번역물은 챗GPT가 단 한 번에 성공한 번역이 아니라는 거다. 첫 번째 답변이 별로여서, '말장난을 더 살려서 다시 번역해 줄래?' 혹은 '더욱더 창의적인 번역이 필요해'를 서너 차례 입력했다. 혼자 답안을 찾는 것보다 프롬프트를 네 번 입력하는 게 시간 측면에서 훨씬 더 효율적이었다.

이제 난도를 높여 보겠다. JTBC 드라마 〈낮과 밤이 다른 그녀〉(2024)의 한 장면을 활용해, 유머 요소가 다층적인 번역에 도전해 보자.

그림 5-1. 〈낮과 밤이 다른 그녀〉의 한 장면(JTBC 유튜브 채널)

- 그란데 말입니다. (배우 이정은)
- [말을 고치며] *그런데 말입니다.*

영어 자막
- A grand plan
- Anyways

⟨그림 5-1⟩을 통해 내가 뭘 말하고 싶은지를 파악했을 것이다. 이 실험이 앞서 살펴본 것들과 다른 점은 언어유희를 이루는 어휘 "그란데"가 이미지에도 있다는 점이다. 즉, 번역자는 커피 사이즈를 뜻하는 "그란데"를 화면 정보로도 읽고, 이를 인물의 발화와 연결해야 한다. "그런데 말입니다"라는 유행어, 커피 사이즈라는 문화적 구성물 그리고 "그란데"와 "그런데"의 유사성이 유머를 이루는 핵심 요소다.

⟨그림 5-1⟩에서 넷플릭스의 영어 자막을 확인했을 것이다. 좋은 자막이라고 생각한다. 이 책에서 상세히 언급할 수는 없으나, a grand plan(원대한 계획)[4]은 주인공의 직전 대사와 제법 잘 어울리는 자막이다. 여기서 전문 번역가가 grand라는 단어를 의도적으로 사용했음은 분명하다. 주인공이 Grande 컵을 들이밀면서 "그란데 말입니다"라고 말하는 상황이니, 한국어를 모르는 시청자도 영어 자막을 통해 그란데 커피와 인물의 대사를 연결할 수 있다. 다만, 컵에 쓰인 "그란데"를 읽을 수 없다면 영어 자막만으로는 한계가 있다.

이제 챗GPT의 차례다. 이미지(얼굴은 모자이크 처리)와 원문을 입력하고, "한국어 대사와 이미지의 내용을 상세히 분석한 후, 말장난(wordplay)에 초점을 맞춰 한국어 대사를 영어로 번역해 줄래?"라고 주문했다. 다음은 챗GPT의 답변이다.

왜 웃긴가?
- 의외성: "그런데 말입니다"라는 무거운 톤의 대사가 커피 컵이라는 사소한 아이템과 결합되며 예상치 못한 반전을 제공합니다.

---

4 영어의 grand plan/scheme/strategy 등은 '원대한 계획' 등을 뜻하는 연어(collocation)이다.

- 언어유희: "그란데"와 "그런데"의 발음 유사성이 자연스럽게 연결되며 한국어를 이해하는 관객에게 즐거움을 줍니다.
- 캐릭터의 태도: 캐릭터의 진지한 모습과 유머러스한 상황이 대비되어 웃음을 배가시킵니다.

챗GPT의 번역 중 하나

- But here's a grande* thought.
- Here's something grand to think about.

이 번역에서 grande thought는 정확한 영어가 아니다. 올바른 표기는 grand thought(대단한 생각)일 것이다. 하지만 화면에 Grande 커피가 있으니, 이미지와의 결속성과 유머 효과를 만들기 위해 철자를 일부러 오기한 것이다.[5] Grand translation은 아닐 수 있으나 써먹을 수 있는 수준은 된다.

사실, 이 실험에서 챗GPT가 첫 번째로 추천한 번역물은 granted라는 부사를 활용한 버전이다. 예컨대 다음과 같은 번역이 granted를 포함한 말장난이다.

챗GPT의 첫 번째 번역

- Grande, I mean... granted, let's move on! (그란데, 그러니까… 인정하자면, 넘어가죠!)

---

5 클로드가 제시한 첫 번째 번역은 다음과 같다. It's a GRANDE matter … I mean, a GRAND matter (강조는 클로드가 한 것). 이처럼 대문자를 사용하는 방법도 유효하다.

이 번역에서 granted는 '인정해', '맞아' 등을 뜻한다. 뭔가 옳다는 점을 받아들이며, 다른 말을 덧붙일 때 쓰는 단어다. 이 번역도 나쁘지 않지만, 직전 이야기와의 연결이 자연스럽지 않다. 드한 granted라는 단어는 비원어민 시청자들에게 어려울 수 있다.

챗GPT의 답변이 조금 아쉬운 건 어찌 보면 당연하다. 〈그림 5-1〉의 상황을 제대로 이해하고 번역하려면 훨씬 더 많은 맥락 정보가 필요한데, 챗GPT에게 그런 세부 사항까지 하나하나 전달하지 않았기 때문이다. 시중의 챗GPT 실용서들은 프롬프트를 상세하게 적으라고 조언한다. 하지만 이 실험에서는 그렇게 하지 않았다. '개떡같이 말해도 찰떡같이 알아듣는' AI를 보고 싶었기 때문이다. 프롬프트를 매우 상세하게 쓴다고 해서 항상 원하는 답변을 얻는 건 아니다. 어떤 때는 간단하게 쓴 프롬프트가 더 좋은 답변을 줄 때도 있다. 너무 많은 정보를 주면 상상력이 제한되는 걸까?

이미 '그란데'를 논하다 보니, 최근 시청한 〈나의 완벽한 비서〉의 한 장면도 생각난다. 말장난이 포함된 사례는 아니지만, AI 번역의 창의성을 엿볼 수 있기에, 여기서 간단히 소개하고 5.2절을 마무리하고자 한다. 이 드라마 제1화에는 〈그림 5-2〉와 같은 장면이 등장한다.

그림 5-2. SBS 드라마 〈나의 완벽한 비서〉 제1화 중에서

여자: 우리 두 번은 보지 맙시다
남자: (현판을 바라본 후, 말없이 자리를 뜬다)

헤드헌터 강지윤(배우 한지민)과 회사원 유은호(배우 이준혁)는 이직을 고민 중인 양호진 팀장을 두고 묘한 갈등을 빚는다. 이직을 성사시키려는 지윤과 이를 막으려는 은호는 한 사찰에서 양호진 팀장을 만난 후 늦은 시각에서야 사찰을 나선다. 지윤은 사찰 문 앞에서 은호를 매섭게 바라보며 "우리 두 번은 보지 맙시다"라고 말한다. 은호는 아무 대꾸도 하지 않고 고개를 돌려 "不二門"(불이문)이라는 현판을 올려다본 후 자리를 뜬다. 넷플릭스에서 지윤의 말은 "Let's not make the mistake of running into each other again"으로 번역됐다.

나처럼 현판의 내용을 포착한 시청자는 이 장면이 얼마나 의미 있는지를 단번에 깨달았을 것이다. 불이문(不二門)은 국어사전에도 등재된 어휘이다. 불교나 사찰 문화에 익숙한 사람 그리고 절에 다니는 사람들에겐 더욱 더 익숙한 말이다. 표준국어대사전은 불이문을 "상대적이고 차별적인 것을 모두 초월하여 절대적이고 평등한 진리를 나타내는 가르침"으로 정의한다. 이런 의미는 너무 철학적이고 어렵게 느껴진다. 불이문은, 쉽게 말하면, 서로 다른 두 가지가 실은 하나라는 뜻이다. 그러면, 이 장면의 함축적 의미를 이해할 수 있을 것이다. 드라마 초반부에서는 두 남녀가 앙숙처럼 보이지만, 조만간 그들은, 불이문이 상징하듯, 사랑하는 사이로 발전한다. 바로 이 장면이 작가와 연출자가 의도한 복선이다.

K-드라마 팬들은 '불이문'을 이해할 수 있을까?[6] 남자 주인공이 올려다보기까지 했으니, 뭔가 의도된 연출임이 분명하다. 하지만 보이는 건 한글도 아닌 한자인 데다, 그 모양도 독특하다. 불이문이 화면 정보로만 나오니, 대사를 통해서는 그 뜻을 알 수가 없다. 이런 상황에서 '불이문'의 함의를 전할 수는 없을까? 창의적인 자막을 챗GPT에게 주문해 보자.

💬 Option 1

(The sign behind them reads 'Not Two, But One'—a reminder that separations may be illusions.)

💬 Option 2

장면 연출로 자연스럽게 표현: 한자의 의미를 시청자가 직접 알 수 없기 때문에, 의미를 내포한 다른 시각적 연출을 고려할 수도 있습니다. 예를 들어, (시청자가 자연스럽게 눈치채도록) 불이문의 한자를 영어로 번역한 텍스트를 배경에 살짝 삽입하는 방식입니다.

---

6   이 드라마의 촬영지는 매우 신중하게 선택된 듯하다. 드라마 곳곳에 아름다운 경관이 많아, 수출용 K-드라마라 해도 손색이 없다.

🗨 **Option 3**

여자: Let's never see each other again.

남자: (Reading the sign) *Not two, but one* ... [이탤릭체는 챗GPT의 것임]

위 답변은 〈그림 5-2〉의 상황을 세 문장으로 설명한 후 '불이문'의 의미를 외국의 시청자들에게 전달할 방법을 물어본 결과다. 나는 위와 같은 답변을 보고 꽤 만족했다. 하나씩 살펴보자.

첫 번째 안은 괄호를 통해 불이문의 의미와 화면 정보를 전달하는 방식이다. 이를테면, 역서 본문에 삽입되어 있는 역주와도 흡사하다. 다만, 이 방법을 실제 쓰려면 밑줄 친 부분을 빼고 쓰는 것이 좋다. 두 번째 안은 여러 영상물에서 실제로 확인할 수 있는 번역 방식이다. 해설이 필요한 이미지(글자) 근처에 그 뜻을 제2의 자막(챗GPT는 "시각적 연출"이라고 표현함)으로 표기하는 방식이다. 본 사례에 적용해 보면, 현판 바로 아래에 불이문의 뜻을 (종종 폰트 모양이나 색깔을 달리하여) 간결하게 넣는 것이다. 세 번째 안은 ― 상대적으로 어려운 선택이지만 ― 내가 가장 멋있다고 생각한 방식이다.[7] 괄호 안에는 남자 주인공의 현 상황('남자가 현판을 읽고 있다')이 지시문의 형태로 나온다. 그는 현판의 글자(Not two, but one)를 '눈으로' 읽고 있다. 어떻게 아냐고? 영어에서 인물의 생각(뭔가를 속으로 읽는 상황도 포함)을 표현할 때는 이탤릭체로 유표화하기 때문이다.

---

7   챗GPT는 "(Looking up at the sign, he quietly reflects ...)" 등의 방식도 제안했다.

5.3 창의적인 결과물을 얻으려면 어떻게 질문해야 할까?

지나친 기대는 하지 말라. 여기서 나는 묘수를 소개하지 않는다. 단지, 좀 더 좋은 번역을 산출하기 위한 일련의 질문과 답변만을 보여줄 것이다. 앞 절에서는 챗GPT가 말장난을 어떻게 번역하는지를 살펴봤다. 지금부터는 '과정'에 좀 더 초점을 맞춰 챗GPT의 번역을 논한다.

이해하기 쉽고 재미도 있는 사례를 생각하다가, 필자가 2013년에 발표한 논문 하나를 떠올렸다(이상빈, 2013). 이 논문은 〈스타크래프트 II〉라는 게임을 바탕으로 유머 번역의 효과를 소개한 것인데, 이 논문에 소개된 사례 중에는 기발한 말장난이 많아, 본 절에서 다루기에 적합할 듯싶다. 〈스타크래프트 II〉는 좀 오래된 게임이지만, 이 게임을 모르는 독자들에게도 아래 사례가 도움이 되리라 생각한다.

〈스타크래프트 II〉에 등장하는 리퍼(Reaper)의 음성

"You can't get it cheaper, you called the reaper."

이는 '리퍼'(현지화된 게임에서는 '사신'으로 불림)라는 캐릭터의 대사이다. '리퍼'가 뭔지 모르는 독자도 많을 것이다. 리퍼는 소설이나 영화 등에서 한 번쯤은 접했을 가상의 캐릭터다. 리퍼는 '그림 리퍼'(Grim Reaper)의 줄임말인데, 〈그림 5-3〉에서 볼 수 있듯이, 수확용 낫 ― reap(수확하다)이라는 단어를 생각해 보자 ― 으로 영혼을 앗아가는 사신(死神)이다. 이런 존재를 상기시키는 캐릭터가 익살스러운 말투로 "You can't get it cheaper, you called the reaper."(더 싸게는 살 수 없어. 너가 리퍼를 불렀으니까)라고

말하니, 아이러니한 유머 효과가 느껴진다.[8]

그림 5-3. '그림 리퍼'-죽음의 신

이 대사에서 특히 흥미로운 것은 cheaper(치퍼)와 reaper(리퍼)가 말장난을 이룬다는 점이다. 유머 효과를 창출하는 이 두 단어를 어떻게 처리하느냐가 이 번역 과업의 핵심이다. 대사를 소리내어 읽어보면 리듬과 운율이 제법 자연스럽게 느껴진다. 〈스타크래프트 II〉는 한국어 더빙으로 현지화된 게임이다. 따라서 이 대사를 번역할 때는 단순히 문자에만 신경 써서는 안 되고 성우가 어떻게 발음할지도 생각해야 한다.

---

8 리퍼가 제공하는 것은 죽음이지, 할인 상품이 아니거든! 이는 상황적 아이러니(situational irony) 측면에서 효과적이다. 상황적 아이러니란 기대했던 일과 실제로 일어난 일이 크게 다른 상황에서 발생한다. 예컨대 소방서에서 불이 나서 건물이 전소됐다면 이를 상황적 아이러니로 볼 수 있다.

이제, 원문을 챗GPT에게 번역해달라고 하자. "말장난에 초점을 맞춰 한국어로 번역"하라고 하면 다음과 같은 결과를 얻을 수 있다.

🔊 챗GPT의 번역 (1): 다섯 가지 버전을 요구

- 할인 따윈 없다, 난 죽음을 판다!
- 값을 묻는 순간, 네 목숨은 땡처리다.
- 깎아줄 순 없어, 난 운명을 거래하니까.
- 흥정은 끝, 네 운명을 챙겨라.
- 흥정을 하다니, 이제 죽음만 남았다.

솔직히 말해, 마음에 드는 번역이 하나도 없다. 언어유희가 좀처럼 느껴지지 않기 때문이다. 그래서 간단한 프롬프트를 다시 입력했다. "좀 더 창의적인 표현으로 다시 번역해 줄래?" 그렇다. 이 프롬프트의 핵심은 '창의성 추가'이다.

🔊 챗GPT의 번역 (2)

- 흥정할 시간에, 마지막 유언을 준비하는 게 어때?
- 값을 깎으려 했나? 미안하지만, 낫은 깎는 도구가 아니야.
- 특가? 지금 특가로 네 생명을 가져가 주지!
- 싸게? 내 낫은 값을 모른다, 단지 목숨을 거둘 뿐.
- 할인 코드는 없어, 내 코드네임은 파멸이니까.

첫 번째 답변보다는 마음에 든다. '깎다', '특가', '거두다', '코드'가 말장난을 구성하는 요소로 활용됐다. 다만, 두 번째 번역과 네 번째 번역, 다시 말해 리퍼의 '낫'을 활용한 두 번역은 실제 게임에서 활용할 수 없는 문장이다. 왜냐하면 게임 속 리퍼는 그림 리퍼와 이름만 같을 뿐, 그림 리퍼처럼 낫을 든 캐릭터가 아니기 때문이다. 그럼, 어떻게 해야 할까? 위 번역들도 제법 쓸만하지만, 좀 더 진도를 나가보자. "한국어 동음이의어를 고려하여, 좀 더 창의적으로 번역해 줄래?" 이번에는 "동음이의어"와 "창의성"을 함께 주문했다.

챗GPT의 번역(3)
- 값을 깎으려 했나? 결국 목숨값을 깎이게 될 텐데.
- 더 싸게? 네 운명도 싸구려가 될 거야.
- 값을 묻는 순간, 네 생명 값도 무의미해졌다.
- 값을 물었나? 그럼, 네 목숨을 물어가마.
- 흥정? 지금부터 네 목숨도 흥정의 대상이다.

제법 똑똑한 답변이 돌아왔다. 밑줄 친 어휘들이 일종의 동음이의어 — 물론 진정한 의미의 동음이의어는 아님 — 를 구성하면서, 대사에 흥미를 더했다. 하지만 이 번역물에는 결정적인 흠이 있다. 원문에 있는 캐릭터, 즉 '리퍼'가 없다는 점이다. '한국어 동음이의어'에 집착하다 보니 리퍼를 버린 것이다.

안 되겠다. 처음부터 다시 시작해 보자. 새로운 창에서, 새로운 접근법으로 시작해 보는 거다. 영어 원문을 입력하고, 원문부터 상세하게 분석하도록 했다. 인간 번역가처럼 원문을 먼저 분석하는 게 필요해 보인다. 챗GPT가 원문을 제대로 이해했는지도 확인할 필요가 있다.

번역: "더 싸게 살 수는 없어. 넌 사신을 불렀으니까."

상세한 해석

1. "You can't get it cheaper"
- 이 부분은 "더 싸게 구할 수 없다"라는 뜻입니다.
- "cheaper"는 "더 저렴하게"라는 의미로, 흥정이나 할인에 대한 언급일 가능성이 높습니다. 여기서 화자가 어떤 대가를 지불해야 하는 상황을 암시하며, 대가가 이미 충분히 낮다는 뜻입니다.

2. "you called the reaper"
- 이 부분은 "넌 사신을 불렀다"는 뜻입니다.
- "reaper"는 죽음을 상징하는 캐릭터, 즉 "죽음의 신(사신)"을 의미합니다. 여기서 "사신을 불렀다"는 것은 위험한 대가를 자초했음을 암시합니다.
- "흥정을 하거나 더 낮은 값을 원하면서, 결국엔 죽음을 불러온 격이다"라는 함축적인 표현으로 이해할 수 있습니다.

문맥적 해석

- 이 문장은 상황의 경고를 담은 말장난입니다. 어떤 물건이나 서비스를 더 싸게 얻으려고 하다가, 결과적으로 "사신"이라는 치명적인 존재를 불러오는 대가를 치르게 된다는 메시지를 전달합니다.
- 예를 들어, 지나친 욕심이 부른 결과로 치명적인 상황에 처했음을 풍자적으로 표현한 것입니다.
- 영어 원문에서는 "cheaper"와 "reaper"라는 운율을 활용하여 문장에 유머와 무게를 동시에 부여하고 있습니다.

예상보다 자세히 설명했다! 특히 밑줄 친 부분에서 의미 있는 내용을 확인할 수 있다. 말장난의 상황을 정확하게 진단했고, cheaper와 reaper의 관계까지도 명확히 지적한 부분이다. 이처럼 챗GPT가 원문을 제대로 이해하고 있으니, 이젠 새로운 프롬프트로 다른 주문을 해보자. "이 설명에 기초하여 한국어 동음이의어를 활용한 번역문을 만들어줘." 답변은 다음과 같다.

> 💬 **챗GPT의 번역 (4)**
> - 쿠폰? 사신은 쿠폰 대신 네 영혼을 챙긴다.
> - 값을 깎으려 했나? 사신이 깎는 건 네 목숨뿐.
> - 값을 묻지 마라. 사신은 질문 대신 너를 묻어버린다.

이 번역에 대해 어떻게 생각하는가? 같은 어휘를 두 번 사용하여 말장난을 만들었고, 리퍼라는 캐릭터도 포함하였으니, 앞서 말한 조건들을 모두 충족했다. 하지만 첫 번째 번역의 "쿠폰"과 두 번째 번역의 "깎다"도 진정한 의미에서 동음이의어가 아니니, 아쉬운 건 마찬가지다. 세 번째 번역의 '묻다'는 진정한 동음이의어다. 이 번역을 조금만 다듬으면 제법 괜찮은 번역을 만들 수도 있다.

이제 공식 번역본을 소개할 때가 온 것 같다. 지금까지의 논의를 바탕으로 아래 번역을 평가해 보자.

> 👤 **공식/인간 번역(블리자드 코리아, 2010)**
> You can't get it cheaper, you called the reaper.
> 싸게 사신다구요? 사신을 부르세요.

이 번역가는 다른 단어도 아닌 '사신'으로 동음이의어 말장난을 만들었다. 사신이라는 무거운 캐릭터가 이렇게 익살스럽게 말한다고 생각하니, 아이러니가 절로 느껴진다. 이 문장은 리듬감 면에서도 우수하다. 앞 문장과 뒷 문장이 각각 일곱 자로 만들어진 게 보이나? 영어 문장도 6음절 + 5음절로 이루어졌으니, 두 문장의 구조가 비슷하다고 볼 수 있다. 더빙 성우가 이 대사를 실제로 어떻게 읽었는지 확인할 수 있다면, 여러분도 나처럼 이 번역의 가치를 좀 더 잘 이해할 수 있을 것이다. 위 번역이 별거 아닌 듯 보이나? 2013년에 이런 번역을 직접 해야 했다면 만만치 않은 과업이었을 것이다. 당신은 챗GPT보다 좋은 번역을 만들 수 있나?

한 가지 사례만 간단히 살펴보고 마무리하자. 아래 영어 텍스트는 『Alice's Adventures in Wonderland』에서 가져온 것인데, 밑줄 친 부분에 주목하여 읽어보자.

"The master was an old Turtle—we used to call him Tortoise—"
"Why did you call him Tortoise, if he wasn't one?" Alice asked.
"We called him tortoise because he taught us," said the Mock Turtle angrily. "Really you are very dull."

윗글에는 재미있는 말장난이 포함되어 있다. 육지거북을 뜻하는 'tortoise'(발음: 'tɔːrtəs)와 'taught us'가 발음이 비슷해서 생긴 말장난이다. 앞서 했던 것처럼 챗GPT에게 원문을 분석하게 한 후, 말장난에 초점을 맞춰 창의적으로 번역하게끔 했다. 챗GPT의 번역은 아래와 같다.

💬 챗GPT의 번역

- Mock Turtle: "우리 선생님은 아주 늙은 거북이셨어요. 그래서 우리가 그분을 '거부기'라고 불렀죠."
- Alice: "거북이가 아니었는데 왜 '거부기'라고 불렀어요?"
- Mock Turtle: "우릴 거부기(가르치기) 때문에 그렇게 불렀지!"
- Alice: "정말 이해가 안 되네요."
- Mock Turtle: "정말 넌 왜 이렇게 **둔(둔하다)**하니?"

이 번역을 보니, 나도 앨리스처럼 말하고 싶다. "정말 이해가 안 되네요."(내가 둔한 걸까?) 주지하다시피, 『Alice's Adventures in Wonderland』는 오래전부터 번역된 작품이고, 번역본의 수도 상당히 많다. 번역본 가운데 세 가지만 살펴보자.

👤 인간 번역 (1)

"우리는 선생님을 '남생이'라고 부르곤 했는데……"

"남생이가 아닌데 왜 남생이라고 불렀어요?" 앨리스가 묻자, 가짜 거북이 화가 나서 대답했다.

"남자 선생이니까 남생이라고 불렀지. 넌 어떻게 그것도 몰라!" (김경미, 2005, p. 149)

👤 인간 번역 (2)

"선생님은 늙은 거북이였는데, 우리는 그분을 갈치라고 불렀어."

"갈치가 아닌데 왜 갈치라고 불렀어요?" 앨리스가 물었다.

"그야 선생님이 우리를 갈쳤으니까 그렇게 불렀지. 넌 정말 멍청하구나!" 가

짜 거북이 답답하다는 듯 화를 냈다. (김양미, 2008, p. 178)

👤 인간 번역 (3)

선생님은 늙은 바다거북이었는데, 우린 '땅 거북'이라고 불렀어."
"땅 거북도 아닌데 왜 그렇게 불렀지요?" 앨리스가 물었다.
"땅 꼬마만 했으니까 그렇지. 넌 진짜 멍청하구나!" 가짜 거북이 성을 냈다.
(공경희, 2009, p. 102)

세 번역 모두 좋은 번역이다. 나는 (2)번 번역을 가장 좋아한다. 이 번역가는 원문에서처럼 '동물 이름'과 '가르치다'를 활용해 말장난을 만들었고, 말장난을 이루는 두 요소, 즉 '갈치'와 '갈치다'('가르치다'의 준말)가 다른 번역본보다 자연스럽게 연결되기 때문이다.

이 번역을 챗GPT에게 갈쳐 주자. 세 번역을 입력창에 넣고 원문의 말장난을 어떻게 번역했는지를 파악하라고 했다. 그리고 "학습 내용을 바탕으로 여러 번역본을 생성"하라고 주문했다. 그랬더니, 다음과 같은 번역물이 출력됐다.

(1) '나무'와 '나무라기'를 이용

- 가짜 거북이: "… 우리는 그분을 '나무 선생님'이라고 불렀어."
- 앨리스: "근데 왜 나무 선생님이라고 불렀어요?"
- 가짜 거북이: "왜냐하면 선생님은 우리가 실수할 때마다 맨날 나무라기만 하셨으니까! 넌 정말 멍청하구나!"

(2) '깜빡이'와 '깜빡깜빡'을 이용

- 가짜 거북이: "… 그래서 그분을 '깜빡이'라고 불렀죠."
- 앨리스: "근데 왜 '깜빡이'라고 불렀어요? 거북이가 깜빡이랑 무슨 상관이죠?"
- 가짜 거북이: "선생님이 맨날 깜빡깜빡 하시면서 가르쳤으니까! 넌 진짜 눈치가 없구나!"

(3) '고구마'와 '답답하게 하다'를 이용
- 가짜 거북이: "… 우리는 그분을 '고구마 선생님'이라고 불렀어."
- 앨리스: "고구마도 아닌데 왜 고구마 선생님이라고 불렀어요?"
- 가짜 거북이: "왜냐하면 선생님은 맨날 수업이 끝날 때까지 우리를 답답하게 만드셨으니까! 정말 너도 <u>답답하구나</u>!"

이 결과물을 어떻게 생각하는가? 세 번째 번역이 특히 재미있다. '답답하다'가 마지막 문장(밑줄 친 부분)에서 다시 한번 사용되면서, 유머 효과가 배가됐다.

지금까지의 논의를 요약해 보자. 처음에는 '고구마' 같은 번역을 내놓던 챗GPT가 인간 번역을 접한 후에는 개과천선(改過遷善)했다 — 아니, 개과천선(改過天選)이 더 어울리는 말이겠다. 이해조차 어려운 번역을 산출했다가 '모델'을 학습한 후에는 매우 효과적인 말장난을 순식간에, 그것도 여러 버전으로 만들었다. 이처럼 생성형 AI가 만족스럽지 못한 답변을 내놓으면 모델에 기반한 프롬프트가 매우 효과적일 수 있다.

제로샷 프롬프팅(zero-shot prompting)이란 AI(LLM)에게 예시를 주지 않고 작업을 수행토록 하는 프롬프팅이다. 이 경우 AI는 '일반적인' 상태에서 답을 낸다. 앞서 내가 무작정 말장난을 번역해 달라고 한 경우가 여기에 속한다. 반면, 원샷 프롬프팅(one-shot prompting)은 모델(예시) 하나를 제시한 후, AI가 이 모델을 참고하여 답을 내놓도록 하는 것이다. 만일 모델을 두 개 이상 제시하면 원샷 프롬프팅이 아니라 퓨샷 프롬프팅(few-shot prompting)으로 부른다.

퓨샷 프롬프팅 등이 어려운 문제를 반드시 해결해 주는 건 아니다. 앞서 필자가 챗GPT에게 줬던 일련의 프롬프트를 클로드나 제미나이에게 제시하면 어떤 답변이 돌아올까? 같은 날, 세 AI에게 동일한 프롬프트를 제시했건만, 클로드와 제미나이는 써먹을 만한 번역을 단 하나도 제시하지 못했다(유료 계정이라면 결과가 달라질까?).

5.4 첨언: 장기적인 위협과 과제

지금까지 여섯 가지 사례를 활용해 챗GPT가 말장난 번역 등의 과업을 얼마나 창의적으로 수행할 수 있는지를 확인하였다. 함께 살펴봤듯이, 챗GPT가 생성한 번역은 전문 번역가의 창작물과 비교해도 부족하지 않았으며, 때로는 전문 번역가의 버전보다도 효과적일 때가 있었다. AI 사용자가 과업에 대한 이해를 바탕으로 적절한 프롬프트를 만들면, 생성형 AI도 난해한 번역을 처리할 때 큰 도움이 될 수 있다.

그러나 이런 사례만을 가정하고 AI에 의존해서는 안 된다. 전문 번역가들도 오랜 숙고의 과정을 거쳐야만 창의적이면서도 효과적인 번역문을 만들 수 있다. 고된 과정을 거치지 않고 AI 도구를 사용하기 시작하면 아무리 오랜 기간 번역 업무에 종사해도 전문 번역가로서의 역량을 키울 수 없다. 모든 일이 그렇듯 번역에도 꾸준한 연습이 필요하다. 내가 마음먹는다고 해서 창의적인 글쓰기가 갑자기 되는 건 아니다. 생성형 AI를 무작정 쓰기 시작하면 번역가로서 경쟁력을 갖출 수 없다. 프랭크 허버트의 SF 소설 『듄』(Dune)에는 본능에 충실하며 진정한 사고가 불가능한 '사람'(people)과 자기 통제력을 바탕으로 독립적 사고를 할 수 있는 '인간'(human)이 등장한다. 당신이 AI 시대의 번역가라면 어떤 부류에 속하고 싶은가?

게르베로프-아레나스와 토랄(Guerberof-Arenas & Toral, 2022)은 문학 번역에 특화된 번역기를 만들어 소설을 번역했고 이 번역물을 인간 번역 및 포스트에디팅 결과물과 비교하였다. 분석 결과에 따르면 순수한 인간 번역이 창의성 측면에서 가장 높은 점수를 받았다. 이 연구에서 내가 좀 더 주목한 부분은 포스트에디팅을 통해 창의적인 번역을 시도하는 건 그리 효과적이지 않다는 점이다. 기계 번역을 출발점으로 삼아 창의적인 번역을 시도하면 창의성이 발현될 기회가 원천적으로 차단될 수 있다는 것이다. 비슷한 실험 연구에서 한 참가자는 다음과 같이 언급했다.

> 포스트에디팅 과정에서 창의성이 제한되는 느낌을 받았습니다. 이미 완성된 번역을 받게 되니, 그 번역의 틀을 벗어나 생각하기가 어려웠습니다. 직접 번역하는 게 아니라 이미 존재하는 번역문을 수정해야 하니 다소 불편했습니다. (Guerberof-Arenas & Toral, 2020)

AI 번역을 지나치게 믿어서는 안 된다. AI가 산출한 '창의적인 번역'이 실상은 남들도 만들 수 있는 번역물임을 기억하라. AI의 창발성(느닷없이 나타나는 뜻밖의 능력)이 끝없이 커질 거란 믿음도 위험하다. 지금은 AI 개발이 초기 단계에 있으므로 AI가 생성하는 결과물 하나하나가 매우 인상적으로 보일 수 있다. 하지만 AI 콘텐츠가 기하급수적으로 증가하면, AI

의 창작성에도 나름의 패턴이 보이고 AI 콘텐츠가 하나둘씩 진부해질 수 있다. 또한 인간의 창작물로 소개된 것들이 나중에 AI 콘텐츠로 드러나 우리에게 실망을 안겨주는 사례도 늘어날 것이다. AI와 창작의 문제는 그리 간단한 문제가 아니다.

전통적으로 창작의 가치를 높이 평가했던 분야에서 AI 콘텐츠가 문제를 일으키고 있다. 예컨대, AI가 생성한 저품질의 슬롭(slop)[9]이 증가하자, 인간이 창작한 고품질의 콘텐츠가 인터넷상에서 가시성을 잃기 시작했다(Mahdawi, 2025). 위키피디아에서도 AI 콘텐츠가 증가했다는 연구 결과가 있다. 브룩스 등(Brooks et al., 2024)에 따르면 2024년 8월에 생성된 위키피디아 영어 페이지 2,909개 가운데 최대 5%에서 상당 분량의 AI 콘텐츠가 확인되었다. SF 출판사 클락스월드(Clarkesworld)는 AI로 작업한 원고가 쇄도하면서 원고 접수를 중단한 적이 있다. 클락스월드에 따르면 GPT가 출시되기 전에는 표절로 의심되는 작품이 매달 10편 정도에 불과했지만, 2023년 1월에는 표절 의심 건수가 100편으로 증가했고, 2월 중순에는 이미 500편을 넘어섰다(Hern, 2023).

'오리지널'(original)이 줄어들면 AI의 창의성도 담보하기가 어려워진다. AI의 창의성이란 게 결국 인간이 직접 만든 데이터에서 발현되기 때문이다. AI 콘텐츠의 급증을 억제할 수 없다면 AI 도구에서 더 나은 창의성을 기대할 수 없다. 이런 추정을 가능케 하는 연구가 있다. 보하체크와 파리드(Bohacek & Farid, 2023)는 AI가 생성한 데이터를 다른 AI 모델에게 제공할 때 모델 붕괴가 빠르게 일어나는 현상을 확인했다. 〈그림 5-4〉에서 볼 수 있듯이, AI 모델의 학습 데이터에 AI 생성물을 약 10% 포함했더니 이

---

9 slop은 '오물', 짐승에게 먹이로 주는 '음식물 찌꺼기' 등을 뜻한다. AI가 생성한 저품질의 콘텐츠를 가리키는 신조어로, '스팸' 같은 개념으로 이해하견 편하다.

미지 왜곡이 현저하게 증가했다. 놀라운 사실은 이런 '되먹임'을 3.3%만 진행해도 모델 붕괴가 확인됐다는 점이다.

그림 5-4. 되먹임에 따른 AI 모델의 붕괴(Bohacek & Farid, 2023, p. 3의 일부)

나는 이 장에서 AI가 창의적인 콘텐츠를 생성할 수 있다고 주장했다. 다만, 이런 주장은 다분히 결과론에 기초한 것임을 다시 한번 강조한다. AI는 인간처럼 경험과 고뇌의 과정을 통해 창작물을 만들지 않는다. 나는 'AI는 창의적인 생산자가 될 수 없다'라는 주장에 반대한다. 하지만 'AI는 인간처럼 창의적인 존재다'라는 주장에도 반대한다.

AI 시대에는 창의성을 발휘하는 메커니즘이 조금은 달라질 수도 있겠다는 생각이 든다. 경쟁에 뒤처지지 않기 위해 AI를 활용할 수밖에 없다면, 인간은 어떤 영역에서, 어떤 방식으로 창의성을 발휘할 수 있을까? 한 가지 분명한 사실은 어떤 상황에서도 AI가 창작 활동을 이끌게 해서는 안 된다는 점이다. AI는 인간의 보조자로서 창작의 재료를 추천하고 인간을 끊임없이 자극하는 촉매제로만 남아야 한다. AI 시대에 인간이 발휘할 수 있는 창의성은 "AI가 생산하는 콘텐츠라는 별을 연결해 별자리라는 내러티브를 만들어 내는 능력"일지도 모른다(김덕진 외, 2023, p. 147).

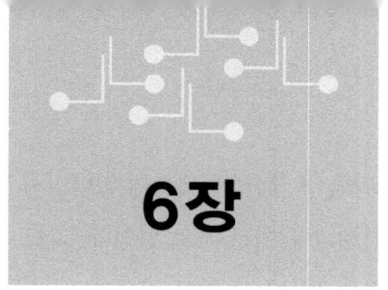

6장

AI와 문학 번역

6.1 AI는 문학작품을 번역할 수 있다?!

질문: 기계가 문학 번역을 할 수 있을까요?
필자: 물론입니다. 할 수 있습니다.

나에게서 어떤 답을 기대했을지 모르지만, 누가 나에게 위와 같은 질문을 한다면 나는 1초도 망설이지 않고 "그렇다"라고 답할 것이다. 그리고 이렇게 덧붙일지도 모른다.

"AI는 보통 사람들보다 문학 번역을 훨씬 더 잘합니다. 여기엔 의심의 여지가 없습니다."

어떤 사람들은 AI가 아무리 발전해도 문학작품만큼은 절대 번역하지 못할 것이라고 단언한다. 문학이 기본적으로 인간의 감정을 섬세하게 다루는 예술이고, 문학만큼 복잡한 게 세상에 없다면서 말이다. 문학 번역의 어려움을 보여주는 사례와 근거는 차고 넘친다. 나도 문학 번역이 매우 어렵다는 사실을 간접적으로나마 잘 알고 있으며 AI가 '문학 번역가'가 될 수 있을 거란 생각은 하지 않는다. 다만, 문학 텍스트나 문학 번역에 대한 맹목적인 신봉만큼은 사양하고 싶다. 왜 문학작품만 특별 대우를 받아야 하는가? 예컨대, 전문 용어가 넘쳐나고 문장이 극도로 복잡한 법률 문서도 번역하기가 매우 까다롭다. 조금만 방심해도 번역이 엄청난 파장을 미칠 수 있기에, 매우 섬세한 손길을 요하는 분야가 바로 법률 번역이다. 법률 번역만 그런 게 아니다. 문학만 인간 번역가의 고유 영역이라고 주장하는 건 설득력이 부족해 보인다.

문학 번역도 굳이 따지자면 AI에 의해 어느 정도는 정복당하리라 생각한다. '어느 정도'가 도대체 숫자로 얼마인지를 묻는다면 그건 나도 모르겠다(누가 알겠는가?). 이런 도발적인 주장을 통해 내가 강조하고 싶은 바는 문학의 일부 영역도 AI의 영향으로부터 자유롭지 않다는 점이다. 독특한 문체를 자랑하는 작가라 해도 유표적 문장보다 무표적 문장을 더 많이 쓴다. 소설 속에 등장하는 일상적 대화는 어떤가? 진정 당신은 소설 속 모든 문장을 생성형 AI가 처리하지 못할 거라고 믿는가?

오해하지 말라. 이쯤에서 미리 선언하는데, 이번 장의 목적은 AI의 위대함이나 AI 번역의 우수성을 보여주려는 게 아니다. 오히려 그 반대다. 나는 AI로 문학작품을 번역하는 게 (적어도 당분간은) 얼마나 힘들고 위험한지를 구체적으로 보여주고자 한다. 다만, 인간 번역의 우수함을 과신하지 말자는 뜻에서 위와 같이 적었을 뿐이다.

한국문학번역원이 주최하는 번역 대회에서 기계 번역의 도움을 받은 지원자가 수상한 적이 있다. 2022년 한국문학번역상 웹툰 부문 신인상 수상자는 〈미래의 골동품 가게〉를 번역할 때 네이버 파파고를 활용했는데, 심사위원단은 이런 사실을 뒤늦게 알았다고 한다.[1] 이 사건 후 번역원은 기계 번역 사용 등에 관한 규정을 만들어, 같은 일이 재발하지 않도록 했다. 〈2024 한국문학번역상 번역신인상 공모 안내 포스터〉를 보면, 응모 자격에서 "공동 번역은 불가하며, 표절, 제3자 또는 기계의 번역, 감수, 수정, 편집 등이 확인되는 경우 수상을 취소할 수 있음"이라는 경고 문구를 찾을 수 있다. 이 한 문장이 뜻하는 바는 실로 크다. 이 문구에 따르면 AI에게 초역(initial translation)을 의뢰하는 것뿐만 아니라 감수, 수정, 편집 등의 조력을 받아서도 안 된다.

그림 6-1. 〈허위 기억: 전기기술자〉

하지만 AI 사용 여부를 판별하는 기술이 아직도 미흡하고, 심지어는 오판하는 사례들도 보고된 바 있어, 이 같은 경고가 AI 사용을 완벽하게 차단할지는 의문이다.

이와 관련해 생각해 볼 사건이 있다. 보리스 엘닥센(Boris Eldagsen)이라는 유명 사진작가는 "2023 소니 월드 포토그래피 어워즈"(Sony World Photography Awards)에 〈허위 기억: 전기기술자〉(Pseudomnesia: The Electrician)라는 사진을 출품했다. 그리고 이 작품은 크리에이티브 부문에서 대망의 1위로 선정되었다. 하지만

---

[1] 한국문학번역원은 재심 후 수상 결정을 그대로 유지하였다.

엘닥센은 이 작품이 AI로 만든 것임을 밝히며 수상을 거부했다. 그는 이 사건과 관련해 "AI를 사용해 생성한 이미지가 어떻게 받아들여질지 궁금해 대회에 참가했다. [중략] AI 이미지와 전통적인 사진 사이의 관계에 관한 논쟁을 이끌어 내고 싶었다"라고 전했다(박찬, 2023). 즉, 엘닥센의 대회 참가는 AI에 대해 다시 한번 성찰해 보자는 일종의 퍼포먼스였다.

이와는 정반대인 사례도 있다. 사진작가 마일즈 아스트레이(Miles Astray)는 〈플라밍곤〉(FLAMINGONE)이라는 작품으로 "1839 어워즈"(1839 Awards)의 AI 부문에서 3위에 입상했다. 하지만 주최 측은 그의 수상을 취소했다. 〈플라밍곤〉이 AI로 제작한 게 아니라 작가의 실사 작품으로 밝혀졌기 때문이다. 아스트레이는 "실제 자연보다 더 환상적이고 창의적인 것은 없다. 신기술을 악마화할 생각은 없지만, [이제 우리는] 그 한계와 위험성을 더 분명하게 보고 있다"라고 지적했다(임대준, 2024a).[2]

이런 사건들이 무엇을 말해 주는가? 아직 우리는 AI의 산물을 제대로 평가할 준비가 안 되어 있다. 인간의 창작물과 AI의 '산물'을 정확히 구분하지 못하며, 심지어 예술의 영역에서도 AI의 산물을 인간의 창작물로 오인하는 때가 많다. '사실 이건 AI가 만든 거야'라고 고백하면, 그제야 머쓱해하며 얼렁뚱땅 넘어가기도 한다. 이 책 초반부에서 튜링 테스트를 소개한 바 있다. 예술과 같은 창작의 영역에서 AI의 산물과 인간의 산물을 구분할 수 없다면, AI도 창작의 주체로 인정해야 하지 않을까? 물론, 이는 어디까지나 '창작'의 뜻을 제한적인 틀에 가둔 해석이다. 창작의 의미를 '감

---

2 어떤 협회가 AI 문학 번역 대회를 개최했다고 상상해 보자. 능력 있는 번역가가 자신의 번역을 AI 번역이라고 속이고 대상을 받는다면 어떨까? 반대로, AI의 조력을 받은 번역을 자신의 번역이라고 속이고, "2035 한국문학번역원 번역상"을 수상한다면 어떨까? 번역 분야에서도 아스트레이나 엘닥센 같은 사람이 나올 수는 없을까? 사진 촬영이 문학 번역보다 열등한 영역이라고 생각해서는 안 된다.

상'의 영역까지 확대한다면, AI의 산물을 창작의 영역으로 편입하기란 매우 어려울 것이다. 그럼에도, 'AI는 인간처럼 창작물을 만들 수 없다'라고 단언해서는 안 된다. 창의성은 인간만의 것이 아니다. 창의성이나 창작물을 너무 거창한 것으로 해석해서도 안 된다.

우리가 일상에서 '창의적'이라고 부르는 것들을 생각해 보자. 인류 역사에 남을 법한, 독특한 발상과 산물만을 창의적이라고 부르는가? 내가 "창의적"이란 거창한 어휘를 써서 그렇지, 사실 우리가 일상에서 접하는 창의성은 레오나르도 다빈치처럼 일부 천재만이 보유한 기질이 아니라 대중화된 의미의 창의성, 이를테면 기존의 무언가를 살짝, 예상치 못한 방식으로, 바꾼 것일 때가 많다. 일반적으로 문학작품은 창의적 산물로 여겨진다. 하지만 이 경우에도 창의성이라는 게 AI와 문학의 배타성을 규정하는 핵심 요소는 아니다. 다른 텍스트 영역 혹은 과학과 같은 비인문 분야에서도 창의성은 엄연히 존재하며, 문학작품에도 창의적이지 않은 부분이 많다. 어떻게 보면 창의성은 대단한 게 아니다.

아직도 많은 이에게 문학 번역은 "창의적 영역의 선봉(the flagship of the creative)"으로 여겨진다(Cronin, 2003, p. 5). 반대로 AI 문학 번역은 위험하기 짝이 없는 알고리듬 등가물 혹은 확률적 어휘 결합으로 취급된다. 또한 AI는 문학과 인간의 창의성을 위협하는 존재이며, AI와 문학은 물과 기름처럼 절대 섞일 수 없는 상극으로 해석된다. 주지하다시피 다수의 문학 번역가 협회들이 AI 번역기 사용을 전면적으로 거부하였다. 예컨대 유럽 문학 번역가 협회 연합(CEATL)은 2023년 다음과 같은 성명을 발표한 바 있다.

> - 문학 번역은 ART, 즉 승인(Authorisation), 보상(Remuneration), 투명성(Transparency)을 통해 존재한다.
> - 출판 과정의 전-후 단계에서 투명성이 보장되어야 한다.
> - 생성형 AI를 활용한 출판에 공적 자금이 지원되어서는 안 된다.
> - 기계는 번역가가 아니라 '번역가 유사체(translatoids)'에 불과하다. 기계는 번역하는 게 아니라 텍스트 자료를 생성할 뿐이다.
> - 모든 문학 장르에는 인간의 번역이 필요하다.
> - 모든 언어는 인간의 번역이 필요하다.
> - 문학 번역은 단순한 전사(transcription)가 아니다.
> - 창작 행위는 인간성을 정의하는 요소이다.
> - 문학 번역도 문학작품이다.[3]
>
> (CEATL, 2023, 성명서에서 소제목만 발췌함)

이런 주장에 대해 이념적으로, 감정적으로도 동의한다. 하지만 현실은 녹록지 않아 보인다. AI는 휴머노이드 번역자(translatoid), 즉 (협회가 의도한

---

3   영어 원문은 다음과 같다.
   - Literary translation exists through ART: Authorisation, Remuneration, Transparency
   - Transparency both in the upstream and downstream parts of the publishing process
   - No public funding for publishing with generative AI
   - Machines are not translators but 'translatoids'. They do not translate; they generate textual material.
   - Every genre deserves a human translation
   - Every language deserves a human translation
   - Literary translation is not transcription
   - Creative acts are what make us human
   - Literary translation is literary work

바로는) '짝퉁 번역가'의 신분을 벗어나지 못할까?[4] 인간 번역가는 모든 문학 장르에서 살아남을 수 있을까? 휴머노이드 번역자가 존재하는 한, 그리고 그들의 영토가 커지고 있는 상황에서, AI 번역을 못 본 체할 수만은 없다. 국수 제작용 로봇팔은 짝퉁 요리사이지만, 오히려 그들을 편하게 생각하는 고객이 많다. 그들이 만든 국수에 '소울'은 없어도 큰 불만은 없다. 리베타라는 기업은 AI 번역 프로그램인 '트리니티'를 개발하여 K-웹소설을 빠르고 값싸게 수출하려고 한다(김태현, 2025). 웹툰 번역에도 AI가 침투한 지 오래됐다.

AI에게는 인간성이 없으므로 AI의 산물은 창작물이 아닐까? 그럼, AI 콘텐츠를 활용해 제3의 산물을 직접 만든다면, 그건 창작물인가, 아닌가? 기발한 프롬프트로 제작한 AI 산출물은 어떤가? AI가 없었다면 애당초 창작이 불가능한 상황을 말하는 거다. 사람에게 힌트를 얻어 만들면 창작물이고, AI에게 힌트를 얻어 만들면 창작물이 아닌가? 창작 행위의 본질을 인간에게만 적용하면, 앞서 지적했듯이, 회색 지대와 같은 문제가 발생한다. 앞으로 AI가 우리 일상에 더욱더 깊게 침투하면, AI와 인간의 영역을 명확히 구분하기가 훨씬 더 어려워질 것이다. 포스트휴머니즘 시대에는 인간성을 정의하는 것 자체가 대단히 어려울 수 있다. 2장에서 논했듯이 과도한 인간 중심적 사고는 미래의 업계 종사자들에게 별반 도움이 되지 않는다.

사진이 처음 등장했을 때를 생각해 보자. 화가나 미술 전문가들은 사진

---

4 이 주장은 '확률적 앵무새'(stochastic parrot)를 상기시킨다. 확률적 앵무새란 대규모 언어 모델이 무슨 말을 하고 있는지도 모른 채 그럴듯한 말을 양산하는 현상을 비유적으로 표현한 것이다. 발췌문의 "번역가 유사체"는 챗GPT가 만든 표현이다. '휴머노이드'를 생각하면 translatoid의 뜻을 쉽게 짐작할 수 있을 것이다. 다만, 현시점에서 휴머노이드라는 어휘가 부정적인 뜻만을 내포하는 건 아니다. 접미사 -oid의 뜻은 '~와 닮은', '~와 비슷한'이다.

(술)을 어떻게 바라봤는가? 그전까지 세상을 그럴듯하게 이미지화할 수 있는 주체는 인간뿐이었다. 하지만 갑자기 등장한 사진기는 이런 고정관념을 전복하고 세상을 더욱더 정밀하고 빠르게 담아냈다. 많은 화가가 사진을 경쟁 대상으로 여겼고, 특히 리얼리즘을 추구하는 화가들이나 초상화 작가들은 직업적 위기감마저 느꼈다. 이런 사람 중 일부는 곧바로 반격에 나섰다. 사진에는 영혼이 없다고 말했고, 사진은 세상을 찍어낼 뿐 인간의 감정이나 창의성을 담아내지 못한다고 주장했다. 프랑스의 유명 시인 샤를 보들레르(Charles Baudelaire)는 한 비평에서 다음과 같이 강조했다.

> 사진이 예술의 일부 기능을 보완하는 것이 허용된다면, 그것은 곧 예술을 완전히 대체하거나 타락시키고 말 것이다. 왜냐하면 사진은 그 본성상 어리석은 대중과 자연스럽게 동맹을 이루기 때문이다. 그러므로 이제 사진은 본래의 역할로 돌아가야 한다. 즉, 과학과 예술의 하인이 되어야 하는데, 그것도 아주 겸손한 하인이어야 한다. 마치 인쇄술이나 속기처럼, 이들은 문학을 창조하거나 보완한 적이 없다. 사진은 관광객의 앨범을 풍요롭게 하고, 그의 기억이 부족할 수 있는 부분을 보완하여 시각적 정확성을 되찾아 주는 역할을 서둘러야 한다. [...] 그러나 만약 사진이 형체를 가질 수 없는 것, 상상의 영역, 혹은 인간의 영혼이 덧붙여질 때만 가치가 존재하는 대상에 침범하는 것이 허용된다면, 그것은 우리에게 재앙이 될 것이다![5]

---

5   If photography is allowed to supplement art in some of its functions, it will soon have supplanted or corrupted it altogether, thanks to the stupidity of the multitude which is its natural ally. It is time, then, for it to return to its true duty, which is to be the servant of the sciences and arts—but the very humble servant, like printing or shorthand, which have neither created nor supplemented literature. Let it hasten to enrich the tourist's album and restore to his eye the precision which his memory may lack [...] But if it be allowed to encroach upon the domain of the impalpable and the imaginary, upon anything whose value

(Baudelaire, 1859, 포스트에디팅을 하지 않은 챗GPT 번역)」」

앞서 살펴본 번역 협회의 성명과 판박이 아닌가? 이처럼 초창기 일부 사람들은 사진을 악마화했지만, 현재 우리의 시각은 그들과 완전히 달라졌다. 주지하다시피, 사진과 그림은 상호 영향을 미치면서 발전해 왔다. 사진도 일부 영역에서는 오랫동안 예술로 인식되었다. 초창기부터 사진을 예술로 활용하는 사람들이 생겨났고, 픽토리얼리즘(Pictorialism)을 주장하는 사람들과 포토-시세션(Photo-Secession) 같은 운동이 사진의 회화적 효과를 강조하고 사진의 예술적 가치를 홍보했다. 사진은 기본적으로 대중적인 분야지만, 전문가 영역에도 속한다.

문학 분야에서 AI 번역의 품질을 탐구하는 연구가 빠르게 늘고 있다. 연구 주제도 점차 다채롭고 흥미로워지고 있다. 예를 들면 AI 번역의 문제점들을 지적하면서 전문 번역가의 역할을 강조하는 연구(Guerberof-Arenas & Toral, 2022), 아이러니와 같은 특정 영역에서 AI 번역기의 성능이나 특징을 확인한 연구(마승혜, 2024; 박수정과 최은실, 2023; Wu et al., 2024), 여러 번역기의 품질 차이를 다양한 영역에서 비교한 연구(Farghal & Haider, 2024) 등을 확인할 수 있다. AI 번역과 인간 번역을 비교한 후, AI와 인간의 장점을 결합하자는 연구 결과도 있다(Manapbayeva et al., 2024). 번역학자뿐만 아니라 공학 계열의 AI 전문가들도 AI 문학 번역을 연구하고 있다.

최근 연구를 보면, AI를 통한 문학 번역이 순수 인간 번역과 비교해도

---

depends solely upon the addition of something of a man's soul, then it will be so much the worse for us!

나쁘지 않거나 인간 번역보다 오히려 우수하다는 주장도 있다. 예를 들면 후와 리(Hu & Li, 2023)는 셰익스피어의 희곡 작품 두 편을 신경망 기계 번역기가 어떻게 번역하는지를 확인하기 위해 전문 번역가 1인의 번역본과 딥엘 번역물을 다양한 측면에서 분석하였다. 분석 결과에 따르면 딥엘 번역의 정확도와 자연스러움(fluency)은 80%를 넘었고, 딥엘 번역에서도 창의성과 명시화 등이 확인되었다. 딥엘 번역에는 직역이나 오역 등의 한계도 있었지만, 두 연구자는 기계 번역의 잠재력을 높이 평가하였다. 한편, 관(Guan, 2024)은 장약허(張若虛, 660~720년 추정)의 〈춘강화월야〉(春江花月夜)를 원문으로 삼아, 빙 번역기, 구글 번역기, 챗GPT, 인간 번역가들을 비교한 바 있다. 연구자는 빙과 구글 번역기 그리고 (일부) 인간 번역가들이 이상적인 번역을 생산하지 못했다고 주장하면서, 챗GPT의 다양한 잠재력과 우수성을 소개했다. 앞으로 AI 문학 번역에 관한 연구가 본격화하면, 이처럼 AI의 손을 들어줄 논문도 심심찮게 나올 수 있다. 나도 인간 번역이 무조건 이길 거란 생각은 하지 않는다.

    AI의 판정승을 보여주는 연구는 매우 제한적으로, 매우 신중하게 해석해야 한다. 마찬가지로, 인간의 KO승을 선언하며 안도의 메시지를 전하는 논문들도 곧이곧대로 수용해서는 안 된다. AI 문학 번역에 관한 연구를 살펴볼 때는 분석 대상의 장르, 텍스트 분량, 탐구 주제, 비교 방법론 등에서 타당성과 신뢰성을 철저히 검토해야 하며, 대규모 코퍼스 연구라 할지라도 그 결과를 맹신해서는 안 된다. 예상컨대, 적어도 당분간은, 혼재된 (상충하는) 연구 결과가 쏟아져 나올 것이다. 따라서 어느 한쪽의 손을 일방적으로 들어줘서는 안 된다. 차라리 관망하는 게 나을지도 모른다.

    그럼에도 불구하고 나는 다음 절에서 AI 번역이 어떤 점에서 부족한지를 몇 가지 사례를 통해 논할 것이다. 여러분은 이런 사례 분석을 통해 저마다 다른 교훈이나 통찰을 얻을 수 있다. 예컨대 어떤 이는 생성형 AI를 문학 번역에 적용할 방법을 고심할지도 모른다. 혹은 문학 번역의 미시적 요소들을 탐구하면서 인간 번역의 우수함을 재확인할 수도 있다. 혹자는 AI 번역물 간에 어떤 차이가 있는지를 보면서, AI 번역기의 잠재력을 확인하고 어떤 도구가 문학 번역에 적합한지를 생각할 수도 있다. 다 좋다! 다만, 지금부터 소개할 사례에는 다소 복잡한 문제가 숨어 있다는 점을 기억해야 한다. 또한 분석 내용을 일반화할 수 없다는 점도 놓쳐서는 안 될 것이다. 1~2년만 지나도 AI 번역 결과는 완전히 달라질 수 있다. 이 순간에도 AI는 진화하고 있음을 기억하라.[6]

6.2 AI 문학 번역 사례 — 어느 수준인가?

본 절에서는 네 가지 사례를 통해 AI 번역기가 문학 텍스트를 어떻게 처리하는지를 탐구한다. 첫 번째 사례는 〈안동의 밤(A Night in Andong)〉이라는 시조이며, 나머지 사례는 각기 다른 소설에서 발췌한 문장(들)이다. 첫 번째 사례에서는 시조의 형식적 측면에 초점을 맞춰 영어 시조의 한국어 번역을 논한다. 두 번째 사례에서는 문학 번역에서 간과할 수 없는, 어휘의 표현적 의미(expressive meaning)를 다룬다. 이어 세 번째 사례에서는

---

[6] 챗GPT는 AI의 문학 번역 능력에 대해 다음과 같이 말했다(2025년 1월 22일). "AI는 앞으로 몇 년 안에 문학 번역 분야에서도 매우 강력한 도구로 자리 잡을 것입니다. 특히, 간단한 문체의 문학작품이나 직관적인 표현에는 탁월한 성과를 보일 가능성이 큽니다. 하지만 예술성과 인간적인 해석이 중요한 복잡한 작품에서는 여전히 인간 번역가가 더 뛰어난 결과를 낼 가능성이 높습니다. 궁극적으로는 AI와 인간 번역가가 협력하여 서로의 강점을 보완하는 방향으로 발전할 것으로 보입니다."

목표어에 없는 비유적 표현을 AI가 어떻게 해석하고 번역하는지를 고찰한다. 마지막 네 번째 사례에서는 한국 작가의 독특한 표현 방식을 AI 번역기가 어떻게 처리하는지를 확인한 후, 챗GPT가 자신의 번역을 어떻게 평가하는지도 살펴본다.

〈안동의 밤〉은 데이비드 매캔(David McCann)[7]이 지은 첫 번째 한국어 시조이다. 그가 안동 농림고등학교에서 영어를 가르치던 시절, 한밤중에 겪은 일을 재미있게 풀어쓴 작품이다. 먼저 영어로 감상해 보자.

> **A Night in Andong**
>
> One night in Andong after a tour of back-alley wine[8] shops,
> Head spinning, I staggered down the narrow, paddy-field paths,
> When the two pigs grunted, "So, you! Home at last?"

정말 유쾌한 시가 아닐 수 없다. 종장에 등장하는 돼지 두 마리가 화자에게 하는 '말'이 압권이다. 시조의 가장 큰 특징 중 하나가 종장에서 벌어지는 반전(twist)임을 고려할 때, 이 시조도 전통 시조의 내재적 속성을 온전히 담고 있다. 다만, 영어로 쓰여 있다 보니, 누가 알려주기 전까지는 이 시를 '시조'로 파악하기가 쉽지 않다.

AI를 사용하여 이 작품을 한국어로 (역)번역하는 게 우리의 첫 번째 임

---

7 하버드대 명예교수다. 시조를 포함한 한국문학 알리기에 이바지하여 한글 발전 유공자로도 선정된 바 있다. 1960년대 평화봉사단 활동차 안동에 머물렀다.
8 예전에는 (영어에 대응어가 없는) 막걸리를 wine으로도 번역했다. 여기서 wine은 한국인이 흔히 생각하는 포도주나 서양식 와인이 아니라 막걸리를 일반화한 것이다. 사전에서 wine을 찾으면 an alcoholic drink made from another fruit or plant(과실이나 식물로 만든 술)라는 뜻을 확인할 수 있다.

무이다. 원문이 시조라고 했으니, '번역본'도 시조여야 한다. 시조가 어떤 모습과 어떤 느낌을 갖춰야 하는지 여러분도 잘 알고 있을 테다. 시조에서 기대되는 바를 재현하지 못하면 그 번역은 좋은 번역으로 평가받을 수 없다. 영어 시의 명제적 의미를 옮기는 건 그리 어려워 보이지 않는다. 진짜 문제는 음절과 운율 등에 있다.

이 시를 번역하기 전에 AI가 시조의 형식적 특징을 알고 있는지부터 확인해 보자. 클로드, 제미나이, 챗GPT에게 전통 시조의 형식적 측면을 물어봤다. 답변이 괜찮을 걸로 봐서, 번역을 바로 주문해도 될 것 같다. "고마워. 시조의 음절 수 규칙을 지키면서, 세 개의 연으로 구성된 위 영어 시를 한국의 시조로 번역해 줘."

드디어 번역물이 출력됐다. 하지만 마음에 드는 번역이 하나도 없었다. 시조의 형식적 요소가 번역물에 반영되지 않았기 때문이다. 이런저런 질문을 추가해도, 시조 느낌을 주는 번역물은 좀처럼 나오지 않았다. 결국, 원샷 프롬프팅 방법을 써보기로 했다.

추가 프롬프트

동짓달 / 기나긴 밤을 / 한 허리를 / 베어내어

봄바람 / 이불 아래 / 서리서리 / 넣었다가

정든 임 / 오신 밤이면 / 굽이굽이 / 펴리라

이 시조를 잘 기억해 줘. 이 시의 음절 수 분할을 고려하여, 다시 번역해 줄 수 있니?

위에서 볼 수 있듯이 음보 표시와 함께 황진이의 시조를 입력했다. 이 프롬프트 덕택에, 드디어 소개할 만한 번역물이 생성됐다. 그중 일부만을 소개하면 다음과 같다.

클로드의 답변

아, 황진이의 유명한 시조를 기준으로 삼자는 말씀이시군요! 먼저 황진이 시조의 음절 구조를 분석해 보면

초장: 동짓달(3) / 기나긴 밤을(5) / 한 허리를(4) / 베어내어(4)
중장: 봄바람(3) / 이불 아래(4) / 서리서리(4) / 넣었다가(4)
종장: 정든 임(3) / 오신 밤이면(5) / 굽이굽이(4) / 펴리라(3)

이 음절 구조를 따라 앞서 본 영어 시조를 다시 번역해 보겠습니다.

안동의(3) / 달빛 아래(5) / 주막거리(4) / 돌아다녀(4)
흔들리(3) / 는 발걸음(4) / 좁은길로(4) / 걸어가니(4)
돼지가(3) / 씩 웃으면서(5) / 말을하네(4) / "왔구나"(3)

술취해(3) / 안동 밤거리(5) / 비틀거려(4) / 걸어가며(4)
좁다란(3) / 논길 따라(4) / 휘청대다(4) / 돌아오니(4)
두마리(3) / 돼지 눈빛에(5) / 웃음띄워(4) / "왔느냐"(3) [이하 생략]

챗GPT의 답변

주어진 시조의 음절 수를 고려하여(초장 3·5·3·3, 중장 3·5·3·3, 종장 3·5·3·3) 요청하신 영어 시조를 한국어로 번역한 결과는 아래와 같습니다.

안동 밤 / 주점 골목 / 비틀비틀 / 걸어가며
논길 속 / 흔들리는 / 발걸음에 / 어질어질
돼지 둘 / 웃으며 말해 / "집에 왔소? / 기다렸다."

안동 골 / 술집에서 / 헤매다가 / 논길 따라
어지러운 / 발자국에 / 돼지들이 / 웃으면서
"이제야 / 돌아왔구나 / 어서 와요 / 반가워요." [이하 생략]

위에서 확인할 수 있듯이, 클로드는 필자가 모델로 제시한 시조의 정체까지도 파악했다. 그리고 각 장의 음절 수를 계산하여 괄호 안에 정확히 표시했다. 그러나 정작 자신이 번역한 한국어 시조에는 음절 수 오류가 있었다. 예컨대, 첫 번째 번역에서 초장의 "달빛 아래"와 중장의 "는 발걸음"을 4음절이 아닌 5음절로 표현하였다. 게다가 중장 첫 부분 "흔들리는 발걸음"을 기괴하게 분절했다(흔들리 / 는 발걸음). 하지만 이보다 더 큰 문제가 있다. 클로드의 번역은 시조 느낌을 전혀 주지 않는다. 직접 소리내어 읽어보자. 시조 느낌이 드는가? 일반 독자들도 시조 느낌이 뭔지는 알고 있다.

챗GPT는 황진이의 시조를 설명하면서 음절 수를 잘못 제시했다. 하지만 실제 번역물의 음절 배열은 클로드의 것보다 양호해 보인다. 클로드의 번역처럼 '종장 첫 3음절' 규칙을 지켰고, 종장 두 번째 음보도 5음절로 만들었다. 초장과 중장을 소리내어 읽어보니 제법 괜찮다는 생각이 들었다. 하지만 종장에서 모든 게 무너지는 느낌을 받았다. 특히 큰따옴표로 처리된 돼지의 인사말이 상당히 어색했다.

이 시조의 실제 한국어 버전을 확인해 보자.

> 하룻밤 안동시내 골목술집 구경하고
> 머리가 뼁뼁 돌 때 밭둑길을 거닐다가
> 도야지 꿀꿀 소리야 이제 왔노 하노라[9] (McCann, 2008, p. 16)

정확히 설명하긴 어려워도, '이런 게 시조지'하는 생각이 든다. 특히 종장은 AI 번역이 따라올 수 없는 경지에 있다. 시인은 종장 첫 3음절을 맞추기 위해 '돼지' 대신 '도야지'[10]라는 방언을 택했다. 이 시가 1960년대 안동의 농촌 마을을 배경으로 했다는 점에서 매우 흥미로운 어휘 선택이다. "꿀꿀 소리야"(5음절), "이제 왔노 하노라"(4음절 / 3음절)는 어떤가? 의인화된 돼지가 꿀꿀 소리로 화자를 반기는 상황이 무척이나 재미있다. "도야지"에서 시적 긴장이 만들어졌다면, "꿀꿀 소리야"에서 긴장이 풀린다. 숙소 근처의 돼지들이 술에 취해 돌아온 화자를 "너"라고 부르며, 마치 걱정했다는 듯이 친근한 어조로 화자를 반긴다. 이런 가상의 목소리를 통해 화자의 안도감이 종장에서 맛깔스럽게 표현된 것이다.

문학 번역이라는 게 이런 점에서 어렵다. 문학 번역에서는 원문의 의미만을 전달해야 하는 게 아니라 해당 장르의 형식적 특성까지도 담아야 한다. 또한 이야기의 배경이나 화자의 심적 상태를 작가가 의도한 대로 표현해야 하며, 독자의 예상과 기대를 다양한 측면에서 충족해야 한다. 화법이나 문체의 중요성은 말할 필요도 없다.

---

9   안동에서 골목술집을 밤새도록 드나들다 / 술 취해 휘청휘청 밭둑길을 걸어왔고 / 도야지 꿀꿀 소리야 너 이제야 왔구나 (한국시조협회, 2022)
10 사전에도 등재된 어휘다.

두 번째 사례로 넘어가자. 아래 사례는 『서울, 1964년 겨울』에서 발췌한 문장이다.

🗨 **원문:** 그 안경쟁이가 때마침 나에게 기특한 질문을 했다.

🗨 **빙 번역:** The security officer asked me a curious question at the right time.

🗨 **클로드 번역:** The person with glasses asked me a good/admirable question at the right time.

🗨 **챗GPT 번역:**

(1) The rival at that moment asked me an admirable question.

(2) The bespectacled rival, right at that moment, surprised me with an unexpectedly clever question.

🗨 **제미나이 번역:**

(1) 직역: The nerd, as luck would have it, asked me a rather interesting question.

(2) 조금 더 자연스러운 표현: The geek, of all people, posed an intriguing question to me.

(3) 좀 더 부정적인 어감: That annoying know-it-all had the nerve to ask me a question.

(4) 더욱 비격식적인 표현: The dork actually had a decent question for me.

이 한국어 문장을 2학년 학부생들에게 번역시킨 적이 있는데, 당시 상당수의 학생이 클로드와 마찬가지로 안경쟁이를 '안경 쓴 사람'으로 번역했다. 일부 학생들은 (챗GPT의 두 번째 번역처럼) 'bespectacled'라는 고급 어휘를 사용하기도 했다. 아무튼, 이 문장을 번역할 때 가장 중요한 점은 밑줄 친 '안경쟁이'의 표현적 의미(expressive meaning)를 온전히 담아내는 것이다. 표현적 의미란 단어의 사전적 정의를 넘어, 화자가 상대에 대해 갖는 감정이나 인지 상태를 반영하는 의미다.[11] '안경쟁이' 혹은 '안경잡이'는 단순히 안경 쓴 사람을 지칭하는 단어가 아니라, 안경 쓴 사람을 낮잡아 부르는 말이다. 따라서 제시된 문장을 영어로 옮길 때 안경쟁이의 표현적 의미를 제대로 살려야 두 인물의 관계까지도 정확히 재현할 수 있다.

이미 살펴봤겠지만, 빙 번역기는 안경쟁이를 '보안 요원'으로, 기특한 질문을 '특이한 질문'으로 번역했다. 이 번역은 환각(hallucination)이 아닌가 싶다. '안경쟁이'와 '기특한'이 어려운 단어도 아닌 데다, 원문의 구조도 매우 단순하니 말이다. 챗GPT와 제미나이는 '안경쟁이'에서 핵심 의미만을 추출하여 번역한 모양이다. 화자 '나'가 대화 상대인 안경쟁이에게 느끼는 감정에 초점을 맞춰, 챗GPT는 '경쟁 상대'로, 제미나이는 '괴짜', '얼간이', '모든 걸 아는 체하는 사람'으로 번역했다. 영화나 소설에 등장하는 '너드'(nerd)[12]가 흔히 안경 쓴 사람으로 묘사되니, 이런 어휘 선택도 괜찮다고 해야 할까? 안경은 등장인물의 외모를 구성하는 요소다. 따라서 번역에서 안경 자체를 없애는 건 추천하고 싶지 않다. 게다가 너드는 대개 사회성이 떨어지는 인물을 가리키는데, 이 소설의 안경쟁이는 그런 유형이 아니다.

그렇다면 어떤 번역이 좋을까? 故 마샬 필(Marshall Pihl) 교수가 남긴 번

---

11 베이커(Baker, 2011, pp. 11-12)는 Don't complain과 Don't whinge를 비교한다. 전자는 일반적 의미의 '불평하지 마'를, 후자는 짜증 내며 불평하는 사람들을 겨냥한 '불평하지 마'를 뜻한다.

12 며칠 전 영화를 보다가 "너드"라는 한글 자막을 봤다. 신기해서 인터넷을 확인해 봤더니, 요즘 이 단어는 음차로도 종종 쓰인다.

역본에는 다음과 같은 문장이 있다.

> Four-Eyes asked me quite a question. (Pihl, 1993, p. 85)

영어에서 four-eyes는 안경 쓴 사람을 낮잡아 부르는 어휘다. 네이버 영한사전은 "속어: 안경 낀 사람" 정도로 소개하지만, 여러 영영사전은 이 어휘를 "a disparaging term of address for a person wearing spectacles"(안경 낀 사람을 비하하는 호칭) 등으로 정의한다(Collins Online Dictionary, n.d.). 마샬 필의 번역을 제미나이의 번역과 비교해 보자. 필의 번역은 문장 면에서 훨씬 더 간결하지만, 명제적 의미뿐만 아니라 표현적 의미까지도 담고 있다. 문장 끝에 있는 quite a question도 매우 훌륭한 선택이다. 영어 'quite a ~'는 감탄, 놀람, 심지어 '비꼼'까지도 담을 수 있는 표현이기 때문이다.[13] 그나마 다행인 점은 클로드, 제미나이, 챗GPT에게 "안경쟁이는 안경 쓴 사람을 낮잡아 부르는 단어이니, 이를 고려하여 다시 번역해 줄래?"라고 지시하면, 모든 AI가 four-eyes를 선택했다는 점이다. 가령 챗GPT의 답변은 다음과 같다.

"안경쟁이"에 완벽히 대응하는 영어 단어는 없지만, 비슷한 뉘앙스를 전달할 수 있는 표현은 몇 가지 있습니다. 예를 들어
"Four-eyes": 안경을 쓴 사람을 다소 조롱하거나 경멸적으로 부를 때 사용

---

[13] 화자 '나'는 작품 서두부터 안경쟁이를 못 마땅해한다. 그의 심리 상태를 표현한 대목은 다음과 같다. "대학 구경을 해보지 못한 나로서는 [그가] 상상이 되지 않는 전공(專攻)을 가진 대학원생, 부잣집 장남이라는 걸 알았고, 그는 내가 스물다섯 살짜리 시골 출신, 고등학교는 나오고 육군사관학교를 지원했다가 실패하고 나서 군대 갔다가 임질에 한 번 걸려 본 적이 있고, 지금은 구청 병사계(兵事係)에서 일하고 있다는 것을 아마 알았을 것이다."

하는 영어 표현입니다. 과거에는 주로 학교에서 아이들이 놀리는 데 쓰였지만, 그 뉘앙스를 반영할 수 있습니다. 위 표현을 사용해 문장을 간단히 번역하면 다음과 같습니다.

"The four-eyes asked me a surprisingly clever question at just the right moment." 이 표현이 문맥에 적합한지 확인해 주세요!

세 번째 사례를 살펴보자. 이번에 함께 고민할 주제는 문학작품에 종종 등장하는 비유적 표현을 AI가 어떻게 처리하는가이다. 간단한 예문을 다루는 게 좋을 듯싶어, 다음 문장을 선택했다.

온천장 거리는 손바닥만했다. 열 번을 넘어 돌아도 한 시간도 안 걸렸다.
(박완서의 『겨울나들이』 중에서)

- 챗GPT의 번역: The Oncheonjang street was no larger than the palm of a hand. Even if you walked back and forth ten times, it wouldn't take an hour.
- 클로드의 번역: The hot spring district was as small as a palm. Walking around it more than ten times didn't even take an hour. (설명: This translation aims to capture both the literal meaning and the literary tone of the original Korean text, which uses a common Korean idiom "손바닥만 했다" (literally "was as big as a palm") to describe how small the area was.
- 제미나이의 번역:
  (1) 직역에 가까운 번역: The hot spring town street was as small as

the palm of your hand. Even if you walked around it more than ten times, it wouldn't take an hour.

(2) 문맥에 맞는 자연스러운 표현: The hot spring town was so tiny it could fit in the palm of your hand. You could walk around it ten times over in less than an hour.

'온천장'은 온천욕을 할 수 있는 시설이나 온천이 있는 곳을 뜻한다(표준국어대사전). 이 사례에서는, 원문의 두 번째 문장을 고려할 때, 후자의 뜻으로 쓰였다. 그러면 이 단어에 초점을 맞춰, 원문과 AI의 번역을 비교해 보자. 챗GPT는 온천장을 제대로 번역하지 못했다. 온천장을 거리 이름으로 파악하고 음차했다. 반면 클로드와 제미나이는 온천장의 의미를 제대로 옮겼다.

이보다 중요한 문제는 "손바닥만 했다"를 어떻게 번역하느냐다. 위에서 확인할 수 있듯이, 세 AI 모두 직역이나 직역에 가까운 번역물을 제시했다. 챗GPT의 번역은 당혹스럽기까지 하다. 도대체 어떤 거리이길래 사람 손보다 작을까? 클로드는 '손바닥만 했다'의 본질적 의미("the idiom to describe how small the area was")를 제대로 파악하고 있었다. 그럼에도 클로드의 번역은 "as big as a palm" 수준을 벗어나지 못했다. 제미나이도 별반 다르지 않았다. 다만, 제미나이는 "[the street] could fit in the palm of your hand"라는 좀 더 자연스러운(?) 번역을 제안했다. 가정법으로 쓰인 could가 있다 해도, '손바닥에 들어올 만큼 작은 거리'는 논리적으로 이상하다. 결론적으로 말하면, 한국어 표현을 그대로 영역하면 황당한 문장이 된다.

'챗GPT가 이 정도는 아닌데…'하는 생각이 들었다. 그래서 새 창을 열고 챗GPT에게 다시 물었다. "한국어의 '손바닥만 하다'라는 표현을 외국인에게 어떻게 설명해야 할지 상세하게 알려줄래?"

[생략] 이 표현은 물리적인 크기가 작음을 강조하는 상황에서 많이 쓰입니다. 예를 들어,
- 방의 크기: "그 집은 방이 손바닥만 해요." The room in that house is really small.
- 섬이나 땅의 크기: "그 섬은 손바닥만 해요." That island is tiny.
- 다른 사물: "강아지 얼굴이 손바닥만 해요." The puppy's face is as small as a palm.

이처럼 공간적 크기뿐만 아니라 사물의 크기를 표현하는 데도 쓰입니다.
[생략]

챗GPT는 알고 있었다! '손바닥만 하다'가 really small, tiny 등으로 번역될 수 있다는 사실을. 그러면, "이런 사실에 주목하여 다시 번역해"달라고 해야겠다. 그리고 "네가 산출한 번역물을 소설에 쓸 거야"라고도 덧붙였다. 그랬더니,

The streets of Oncheonjang were no larger than the palm of a hand. Even if you walked back and forth ten times, it wouldn't take more than an hour.

변한 게 거의 없네. 도대체 뭐가 문제인가? '번역하라'는 주문이 너무도 강력한 걸까? 이젠 꾸짖어야겠다. "실제 거리가 손바닥 크기일 리 없잖아?

네가 거인족이 아닌 이상 말이야. 현실 세계의 논리에 맞게끔 다시 번역해 줄래?"

> The streets of Oncheonjang felt as small as the palm of a hand. Even if you walked back and forth ten times, it wouldn't take more than an hour.

노력이 무색할 정도로 미미한 변화만이 나타났다. 동사 felt가 보이는가? 온천장 거리가 '손바닥만 하다'는 건 화자의 '느낌'일 뿐, 실제 그렇다는 건 아니라는 뜻이다. **이놈 꼼수를 부렸군.**

물론 이런 번역에도 장점은 있다. 번역이 출발어나 원천문화의 흔적을 담고 있으니 말이다. 많은 번역 전문가가 자연스럽고 잘 읽히기만 한 번역을 얼마나 비판했는가? 위와 같이 번역하면 독자가 메시지를 이해하면서도 출발어의 흔적을 느낄 수 있다고 주장할 수 있다. 그러나 이런 번역을 실제 사용하려면 엄청난 반론에 맞서야 한다. *이건 소설입니다! 문장이 자연스럽지 못하니 이야기에 몰입할 수 없습니다.*

이제 인간 번역을 확인할 시간이다. '안경쟁이' 사례에서 언급했던 마샬 필 교수가 이 두 문장을 어떻게 번역했는지 살펴보자.

> The streets of this small hot-springs town were not very extensive. Though I made the rounds of the place a dozen[14] times, it didn't take even

---

14 표현 a dozen times도 훌륭한 선택이다. 이것을 '열두 번'(12회)으로 생각하고 오역이라 판단해서는 안 된다. A dozen에는 '많은'이라는 뜻이 있기 때문이다. 예를 들어 I've heard it a dozen times before라는 문장은 '그 이야기, [정확히] 열두 번 들었어'라는 뜻이 아니라 '그 이야기, 수도 없이 들었어'라는 뜻이다. 참고로, 한국어에서도 '열두 번'을 이런 의미로 쓸 수 있다.

an hour. (Pihl, 1993, p. 154)

손바닥이 사라졌다. 지금껏 고민한 게 무색하다. 그러고 보니, 앞서 소개한 챗GPT의 답변에서 "그 섬은 손바닥만 해요"를 "That island is tiny"로 번역했던 것과 흡사하다. 이렇듯, 알고 보면 간단한데, 번역을 실제로 해야 하는 상황에서는 위와 같은 문제가 간단하지만은 않다. 비유적 표현을 비유적 표현으로 번역하려니, 답이 안 나왔을 뿐이다. 비유적 표현을 무조건 삭제하라는 뜻이 아니다. 비유적 표현을 번역하는 방법은 다양하며, 생략은 그중 하나일 뿐이다. 단순히 "~를 번역하라"라는 프롬프트로는 이런 유형의 표현을 제대로 번역할 수 없다.

마지막 사례에서는 소설가의 독특한 스타일을 AI가 어떻게 번역하는지를 살펴보자. 문학작품에는 작가의 시각과 해석이 자주 드러나는 만큼, 독특한 어휘나 문체를 번역하는 일이 매우 중요하다. 한국문학 최초로 대거상(영국 추리작가협회)을 수상한 윤고은의 『밤의 여행자들』은 다음과 같이 시작된다.

❝ […] 지난 한 주간 가장 빠른 속도로 움직인 것은 부음 소식이었다. 발인이 지나면 효력을 잃어버릴, 유통기한이 짧기에 신속한 것. 소식이 시작된 곳은 경남 진해였다. 하필 벚꽃의 발원지와도 같은 곳. 어느 오후의 거대한 쓰나미 아래서, 그곳의 모든 생활들이 갑자기 점. 점. 점. 으로 끊어졌다. 꽃마중을 갔던 사람, 걷던 사람도, 일광욕을 하던 건물도, 해변의 가로등도, 모두 점. 점. 점. 난파당했다. (윤고은, 2013, p. 9) ❞

이처럼 몇 문장만 봤는데도, 독특한 표현들이 제법 많다. 번역가라면 다음 사항을 고민하게 된다.

- 부음 소식은 가장 빠른 속도로 움직인다. (부음 소식은 매우 빨리 전달된다.)
- 부음 소식은 효력을 갖지만, 유통기한이 짧다. (부음 소식은 발인이 지나면 금방 잊힌다.)
- 부음 소식이 시작된 곳은 벚꽃의 '발원지'인 진해이다. (발원지가 무슨 뜻인가? 벚꽃이 유래한 곳은 진해가 아닐 텐데?)[15]
- 모든 생활이 점.점.점.으로 끊어졌다 (점.점.점.이 무슨 뜻인가?)
- 쓰나미로 인해 생활이 멈춰 섰고 모든 게 '난파'됐다. (난파를 어떻게 표현할까?)

이처럼 어느 한 문장도 일반적이지 않다. 이 모든 것이 작가의 독특한 사고와 표현 방식에서 비롯되었다. 이런 텍스트를 문자 그대로 번역해도 될까? 일단 구글 번역기에 원문을 입력해 보자.

🗨 구글 번역(2025년 1월 18일)

The fastest moving news of the past week was news of death. It was fast because it had a short shelf life and would lose its effect after the funeral. The place where the news started was Jinhae, Gyeongnam. It was the

---

15 챗GPT는 "발원지"를 다음과 같이 해석했다. "벚꽃의 기원은 일본, 중국, 한국 등 여러 설이 있어서 특정 지역을 '발원지'라고 단정하기는 어렵습니다. '발원지'는 여기서 벚꽃이 최초로 생겨난 곳이라기보다는, '진해가 벚꽃으로 가장 유명한 곳 중 하나이며, 벚꽃 명소의 중심지라는 상징적인 의미'로 사용되었다고 볼 수 있습니다." (2025년 2월 1일)

birthplace of cherry blossoms. Under a huge tsunami one afternoon, all life there was suddenly cut off point by point. People who had gone to greet the flowers, people who had been walking, buildings where people had been sunbathing, streetlights on the beach, they were all shipwrecked point by point.[16]

영어권 독자들이 『밤의 여행자들』을 위와 같은 버전으로 접한다면, 다들 어리둥절할 것이다. 대강 어떤 내용인지는 알겠지만, 영어 자체가 너무 기괴하기 때문이다. 앞서 언급했듯이 이 발췌문은 소설의 첫 부분이다. 사건의 시작을 알리는 부분이 이런 영어로 쓰여 있다면 어떤 외국인도 이 책을 계속 읽지는 않을 것이다. 그럼, 소설의 영문판은 어떻게 되어 있는지 확인해 보자.

---

16 이 발췌문을 선택한 건 전미세리(2023) 덕분이다. 그가 2022년 6월 구글 번역기에서 얻은 번역물은 다음과 같다. The thing that moved the fastest in the past week was the news of the pouring rain. The expiry date is short, so it loses its effectiveness after birth. The place where the news started was Jinhae, Gyeongnam. It is the same place as the birthplace of cherry blossoms. One afternoon, under a huge tsunami, all of life there suddenly took a turn. dot. dot. was cut off with... 이처럼 구글 번역기는 부음을 pouring rain으로, 점. 점. 점.을 문자 그대로 dot. dot.으로 번역했다.
제미나이의 번역(2025년 1월 기준)도 크게 다르지 않다. The fastest thing to travel in the past week was the news of a death. A fleeting message, losing its potency after the funeral, something with a short shelf life. The news originated in Jinhae, Gyeongnam, of all places. The very birthplace of cherry blossoms. Under a colossal tsunami of a certain afternoon, all of life there was abruptly punctuated. People who had gone out to admire the blossoms, those who were walking, buildings basking in the sunlight, the beachside streetlights—all were shipwrecked, dot. dot. dot.

👤 리지 불러의 번역

News of the deaths moved fast that week. Word was spreading quickly, but it wouldn't be long before people lost interest. By the time funeral proceedings began, the public would have already forgotten the deceased. A tsunami had hit Jinhae, in the province of Kyeongnam. Jinhae was where cherry blossoms first bloomed in early spring. When it happened, on an otherwise typical afternoon, life in the city had stopped. In an instant, everything was underwater: tourists beholding the flowers, pedestrians meandering about, buildings that had been warmed by the sun, and street lamps on the edge of the beach. (Buehler, 2020, p. 1)

번역가는 원문의 어휘나 표현을 그대로 옮기지 않았다. 원문의 의미를 해석한 후 그 내용을 이야기 형식으로 풀어썼다. 이와 같은 '개입' 덕택에 최종 번역은 영미권 독자가 접근하기 쉬운 텍스트가 되었다. 이 정도라면 독자가 책을 덮지는 않을 것이다.

이 어려운 텍스트를 챗GPT는 어떻게 번역할까? 어떤 상황이든 구글 번역기보다는 훨씬 자연스러운 번역을 산출할 거라 예상하면서 "한국어로 번역해 줘"라고 입력했다.

💬 챗GPT의 번역(2025년 1월 4일)

The fastest-moving thing over the past week was the news of an obituary. Quick to spread because of its short shelf life—it loses significance after the funeral. The news originated from Jinhae, Gyeongsangnam-do, coincidentally the birthplace of cherry blossoms. Under the massive tsunami of one afternoon, all life there was abruptly reduced to mere dots... dots... dots. Those who had gone to greet the blossoms, those walking, even buildings basking in the sunlight, streetlights along the shore—all were wrecked into dots... dots... dots.

앞서 살펴본 구글 번역보다 크게 좋은지는 모르겠다. 여전히 '점. 점. 점.'이 문자 그대로 dots, dots, dots로 번역됐다. 또한 진해는 벚꽃의 birthplace가 아니니, 사실 관계도 잘못됐다. 어쨌든 문제가 많은 글이니, 지금 상태로는 사용할 수 없다. 이번엔 새로운 방법을 써보자. 챗GPT에게 "원문이 소설의 일부임을 고려하여, 이 영어 텍스트를 자연스럽게 수정해 줄래?"라고 요청했다.[17]

챗GPT의 포스트에디팅(2025년 1월 4일)

The fastest-moving news last week was that of an obituary. Fleeting and urgent, its significance fades as soon as the funeral is over. The news began in Jinhae, Gyeongsangnamdo—a place famously known as the birthplace of cherry blossoms. One afternoon, under the force of a massive tsunami, life in the area came to an abrupt halt... point by point, everything faded away. Those who had gone to welcome the blossoms, the people strolling, even buildings basking in the sunlight, the streetlights lining the beach—all were swept away, reduced to nothing but fragments... dots... pieces adrift.

---

17 이처럼 챗GPT의 답변을 스스로 고쳐보도록 하는 게 유효할 때가 많다.

조금 좋아진 것 같다. 특히 마지막 문장이 그렇다. 두 번째 엠-대시(em-dash) 다음에 나오는 all were wrecked into dots... dots... dots가 all were swept away, reduced to nothing but fragments... dots... pieces adrift(모두 쓸려갔고, 산산이 흩어져 조각들로… 점들도… 부유하는 파편들로 변했다)로 수정됐다. 이 새로운 문장은 좀 더 자연스럽고 이해하기도 수월하며 좀 더 문학적인 글처럼 느껴진다. 하지만 뷸러의 번역을 이미 확인한지라, 이 글도 딱히 마음에 들진 않는다.

뷸러의 번역이나 챗GPT의 것이나 별반 차이가 없다고 주장할 수 있다. 어쩌면 혹자는 "점. 점. 점."을 그대로 옮겨야 원문에 '충실한' 번역이라고 주장할지도 모른다. 정말 그런지, 챗GPT에게 두 번역을 평가하게 해볼까? 챗GPT가 항상 정확하게 평가하는 건 아니지만, 참고할 만한 결과를 내놓을 때도 제법 있다(이선우와 이상빈, 2025). 뷸러의 번역을 (1)번 번역, 챗GPT의 번역을 (2)번 번역으로 지정하여, 새 창에서 두 번역을 비교한 결과는 다음과 같다.

1. 문체와 어조의 일관성

- (1)번: 문장이 간결하고 직설적이며 독자의 감정을 점진적으로 끌어올립니다. 특히 "News of the deaths moved fast that week. Word was spreading quickly, but it wouldn't be long before people lost interest." 와 같은 도입부는 비극적인 사건의 사회적 맥락을 차분하고도 묘사적으로 제시하여 독자에게 감정적 여지를 남깁니다. 이러한 서술 방식은 소설의 서정적인 특성과 잘 맞아떨어집니다.
- (2)번: 문체가 (1)번보다 더 감정적이고 시적인 표현을 시도하지만, 그 결과 문장이 지나치게 복잡하거나 산만하게 느껴질 수 있습니다. 예를 들

어, "point by point, everything faded away"와 같은 구절은 이미지화의 시도는 있지만, 지나치게 추상적이라 독자에게 구체적인 상상을 방해할 수 있습니다.

2. 번역의 명료성과 읽기 흐름
- (1)번: 시각적이고 구체적인 묘사가 돋보입니다. "tourists beholding the flowers, pedestrians meandering about, buildings that had been warmed by the sun, and street lamps on the edge of the beach"와 같은 구절은 독자가 사건의 충격과 정서를 더 생생하게 느낄 수 있도록 합니다. 시각적 디테일은 소설 번역에서 독자의 몰입을 강화하는 중요한 요소입니다.
- (2)번: "dots... pieces adrift"와 같은 표현은 문학적 효과를 노린 것 같지만, 지나치게 단편적인 이미지를 나열하며 오히려 독자의 몰입을 방해합니다. 또한 "reduced to nothing but fragments"라는 구절은 이미지 자체가 덜 선명하여 구체적인 장면을 떠올리기 어렵습니다.

3. 원문의 소설적 분위기 재현
- (1)번: 사건이 일어난 지역적 배경과 계절감(봄의 벚꽃)을 활용하여 사건 전후의 대비를 더 명확히 합니다. "Jinhae was where cherry blossoms first bloomed in early spring"이라는 구절은 단순한 정보 제공을 넘어서 상실의 비극을 더욱 강조하는 장치로 작용합니다.
- (2)번: 장소의 특성과 계절감을 표현하려는 시도가 있지만, "birthplace of cherry blossoms"라는 표현은 오히려 부자연스럽고, 독자에게 감정적 반향을 일으키기 어렵습니다. 번역자는 이미지보다는 추상적인 개념에 더 치중하는 경향을 보입니다.

4. 번역의 자연스러움

- (1)번: 영어 문장이 자연스럽고 유창하며, 원문의 서정성과 스토리텔링을 영어로 잘 재현했습니다. 특히 사건을 시간의 흐름에 따라 서술하는 방식이 독자가 몰입하기에 적합합니다.
- (2)번: <u>영어 문장이 다소 인위적으로 느껴지며, 독자가 내용을 따라가며 이미지를 그리기 어렵게 만드는 부분이 있습니다.</u> 문장의 구조가 지나치게 복잡하거나 번역투가 느껴지는 부분이 보입니다.

결과는 챗GPT의 완패다.[18] 윗글만 놓고 보면, (챗GPT가 임의로 정한) 네 가지 기준, 즉 '문체와 어조', '번역의 명료성과 읽기 흐름', '소설 분위기의 재현', '번역의 자연스러움'에서 인간 번역의 압승이다. 특히 밑줄 친 부분에 주목하여 두 번역을 비교해 보자. 기계가 이런 지적을 하니 좀 묘한 느낌은 들지만, 어쨌든 챗GPT는 자신의 번역이 몰입감과 감흥을 주기가 어렵다고 지적한다. 특히, 앞서 언급했던 '점. 점. 점.'과 '발원지'에 관해서는 매우 부정적인 평가를 내렸다.

6.3 AI 번역 저작권 그리고…

문학 번역 분야에서 민감하고 중요한 문제 중 하나가 바로 저작권이다. 다른 번역 분야에서도 저작권은 중요한 사안이지만, 문학 분야에서는 이

---

[18] 챗GPT에게 두 번역을 점수로 평가하게 했더니 뷸러의 번역에는 85점, 자신의 번역에는 65점을 부여하였다. 이 점수는 원문과 대조해서 얻은 결과가 아니라, 두 번역 간의 단순 비교를 통해 얻은 것이다.

해 규모가 훨씬 크고 원작자와 출판사의 명예도 걸려 있는 만큼, 훨씬 더 민감할 때가 있다.

당신이 AI를 사용해 어떤 소설을 번역했다고 치자. 그리고 이 소설이 해외 시장에서 대박 났다고 상상해 보자. 하지만 AI를 사용해 번역한 사실이 언론보도를 통해 알려지면서, 출판 계약이 취소되고 비난이 일기 시작했다. 당신은 어떤 책임을 지게 될까?

AI가 생성한 번역물을 거의 그대로 출판하면 법적으로 큰 문제가 될 수 있다. 특별한 경우가 아니라면 저자의 이름을 무단으로 사용한 것과 다름없고, 행여나 번역에 문제가 있으면 저자의 동일성 유지권을 침해한 것이기 때문이다.[19] 또한 자신이 번역한 게 아니므로 향후 번역에 대한 권리도 주장할 수 없다.

> 인공지능 결과물을 자신의 번역물로 제출했다면 표절에 해당할 수 있다. 표절은 "시나 글, 노래 따위를 지을 때 남의 작품의 일부를 몰래 따다 씀"이라고 정의되는데, 여기서 '남'에는 '타인' 외에 '비인간'도 들어간다. (남형두, 2023, p. 77)

이상하다는 생각도 든다. 일반적으로 AI는 저작권을 가질 수 없다고 들었기 때문이다. 설령 AI의 산출물을 그대로 가져다 써도, (최소한 현시점에서) AI가 직접 소송을 제기하지는 못할 것이다.[20] 법은 저러해도, '실제로는

---

19 생성형 AI와 대화하면서 특정 주제를 탐구한 책도 있다. 이런 경우는 문제 되지 않는다.
20 이와 관련해 생각해 볼 사건이 있다. 사진작가 데이비드 슬레이터(David Slater)는 인도네시아의 섬을 방문해 촬영 작업을 진행하고 있었다. 그가 잠시 자리를 비운 사이, 원숭이 한 마리가 나타나 슬레이터의 사진기로 수백 장의 셀카를 찍었고, 나중에 이 사진이 큰 주목을 받아 슬레이터에게 큰 이익이 돌아갔다. 하지만 한 동물 단체가 사진의 저작권이 원

처벌받지 않는다'라는 판단이 가능하다.

문제는 이처럼 간단하지 않다. AI 기술로 제작해 화제가 된 영화 〈AI 수로부인〉은 소재의 선택이나 배열 등에 있어 창의성을 인정받은, 이른바 '편집저작물'이 되었다(장종원, 2024). 또한 최근 중국에서는 AI 도구를 사용해 만든 이미지가 (국제 관례를 고려할 때 예외적으로) 저작권을 인정받았다. 베이징 인터넷 법원은 "인물과 그 표현 방식 등의 요소에 대하여 제시어를 선택하고 순서를 정하여 입력하면서 원하는 결과물이 나올 때까지 다양하게 매개변수를 변경하는 등 창작 과정 전반에 걸쳐 지적 노력을 투입하였기 때문에, 해당 이미지는 창작적 노력에 의한 것으로 저작물에 해당한다"라고 판단했다(법무법인 세종, 2024). 역시 법은 쉽지 않다.

번역학 전공자가 진짜 궁금해하는 부분은 아마도 수정과 편집의 문제일 것이다. AI 번역물을 직접 수정해 출판하는 건 괜찮을까? 다시 말해, AI 사용자가 자신의 '지분'을 주장할 수 있을 만큼, AI 산출물에 개입하는 때를 말한다. 게다가 독특한 프롬프트를 활용해 AI 번역물을 수정·편집한다면 어떨까? 이 경우 최종 번역도 물리적 관점에서는 AI의 것이지만, AI 사용자가 '자신이 직접 만든' 프롬프트로 초역본을 개선했으니, 앞서 소개한 중국의 사례처럼 사용자의 기여도를 인정할 수 있지 않을까?[21] 한 전문가는 프롬프트와 저작권에 대해 다음과 같이 지적한다.

숭이에게 있다며 슬레이터를 상대로 저작권 침해 소송을 제기했다. 그러나 법원은 동물에겐 저작권이 없다며 단체의 청구를 받아들이지 않았다(채혜선, 2017).

21 "프롬프트가 간단한 문장이거나 단순히 산출물 생성을 위한 명령어 정도의 내용이라면 저작권이 발생하기 어려울 수 있으나, 인간의 사상 또는 감정을 표현한 창작물에 해당한다고 볼 수 있는 경우에는 어문저작물로서 저작권이 발생할 수 있다. 물론 사진이나 그림을 프롬프트로 입력하는 경우에는 해당 사진이나 그림에도 저작권이 발생할 수 있다." (김명훈, 2024, p. 126)

> 프롬프트의 창작성에 따라 달라질 수 있다. 단순한 지시(예: "고양이 그림을 만들어줘.")는 창작으로 인정되지 않지만, 복잡한 문학적 표현이나 고도의 창의성이 담긴 프롬프트는 저작권 보호를 받을 가능성이 있다. 특히 인공지능의 결과물 품질이 프롬프트 작성자의 창의적 기여에 크게 의존한다면, 프롬프트 작성자가 창작자로 인정받을 가능성이 높아질 수 있다. (김명훈, 2024, p. 135)

프롬프트의 창작성 여부가 관건이라는 말이다. 그럼, AI로 문학작품을 번역할 때, 누구나 인정할 만큼 창의적인 프롬프트를 사용하면 문제가 없을까? 번역과는 무관하나, 참고할 만한 사례가 있다. 2022년 9월 콜로라도 박람회 미술 경연대회에서 제이슨 앨런(Jason M. Allen)이 출품한 〈스페이스 오페라 극장〉(Théâtre D'opéra Spatial)이 1위로 선정됐다. 그런데 이 작품이 생성형 AI인 미드저니(Midjourney)로 만들었다는 사실이 알려지면서 갑론을박이 벌어졌다. 어떤 사람은 X(트위터)에 "로봇은 올림픽에 출전하면 안 된다"라며 비판했고, 반면 어떤 사람은 "AI 기술 덕택에 예술가가 아닌 자도 기회를 얻게 됐다"라고 옹호했다(Metz, 2022). 사실 〈스페이스 오페라 극장〉도 그리 쉽게 만든 작품은 아니다. 앨런은 작품 제작을 위해 약 80시간 동안 900번가량의 프롬프트를 입력했고, lavish(호화로운), opulent(부유한) 등의 어휘를 사용해 그림을 섬세하게 다듬었다(강옥주, 2023).

상상해 보자. 80시간 동안 챗GPT에게 900번가량의 프롬프트를 입력하여, 단편소설 한 편을 번역한다고 말이다. 예컨대 챗GPT의 1차 번역물을 확인하고 다음과 같이 입력한다. "네가 번역한 문장에서 bespectacled man은 '안경쟁이'의 expressive meaning을 담고 있지 않아. 따라서 안경 쓴 인물을 낮잡아 보는 화자의 심리 상태를 제대로 표현하지 못했어. 이런 사실에 주목하여, 문장을 다시 번역해 줄래?" 이 같은 프롬프트를 끊임없이 입력하는 방식, 즉 프롬프트 스트리밍(prompt-streaming)²²으로 『서울, 1964년 겨울』을 번역하면, 그 최종 결과물은 인정받을 수 있을까?

문학 번역의 세계에서 '스페이스 오페라 극장'이 탄생할 가능성은 희박하다. 왜일까? 〈스페이스 오페라 극장〉은 AI를 활용해 만든 '작가'의 '원작'이기 때문이다. 반면, AI 문학 번역은 다른 사람의 저작물을 인풋으로 활용해 제2의 산물을 만드는 작업이다. 따라서 AI 사용자의 의도가 아무리 좋고, 프롬프트가 완벽해도, 원작자나 출판사의 허락이 없으면 그런 번역은 애당초 불가능하다. 프롬프트를 10,000번 사용해 최상급의 번역물을 만들어도 아무런 소용이 없다. 혹시 'AI 문학 번역 경연대회'가 열리면 모를까.

효율성도 문제다. '안경쟁이' 사례에서 확인했듯이 미시적 의미까지 프롬프트를 통해 통제하려면 사용자가 두 언어에 대해 충분한 지식과 감각을 갖춰야 한다. 그런데 이런 사람이 굳이 프롬프트 엔지니어링으로 AI 번역을 만들려고 할까? 프롬프트를 짜느라 수십 시간을 AI와 씨름하느니 차라리 직접 번역하거나 다른 번역가를 고용하는 게 효율적일 것이다. AI 번역에서 효과적인 프롬프트는 기술적(technological) 지식이나 역량보다는 언어·문화적 지식과 번역 역량에서 비롯될 때가 많다.

그렇다면, 어려운 문제를 해결할 때만 AI 툴을 사용한다고 치자. AI

---

22 필자가 만든 용어다. 흔히 쓰이는 프롬프트 체이닝(prompt chaining)은 복잡한 과제나 작업을 여러 과제(단계)로 나눠, 순차적으로 처리하는 기법이다. 즉, 응답 내용을 다음 프롬프트로 삼아, 점진적으로 목표를 구현하는 방식이다. 반면, 프롬프트 스트리밍은 프롬프트와 응답이 끊임없이 이루어지는 상호작용을 강조한 표현이다. 매우 긴 대화나 작업을 수반하며, 고정된 목표와 순서가 필요 없고, 실시간으로 유연하게 대화를 주고받는 것이 특징이다.

를 활용해도 모든 문제를 해결할 수는 없겠으나 괜찮은 아이디어나 영감을 얻을 때도 있다. 예컨대 '안경쟁이'의 대응어를 찾을 수 없을 때 적절한 프롬프트로 four-eyes를 찾을 수 있다. 즉, 기본적으로는 인간이 번역하되, 매우 제한된 영역에서만 AI의 조력을 받는 것이다. 이와 관련해, 참고할 만한 사례가 있다. 아마존 '킨들 다이렉트 퍼블리싱'(Kindle Direct Publishing)의 "콘텐츠 가이드라인"을 보면, 다음과 같은 항목이 눈에 띈다.

> 귀하가 KDP[킨들 다이렉트 퍼블리싱]를 통해 새 책을 출판하거나 기존 책을 수정하여 재출판할 때, **AI 생성 콘텐츠(텍스트, 이미지 또는 번역물)에 대해 알려주셔야 합니다.** AI 생성 이미지는 표지와 내부 이미지 및 예술 작품을 포함합니다. 단, AI 지원 콘텐츠는 공개할 필요가 없습니다. 우리는 AI 생성 콘텐츠와 AI 지원 콘텐츠를 다음과 같이 구분합니다.
>
> - **AI 생성 콘텐츠**: AI 생성 콘텐츠는 AI 기반 도구를 사용하여 생성된 텍스트, 이미지 또는 번역물을 의미합니다. <u>AI 기반 도구를 사용하여 실제 콘텐츠(텍스트, 이미지, 번역물)를 생성한 경우, 해당 콘텐츠는 "AI 생성"으로 간주됩니다. 이는 생성된 콘텐츠에 상당한 수정을 가했더라도 해당됩니다.</u>
> - **AI 지원 콘텐츠**: 귀하가 직접 콘텐츠를 생성하고 AI 기반 도구를 사용하여 해당 콘텐츠를 편집, 개선, 오류 확인 또는 기타 방식으로 향상시켰다면, 이는 "AI 지원"으로 간주되며 "AI 생성"으로 간주되지 않습니다. 또한, AI 기반 도구를 아이디어 브레인스토밍이나 생성에 활용했지만, 텍스트 또는 이미지를 궁극적으로 귀하가 직접 제작한 경우에도 이는 "AI 지

원"으로 간주되며 "AI 생성"으로 간주되지 않습니다. 이러한 도구나 프로세스의 사용 여부를 당사에 알릴 필요는 없습니다.

귀하는 모든 AI 생성 및/또는 AI 지원 콘텐츠가 모든 콘텐츠 가이드라인을 준수하도록 확인할 책임이 있으며, 여기에는 관련 지적 재산권 준수가 포함됩니다.[23] (Amazon, n.d., 2025년 1월 25일 챗GPT가 생성한 번역물) 〞

위에서 확인할 수 있듯이 아마존은 AI 생성 콘텐츠(AI-generated content)와 AI 지원[보조] 콘텐츠(AI-assisted content)를 구분한다. 전자는 AI가 창작의 주체인 경우이며, 반대로 후자는 인간이 창작의 주체인 경우이다. 하지만 이런 정의는 너무 단편적이어서, AI 산출물의 본성을 제대로 파악하려면 좀 더 세부적인 조건을 따져야 한다. 밑줄 친 부분이 보여주듯이, AI가 만든 산출물을 사용자가 수천 번 고치고 편집해도 최종 결과물은 'AI

---

23 We require you to inform us of AI-generated content (text, images, or translations) when you publish a new book or make edits to and republish an existing book through KDP. AI-generated images include cover and interior images and artwork. You are not required to disclose AI-assisted content. We distinguish between AI-generated and AI-assisted content as follows: • **AI-generated**: We define AI-generated content as text, images, or translations created by an AI-based tool. If you used an AI-based tool to create the actual content (whether text, images, cr translations), it is considered "AI-generated," even if you applied substantial edits afterwards. • **AI-assisted**: If you created the content yourself, and used AI-based tools to edit, refine, error-check, or otherwise improve that content (whether text or images), then it is considered "AI-assisted" and not "AI-generated." Similarly, if you used an AI-based tool to brainstorm and generate ideas, but ultimately created the text or images yourself, this is also considered "AI-assisted" and not "AI-generated." It is not necessary to inform us of the use of such tools or processes. You are responsible for verifying that all AI-generated and/or AI-assisted content adheres to all content guidelines, including by complying with all applicable intellectual property rights.

생성 콘텐츠'로 해석된다. 반면, 1차 콘텐츠를 만든 주체가 인간이며, 사용자가 AI를 수정, 편집 등에만 활용했다면, 최종 결과물은 'AI 지원 콘텐츠'로 해석된다. 결국, 콘텐츠 제작을 '누가 시작하고 주도했느냐'가 중요한 판단 기준이 된다.

이와 같은 논리를 번역 콘텐츠에 적용해 보자. 만일 AI로 초역을 얻은 후 이 산출물을 전문 번역가가 수정했다면, 최종 번역물은 수정의 정도와 관계없이 AI 생성 콘텐츠로 간주해야 한다. 즉, 포스트에디터가 아무리 노력한들 'AI 생성 콘텐츠'라는 꼬리표는 뗄 수 없다. 게다가 그런 번역물을 출판하려면 AI 생성 콘텐츠임을 밝혀야 한다. 이에 반해, 어떤 번역가가 AI의 도움을 받아 자신의 초역을 교정·출판했다면, AI 사용 여부를 반드시 공개할 필요가 없다. 최종 번역물이 AI 지원 콘텐츠이기 때문이다.

나만 찝찝한 걸까? 엉성한 AI 번역물에 엄청난 노력을 들여 높은 수준의 번역을 만들어도, 결국 최종 산물은 'AI 생성 콘텐츠'로 취급된다. 반면, AI 사용자가 형편없이 번역한 글을 AI로 멋있게 개조하면, 그건 AI 지원 콘텐츠가 된다? 발췌문의 내용만으로는 간단하게 해결될 것 같지 않다.

아마존 같은 출판 기관 말고 작가 집단들은 AI 사용을 어떻게 바라볼까? 미국의 '작가협회'(Authors Guild)는 AI가 미칠 파급력을 고려하여 AI 출판 조항을 만들었고 이를 작가들과 출판사들이 채택하도록 권고한 바 있다. 그 내용 중 일부는 다음과 같다.

> 이 계약에 따라 생성되거나 배포되는 모든 번역과 관련하여, 출판사는 <u>저자의 사전 명시적 서면 동의 없이 인공지능 기술 또는 기타 비인간 번역자를 사용하여 해당 저작물을 번역하거나 번역하도록 허용하거나 유도해서는 안 된다</u>. 명확한 이해를 위해, 인간 번역가는 인공지능 기술을 보조 도

구로 사용할 수 있으나, 번역의 본질적인 부분은 인간에 의해 창작되어야 하며, 인간 번역가가 번역의 모든 단어를 통제하고 검토하며 승인해야 한다.[24] (The Authors Guild, 2023, 2025년 1월 25일 챗GPT가 생성한 번역물)"

이 같은 모델 조항은 AI에 대한 작가들의 관점과 인식을 명확히 보여준다. 주목해야 할 주장은 크게 두 가지다. 첫째, 기본적으로 AI 사용을 금지한다. 단, 원작자의 '명시적인' 동의가 '서면의' 형태로 '사전에' 제출된다면 AI를 번역에 활용할 수 있다. 하지만 번역 계약서에 윗글과 같은 규정이 있다면 번역가는 '사실상' AI를 사용할 수 없을 것 같다. 행여나 AI 툴을 사용하고 싶어 원작자에게 연락한다고 가정해 보자. 시작부터 이런 번역가를 저자나 출판사가 어떻게 생각하겠는가? 번역가가 실력이 없다는 걸 시인한 꼴이다. 둘째, 원작자가 허락했다 해도 AI 산출물을 그대로 쓰는 건 불가능하다. 번역가가 "각 단어"에 대한 통제성과 주체성을 가질 정도로 — 사실 이는 모호한 표현이다 — 포스트에디팅이 완벽해야 한다는 뜻이다.[25]

---

[24] With respect to any translations created or distributed under this Agreement, Publisher shall not translate or permit or cause the Work to be translated into another language with artificial intelligence technologies or other non-human translator, without Author's prior and express written consent. For purposes of clarification, a human translator may use artificial intelligence technologies as a tool to assist in the translation, provided that the translation substantially comprises human creation and the human translator has control over, and reviews and approves, each word in the translation.

[25] 국내 중·대형 출판사들도 관련 조항을 만들어 계약서에 포함하고 있다. 다음 발췌문이 국내 상황을 이해하는 데 도움이 된다(2025년 2월 기준).
"출판사 문학동네는 이달 국내 작품의 판권 계약서에 'AI 번역 금지' '기계학습 사용 금지' '유사 저작물 생성 금지' 조항을 새롭게 추가했다. 아직 조항이 추가된 신규 계약서로 해외

결국, AI 문학 번역은 실현 가능성이나 법 적용을 떠나, 믿음이나 관계적 측면에서도 결코 쉽지 않다. 문학 번역 분야에서 AI가 설 자리는 많지 않다. AI와 관련해 번역가들이 느끼는 심리적 장벽이 여러 면에서 매우 높기 때문이다. 다음 절에서 확인할 수 있듯이, 이런 장벽이 생기는 이유는 출판사나 원작자 때문만은 아니다.

6.4 심리적 장벽: 독자 수용의 문제

원작자나 출판사가 AI 사용을 허락한다 해도, 더 큰 문제가 기다리고 있다. 바로 독자의 저항이다. AI 생성 콘텐츠든, AI 지원 콘텐츠든, AI의 조력을 받은 문학 번역은 독자의 마음을 얻을 수 없다는 점이다. 이렇게 생각해 보자. 한강의 소설을 번역할 때 조금이라도 AI의 도움을 받는다면 외국 독자들은 그런 역서를 인정해 줄까? 한강이나 출판사가 AI 사용을 허락할 리 만무하지만, 그들이 허가해 준들 'AI 딱지가 붙은'(AI-tagged) 문학 번역은 시장에서 외면당하기 십상이다.

다만, AI 보조 번역(포스트에디팅 결과물)이 무조건 외면당한다고 생각하면 오산이다. 최근 연구 결과를 보면 비인간 주체의 번역도 긍정적으로 수용될 수 있음을 알 수 있다. 예컨대 스크린(Screen, 2019)은 포스트에디팅

출판사와 계약을 한 경우는 없지만, AI 프로그램을 통한 정보 유출 등의 우려가 있는 만큼 계약 단계에서 이를 사전에 방지하려는 시도가 있다. 번역 과정에서 AI 프로그램을 활용할 경우 원저작물을 입력하면 책 내용이 AI 학습에 쓰이거나 저작물의 내용이 외부로 유출될 가능성이 있다. 또 다른 대형 출판사 민음사는 관련 논의를 최근 시작했다. 민음사에 따르면 현재 저작권 담당 부서에서 AI 번역에 대한 내용을 정리해 2주 이내에 관련 조항을 추가할 계획이다. 다만, 민음사의 경우 문학동네와 달리 'AI를 사용할 경우 출판사에 고지한다'와 'AI의 직접 창작을 금한다' 등의 내용이 포함될 예정이다." (신재우, 2025)

결과물과 인간 번역이 이독성(readability), 이해도(comprehensibility), 아이 트래킹 패턴(eye-tracking patterns) 측면에서 통계적으로 차이가 없음을 확인하였다. 이 연구에서 주목할 점은 실험에서 설정한 번역 방향이 영어 → 웨일스어(Welsh)라는 사실이다. 웨일스어는 기계 번역용 데이터가 적은 언어, 즉 '로우 리소스' 언어(low-resource language)에 속한다. 한편, 게르베로프-아레나스 등(Guerberof Arenas et al., 2024)은 포스트에디팅으로 만든 자막과 인간이 만든 자막을 수용도 측면에서 비교하였다. 연구자들은 실험 참가자들이 텔레노벨라(telenovela) ― 라틴 아메리카 지역에서 방영되는 TV 연속극 ― 를 시청하게 한 후, '몰입도'와 '흥미도'를 각각 측정하였다. 분석 결과, 포스트에디팅으로 만든 자막의 몰입도와 흥미도는 인간 자막의 수준과 거의 비슷했다.

혹자는 이런 결과가 비문학 장르에 국한된 것이라고 주장할 수 있다. 문학처럼 창의성이 뚜렷하고 인간의 감정을 다루는 영역에서는 AI가 절대 인간을 이길 수 없다면서 말이다. 그러나 일부 연구는 다른 결과를 보여주기도 한다. 게르베로프-아레나스와 토랄(Guerberof-Arenas & Toral, 2024)은 실험 참가자 223명에게 카탈로니아어와 네덜란드어로 번역된 소설 세 종류 ― 인간 번역, 포스트에디팅, 기계 번역 ― 를 읽게 한 후, 서사 몰입도, 흥미도, 번역 수용도를 조사한 바 있다. 이 실험에 따르면 카탈로니아어의 경우 인간 번역이 다른 두 유형의 번역보다 높은 점수를 받았지만, 네덜란드어로 소설을 읽은 사람들은 흥미롭게도 포스트에디팅 결과물에 더 높은 점수를 부여하였다.

문학 번역과 직접적으로 관련되지는 않았으나 우리가 주목할 연구 결과도 있다(임대준, 2024b). 플로리다 대학교의 한 연구진은 챗GPT가 생성한 이야기를 인간이 쓴 것처럼 표시하거나 AI가 쓴 것으로 표시한 후, 참가자 2천 명에게 이야기를 읽고 평가하도록 했다. 실험 결과에 따르면, 참가자들은 'AI가 쓴 것'으로 표시한 경우 (선입견 때문에) 이야기를 덜 매력적인 것으로 평가했으나, 일부 사례에서는 '인간이 쓴 것'보다 좋은 점수를 부여했다. 즉, AI 산출물에 대한 평가는 그 내용보다 '저자 정보'가 독자의 인식에 더 큰 영향을 미치며, 그럼에도 일부 사람들은 AI가 생성한 글에 거부감을 느끼지 않는다.

나는 기계가 쓴 글에서도 감동을 얻을 수 있다고 생각한다. 이뿐만 아니라 AI 번역서도 인기를 끌 수 있다고 생각한다. 가능성이 상대적으로 작긴 하지만, 그 가능성마저 부인하고 싶지는 않다. 몇 년 안에는 어려워도, 어린 시절부터 AI를 사용한 세대에게는 이런 가능성이 현실로 나타날 수 있다. 다만, AI 문학 번역은 한계가 명확하며, 진정한 의미에서 인간 번역을 이기기는 어려울 것이다. 독자에게는 다음과 같이 몇 가지 선입견이 있기 때문이다.

첫째, AI 번역은 엄밀한 의미에서 창작물이 아니다. 앞서 언급했듯이 AI도 창작물을 만들 수 있다. 단순한 창작물만이 아니다. 때로는 인간이 생각지도 못한 기발한 아이디어를 뿜어낼 때도 있다. 그럼에도, 일반인들이 AI 산출물을 '창작물'로 보지 않(으려)는 이유는 누구나 '그런' 창작물을 손쉽게 얻을 수 있을 거란 믿음 때문이다. 대중은 프롬프트의 가치를 좀처럼 믿지 않는다. AI 산출물을 어쩌다 나온, 우연의 요소로 보는 경향이 있다. 예컨대 'AI가 만들었으니, 저건 어딘가 있던 것들을 단순히 조합한 결과겠지?' 또는 '인터넷에 있던 자료를 재포장한 것이군'이라며, AI 산출물을 깎아내리기도 한다. *저렇게 만든 역서에 돈을 쓸 가치가 있을까?* 그들은 암묵적으로 이렇게 생각하기 쉽다.

둘째, AI 번역에는 창작의 과정과 고통이 생략되어 있다. 이 책에서 줄

곧 확인했듯이 AI를 사용한다 해도 만족스러운 번역이 나오는 건 아니다. 번역에 관한 충분한 지식과 이해가 수반되어야만 AI도 생산적으로 활용할 수 있다. 게다가 상당한 노력과 시간을 들여야 AI 툴로도 높은 수준의 번역물을 만들 수 있다. 하지만 이와는 별개로 대중은 AI 번역의 노고를 인정하지 않는다. 설령 더 많은 시간과 노력을 들여 AI 번역물을 만들어도, 독자는 순수 인간 번역을 더 값진 것으로 평가할 것이다. AI 사용자의 땀과 노력을 머릿속에 떠올리기란 생각보다 쉽지 않다.

셋째, AI 번역은 작품에 대한 몰입감을 떨어뜨린다. 기계 번역이 몰입감을 줄 수 없다는 뜻이 아니다. AI 번역물이 아무리 좋아도 일부 독자들은 편견으로 역서를 대할 거라는 뜻이다. 이런 사람들은 원작자의 의도나 등장인물의 감정이 AI 번역에서는 온전히 보전되지 않는다고 믿는다. 그러니, 역서에서 어색한 표현이라도 만나면 그들의 평가는 더욱더 인색해질 수 있다. '이건 AI 말투(AIspeak), 알고렉트(algolect)[26] 같아'하고 말이다. 사실 번역투나 어색한 표현은 전문 번역가의 글에서도 찾을 수 있다. 그런 때도 몰입감이 떨어지는데, AI 번역에서 비슷한 상황을 만나면 어떻게 될까?

넷째, AI 번역에서는 역자의 존재를 느끼기가 어렵다. 번역가는 독자와 원작자를 연결해 주는 일차적 매개체다. 번역 독자는 저자의 목소리를 직접 들을 수 없기에, 역자에 의존해 저자에게 다가설 수 있다. 특히 문학 분야에서는 역자의 목소리와 손길이 더욱더 중요하다. 그들은 단순히 이야

---

26 필자가 만든 용어다. 유럽연합에서 사용하는 독특하고도 복잡한 Eurospeak를 떠올려 보자. 접미사 -speak는 특정 분야에서 사용하는 어렵고 복잡한 언어를 뜻한다. 알고렉트는 algorithm의 줄임말 'algo'와 언어의 하위 유형을 뜻하는 접미사 'lect'(예: dialect, idiolect)를 결합한 단어다.

기를 전하는 메신저가 아니다. 원작자와 함께 호흡하고, 함께 괴로워하며, 함께 즐기는 '공동 창작자'이다. 각종 문학 시상식에서 원작자뿐만 아니라 번역가도 관심을 받는 이유가 바로 여기에 있다. 때로는 역자가 작가의 세계관에 흠뻑 빠져, 작품을 선택하고 작품을 알리는 데 누구보다도 앞장선다.

돈미 최(Don Mee Choi)는 시인이자 번역가이다. 시를 창작하는 고통과 기쁨을 누구보다도 잘 알고 있다. 그는 김혜순 시의 영어 번역을 거의 전담해 왔다. 최근 국제적으로 명성을 얻은 『Phantom Pain Wings』(원작: 『날개 환상통』, 전미 도서 비평가 협회상 시 부문 수상작)와 『Autobiography of Death』(원작: 『죽음의 자서전』, 그리핀시문학상 수상작) 등이 돈미 최의 번역이다. 각종 언론보도나 논문에서 그가 어떤 사람인지 그리고 원작자와 어떤 관계를 맺어 왔는지 확인해 보자. 독자는 돈미 최 같은 사람을 통해 김혜순을 만나고 싶어 한다. 시집에 "Assisted by AI"라는 글자가 찍히는 순간, 시상은 읽기도 전에 증발해 버릴 것이다.

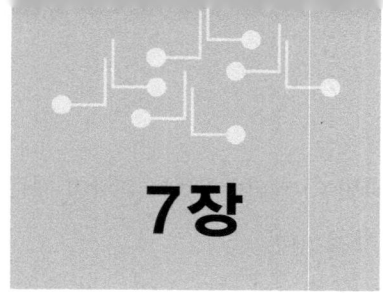

AI 시대의 도전과 대학의 통번역 교육

7.1 들어가기에 앞서

Not everything that is faced can be changed,
but nothing can be changed until it is faced.
직면한다고 해서 모든 게 바뀌진 않겠지만,
직면하지 않고서는 아무것도 바꿀 수 없다.
- James Baldwin -

인공지능에 관한 보도가 연일 쏟아지고 있다. 관련 보도의 대부분은 인공지능을 일종의 해결사로 묘사하면서, 다양한 분야에서 앞다투어 도입 중인 관련 서비스를 소개하고 찬양한다. 이런 보도에서 자주 언급되는 분야가 바로 통번역이다. 예를 들면 온디바이스 AI 스마트폰을 출시한 삼성전자는 AI 자동 통번역 기능을 제품의 제1 셀링 포인트(selling point)로 내세우면서 인공지능 통번역에 관한 신문 기사를 양산하는 데 일조했다. 관련 보도나 광고대로라면 이제 일반인들도 외국어 때문에 불편함이나 불안감을 느낄 이유가 없어 보인다.

이 같은 테크놀로지의 확산이 만들어 낸 사회 분위기는 대학의 인문 교육에 전례 없는 도전을 제기하고 있다. 특히 통번역을 비롯한 외국어 관련 학과들은 산업 구도의 재편과 외국어에 대한 인식 변화로 인해 불과 4~5년 전과 비교해도 달라진 위상을 체감하고 있다. 그래서 일부 교수자는 이렇게 급변한 교육 환경을 어떻게 바라봐야 할지, 나아가 그런 변화에 어떻게 대응해야 할지를 두고 고심 중이다. 나 역시 최근 일어난 변화를 예의주시하고 있으며, 어떻게 나 자신부터 바뀌어야 할지를 두고 괴로워하고 있다. 이 글은 그러한 고민 중 일부를 풀어낸 것이다.

이 장에서 나는 인공지능 시대에 대학(학부)의 통번역[1] 전공이 어떤 방향으로 나아가야 할지를 개략적으로 논하고자 한다. 이를 위해 먼저 대학 통번역 교육이 직면한 현실, 특히 인공지능 시대의 도래와 이에 따른 대중의 인식 변화를 살펴보고, 인공지능 시대를 살아가는 통번역 교육자의 태도와 시각을 비판적으로 검토한다. 이를 바탕으로 대학의 통번역 교육이 살아남고 진화하기 위해서는 어떤 접근법이 필요한지를 큰 틀에서 논의하고자 한다.

7.2 주판에서 챗GPT로

우리나라가 세계화를 공식적으로 표방한 88서울올림픽 당시, 나는 초

---

[1] 이 글에서는 주로 학부 번역, 때에 따라 통역 교육을 다룬다. 필자의 주장을 통번역 교육뿐만 아니라 일부 외국어 교육에 적용해도 큰 무리는 없다.

등학교 6학년생이었다. 나와 나이대가 비슷한 독자라면 대한민국의 사교육을 상징하던 주산학원을 잠시라도 다닌 경험이 있을 것이다. 당시 주산의 인기는 대단했다. 어떤 전문가는 한 생방송 프로그램에 나와 머릿속에 그린 가상의 주판을 통해 매우 어려워 보이는 계산을 척척 해냈다. 그러나 주산의 인기는 오래가지 않았다. 1990년대부터 개인용 컴퓨터(PC) 보급이 본격적으로 이루어지면서 컴퓨터가 주판 대신 테크놀로지의 표상이 되었다. 많은 부모가 자녀를 컴퓨터 학원에 등록시키면서 다가올 '첨단'의 미래를 대비했다. 하지만 '윈도우95'라는 운영 체제가 등장하면서 컴퓨터 사용이 대중화되었고, 결국 컴퓨터 학원도 주산학원처럼 쇠락의 길로 접어들었다. 90년대 말부터는 초고속 인터넷이 보급됐고, 2010년부터는 스마트폰이라는 초소형 컴퓨터가 우리 일상을 재정의하기 시작했다. 그리고 모두가 생생히 기억하듯이, 2022년 11월에는 챗GPT가 일반 대중에 공개되면서 생성형 인공지능의 시대가 열렸다. 이로부터 약 2년이 지난 현재, 한동안 공상과학소설의 소재로만 여겨졌던 인공지능이 우리 일상을 조금씩 점령하고 있다. 이처럼 내가 지난 30년 가까이 경험한 테크놀로지의 변화는 믿을 수 없을 정도로 그리고 현기증 날 만한 속도로 이루어졌다. 그러니, 향후 30년이 무척 기대되면서도 한편으로는 두렵다.

인공지능에 대한 평가와 전망은 가지각색이다. 가령, 워렌 버핏과 빌 게이츠 같은 유명인들은 생성형 인공지능의 탄생을 핵무기 개발에까지 비유하면서 인공지능의 힘을 높이 평가한다. 인공지능의 개척자인 제프리 힌턴 교수는 인공지능의 위험을 경고하기 위해 오랫동안 몸담아왔던 구글을 퇴사하기까지 했다. 그는 〈MIT 테크놀로지 리뷰〉와의 인터뷰에서 "미래에는 인공지능이 우리보다 훨씬 더 똑똑해질 텐데, 우린 어떻게 살아남을 수 있을까요?"라고 경고한 바 있다(Heaven, 2023). 한편 어떤 이들은 인공지능의 잠재력을 인정하면서도 인공지능의 한계와 인간지능의 우월함에 주목한다. 즉, 인공지능이 인류의 미래에 엄청난 변화를 불러오겠지만 창의성이나 추론 같은 영역에서는 인간지능에 미치지 못할 거라고 주장한다. 사실, 인공지능이 몰고 올 미래를 예측하기란 전문가에게도 쉬운 일이 아니다. 어느 쪽 말을 들어도 나름의 타당성을 확인할 수 있다. 다만, 확실해 보이는 명제 하나는 있다. 당신이 어떤 진영에서 어떤 주장을 하든, 인공지능의 현재를 정확히 진단하고 다가올 미래를 대비하기 위해서는 관련 공부를 진지하게 해야 한다는 점이다. 주변의 비전문가들이 전하는 파편적인 주장이나 경험만으로는 내 일자리가 인공지능에 의해 어떤 영향을 받을지 판단할 수 없다.

인공지능의 능력은 이미 많은 영역에서 인간지능을 뛰어넘었다. 이를 뒷받침하는 실증 데이터는 넘쳐난다. 예를 들면 〈그림 7-1〉에서 볼 수 있듯이, 2023년을 기준으로 인공지능은 '독해', '이미지 인식', '언어 이해', '필기 인식', '음성 인식', '예측 추론' 등의 영역에서 이미 인간을 따라잡거나 넘어섰다(Roser, 2022).

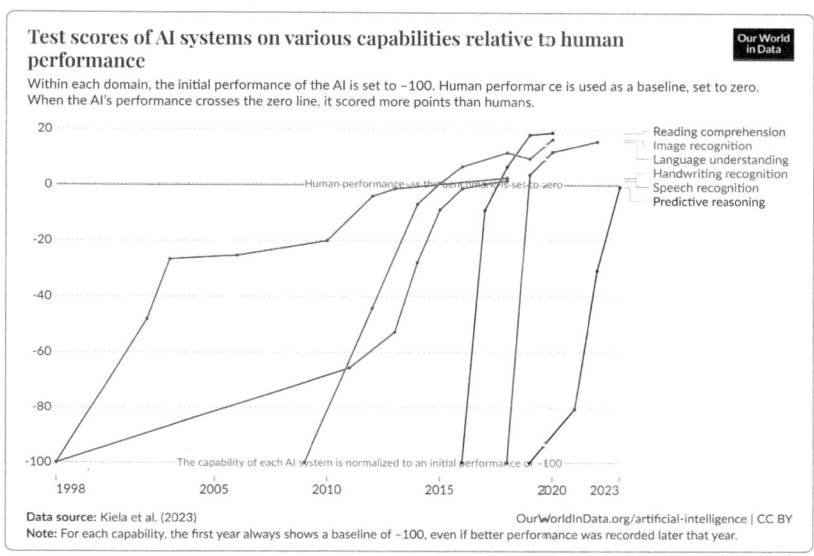

주: Y축 값 "0"을 넘으면 인공지능이 인간지능보다 뛰어난 상태임
그림 7-1. 인간지능 대비 인공지능의 능력

〈그림 7-1〉에서 확인한 인공지능의 능력은 통번역이나 외국어 교육과 관련이 깊다. 챗GPT와 같은 거대언어모델(LLM)이 현재도 큰 위협으로 느껴지는데 지금보다 더 발전된 모습을 갖춘다면 어떤 일이 벌어질까? 나처럼 외국어 분야에서 평생을 보낸 사람으로서는 고민이 깊어질 수밖에 없다. 통번역 교육도 과거의 주산학원이나 컴퓨터 학원처럼 시들해지거나 사라질 운명일까? 디지털카메라에 자리를 내준 동네 사진관과 비슷한 길을 밟을까?

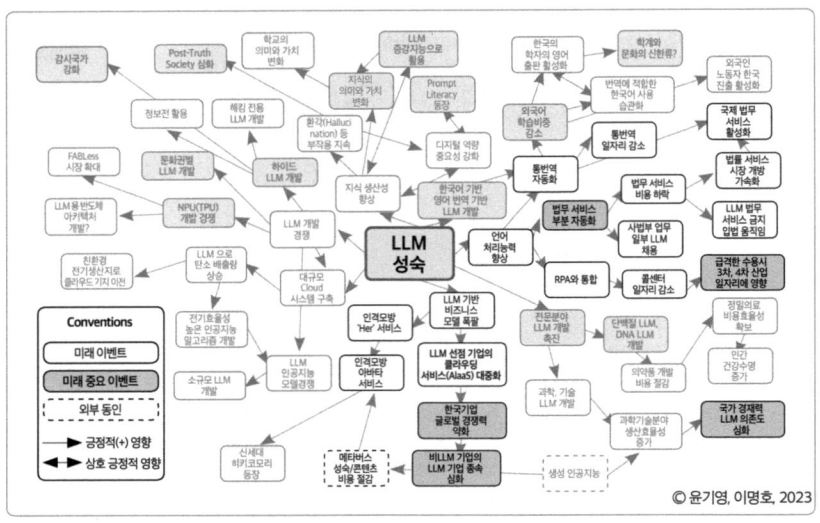

그림 7-2. 거대언어모델 미래 전개도(윤기영과 이명호, 2023)

윤기영과 이명호(2023)가 제시한 '거대언어모델 미래 전개도'를 살펴보자. 여기서 내가 주목하고 싶은 점은 〈그림 7-2〉의 1사분면 영역, 즉 LLM이 발전하면서 통번역과 외국어 분야가 어떻게 변할지를 시각화한 부분이다. 이 부분을 보기 쉽게 나열하면 다음과 같다.

> LLM 성숙 → 한국어 기반 / 영어 번역 기반 LLM 개발 → 통번역 자동화 → 외국어 학습 비중 감소, 통번역 일자리 감소 → 번역에 적합한 한국어 사용 습관화……

요는 통번역 자동화가 심화하면서 통번역 일자리가 줄어든다는 것이다. 물론 이에 대한 반론도 가능하다. 가령, 통번역 자동화로 인해 국가 간 교류가 늘어나, 외국어 관련 직종이 오히려 증가할 수도 있다. 혹은 기계 번역 사용이 늘면서 기존의 번역가들이 포스트에디터로 정체성을 바꾸는 모습도 상상할 수 있다. 누가 확신할 수 있겠는가? 인터넷의 확산으로 '페이퍼리스 오피스'(paperless office)가 정착할 거란 전망도 있었지만, 오히려 종이 사용은 폭발적으로 늘었다는 통계도 있다(ODT, 2023). 하지만 내게 한 가지는 분명해 보인다. 우리가 '지금까지 알고 있던' 전문 번역가와 그들의 번역 노동은 크게 줄 거라는 점이다.

비관적인 전망을 앞세우는 게 통번역 교육에 별반 도움이 되지 않는다고 주장할 수 있다. 혹시 '파스칼의 내기'(Pari de Pascal)를 들어봤는가? 파스칼의 내기는 프랑스의 신학자, 철학자, 수학자인 블레즈 파스칼이 『팡세』에서 제시한 논증이다. 이를 한마디로 요약하던, 만일 신이 존재하는지 존재하지 않는지를 두고 내기를 한다면, 신이 존재한다는 쪽에 거는 것이 유리하다는 주장이다. 왜냐하면 신이 존재하지 않는데도 신을 믿으면 기껏해야 시간적, 금전적 손실 등을 경험하겠지만, 신이 존재하는데 신을 믿지 않으면 지옥에 떨어지기 때문이다.

인공지능이 몰고 올 도전과 위기를 지나칠 정도로 냉철하게 인식하고 대비하는 게 유리할 것이다. 비관적인 시나리오가 펼쳐지지 않는다면 정말 다행이겠지만, 만일 미적거리거나 조금이라도 안주하면 더 큰 대가를 치를 수 있다. 인공지능이 가져다줄 혜택을 지나치게 강조하고 인공지능의 능력을 과신하는 것은 위험하다. 하지만 인공지능의 한계나 인간지능의 위대함만을 생각하며 안일한 자세를 견지하는 건 더욱더 위험하다.

7.3 비관주의 회피 함정

정말로 인공지능이 우리 일자리를 뺏어갈까? 이에 관한 흥미로운 조사 결과가 있다. 퓨 리서치 센터가 발표한 『인공지능이 미국 근로자에게 미칠 영향과 인식』(AI in Hiring and Evaluating Workers: What Americans Think)에 따르면, 미국 성인의 대다수(83%)는 인공지능이 노동시장에 미칠 잠재적 영향력을 인정하고 있다(Pew Research Center, 2023). 이 조사의 세부 내용은 더욱더 흥미롭다. 〈그림 7-3〉에서 볼 수 있듯이, 인공지능이 향후 20년간 노동시장에 "중대한 영향"(major impact)을 미칠 것으로 전망한 응답자는 62%인데 반해, 인공지능이 '자신의' 일자리에 중대한 영향을 미칠 것으로 전망한 응답자는 28%에 불과했다. 즉, 응답자의 다수가 인공지능의 영향력을 인정하면서도, 자신만은 인공지능의 부정적 여파[2]에서 자유로울 것으로 생각했다.

이 같은 조사 결과는 '비관주의 회피 함정'(pessimism-aversion trap)의 한 단면을 보여주는 것인지도 모른다. 비관주의 회피 함정이란 불확실성이나 위험 가능성이 큰 상황에서 비관적인 전망을 피하는 정신적, 심리적 상태를 일컫는다(Suleyman, 2023, p. 13).[3] 비관주의 회피 함정의 구체적 증상은 이렇다. 원치 않는 현실의 모습을 축소하거나 부정하고, 자신에게 유리한

---

[2] 그간의 역사가 보여주듯이, 테크놀로지로 인해 특정 일자리가 사라져도 전체 노동시장은 긍정적인 방향으로 변할 수 있다. 즉, 여기에서 "부정적 여파"는 지극히 주관적인 판단일 수 있다.

[3] 설리만이 만든 용어는 아니다. 그는 『The Coming Wave』에서 비관주의 회피 전망을 "the misguided analysis that arises when you are overwhelmed by a fear of confronting potentially dark realities, and the resulting tendency to look the other way"로 정의했다(Suleyman, 2023, p. 13).

장밋빛 전망을 무의식적으로 과도하게 추구한다. 또한 주변의 경고 신호를 무시하고 원치 않는 현실이나 전망이 사라지기만을 기다린다. 그 결과, 대응 방안을 고민하다가도 결론을 내리지 못하고 적절한 대비책을 마련할 타이밍을 놓치게 된다.

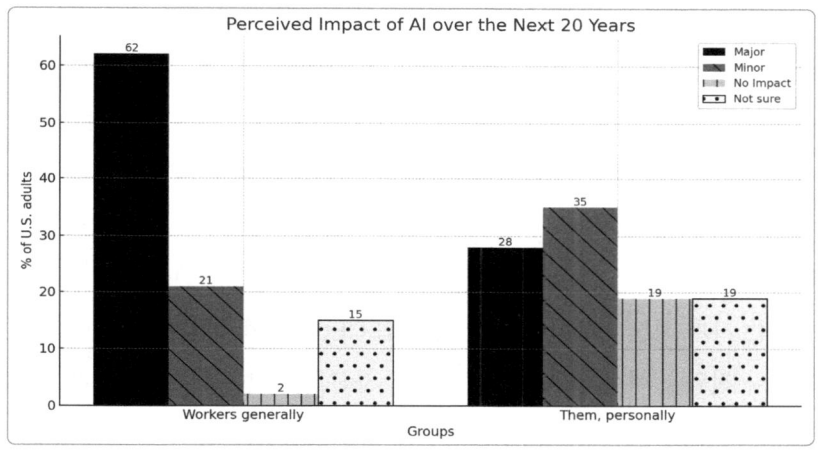

그림 7-3. 인공지능이 향후 20년간 미국 근로자에게 미치는 영향(챗GPT로 재구성)

현재 우리가 비관주의 회피 함정에 빠졌다는 건 지나친 주장일까? 누가 나에게 이런 질문을 던진다면, 아니라고는 말하지 못하겠다. 주변의 많은 교육자가 나름의 노력을 통해 새로운 변화를 추구하고는 있으나 근본적인 변화를 끌어낸 건 아니기 때문이다. 학과 커리큘럼에 기계 번역 수업을 도입하거나 전문 교원을 충원하는 등의 노력은 분명 의미 있는 진전이다. 그러나 이런 변화들이 문제를 근본적으로 해결할 혁신이나 모범사례는 더 이상 아니다.

전체 교육과정뿐만 아니라 개별 교실 현장도 비판적으로 살펴봐야 한다. 일부 교수자들이 최근의 패러다임 시프트를 충분히 살피지 않은 채, 여전히 과거의 행태를 답습하고 있기 때문이다. 수업 시간에 챗GPT나 프레이즈(Phrase) 등을 활용했다고 해서 그것이 혁신을 상징하는 건 아니다. 어쩌면 이런 시도들이 가벼운 변화로만 남은 채, 번역 수업에서 지향해야 할 핵심 가치를 오히려 놓치게 만들 수도 있다.

영화 〈매트릭스〉의 한 장면처럼 빨간색 알약을 먹고 가혹한 현실을 마주할 것인가, 아니면 파란색 알약을 먹고 '행복한 과거'로 돌아갈 것인가? 이 영화에서는 주인공 네오가 빨간 약을 먹으면서, 기계와 인간 대결이라는 장대한 서사가 펼쳐진다. 우리의 교육 개혁도 이처럼 냉철한 현실 인식부터 시작되어야 한다(교수자가 빨간 약을 먹지 않으면 아무 소용이 없다!). 상황을 적당히 이해하는 정도로는 안 된다. 그리고 냉철한 현실 인식 후에는 쓰디쓴 자기 성찰이 뒤따라야 한다. 기업 CEO들에게 혁신에 관해 물으면, 회사나 직원을 혁신의 대상으로 여기지 자신을 혁신하겠다는 사람은 거의 없다고 한다(변형균, 2024). 자기 혁신을 통해 상황을 완전히 바꾸진 못해도 의미 있는 변화를 만들 순 있다. 문제를 완전히 해결할 수 있을 거라는 기대는 접자. 〈매트릭스〉도 인류의 완전한 승리로 끝나지 않는다. 인류와 기계의 공생, 기계와 절연되어 생존하는 인류의 모습이 이 영화의 엔딩이다. 어쩌면 우리도 이런 생존 인류의 모습을 찾는 게 훨씬 더 현실적일지 모른다. 너무 냉소적으로 들리는가? 공상과학 영화의 한 장면으로 치부하기 전에 잠시라도 고민해 보면 어떨까?

7.4 배양 이론과 대중의 인식

배양 이론(cultivation theory)은 텔레비전이 묘사하는 내용과 시청자 의식의 관계성을 설명한 사회과학 이론이다(Gerbner et al., 1980). 이 이론에 따르면 텔레비전을 많이 보는 시청자는 그렇지 않은 시청자와 달리, 현실을 텔레비전이 묘사하는 방식대로 받아들이는 경향이 있다. 예를 들어 범죄 관련 뉴스를 많이 보면 현실을 좀 더 위험하게 생각한다거나 드라마 시청이 많을수록 결혼에 대한 환상이나 편견이 커진다는 것이다. 배양 이론은 그 주장의 범위가 지나치게 넓다는 이유로 많은 비판을 받았다. 하지만 다양한 사회 신념을 설명하는 데 유용하고, 그 효과나 타당성을 실증적으로 확인한 연구도 적지 않다는 점에서 여전히 주목받고 있다(Hermann et al., 2021).

갑자기 배양 이론을 언급한 이유는 최근 통번역 생태계가 극심한 배양 효과에 노출되어 있기 때문이다. 인터넷을 조금만 검색해 보면 인공지능 통번역이나 기계 번역에 관한 언론보도가 끊이지 않는 현실을 확인할 수 있다. 예컨대 필자가 2024년 7월[4]에 받은 뉴스봇 알림 중에는 다음과 같은 보도들이 있다.

- 머니투데이: 대형로펌 뛰쳐나온 변호사, 챗GPT보다 똑똑한 'AI 번역' 해냈다 (남미래, 2024. 7. 25.)
- YTN: 영상편집·통역도 척척… 유통가에 스며든 AI (오동건, 2024. 7. 20.)

---

4 관련 신문 기사를 찾아봤을 때가 2024년 7월이었기에, 편의상 7월 자료 중 일부만 소개한다.

- ZDNET Korea: 언어 잘하는 모델 넣었다… 딥엘, 기업용 번역 서비스 출시 (김미정, 2024. 7. 18.)
- 중앙일보: 뭐, 비행기에서 번역 된다고?… 해외여행 '최강 통역기' 정체 (권유진, 2024. 7. 15.)
- 서울경제: 멸종 직전 희귀한 언어도 번역해 드려요… 구글, 110개 언어 번역 추가 (서정명, 2024. 7. 11.)
- 매일경제: 조선소 통역사 된 AI… 전문 용어도 척척 (최현재, 2024. 7. 9.)
- 한국경제: 화상회의 동시통역에 골프 중계까지… 다재다능 구글 생성 AI (김대영, 2024. 7. 3.)

언론보도의 특징과 관행을 고려할 때, 이 같은 헤드라인이 현실을 과장했을지언정 왜곡하지는 않았을 터이다. 여기서 강조하고 싶은 점은 이런 보도들이 현실을 얼마나 정확하게 반영하느냐와 관계없이, 일반 대중에게 실질적이고도 장기적인 영향을 줄 수 있다는 점이다. 위와 같은 보도를 몇 번 접했다고 해서 통번역에 관한 일반인의 시각이 갑자기 바뀔 거라는 뜻은 아니다. 더군다나 일반인 중에는 나처럼 통번역 테크놀로지에 관한 기사를 자주 읽는 사람도 많지 않을 테니 말이다. 하지만 최근 몇 달 동안 주시한 바에 따르면 위와 같은 언론보도는 다양한 분야(유통, 기업, 비행기, 골프, 조선소 등)에서 이미 일상화되기 시작했다. 이에 따라 통번역에 관한 대중의 인식도 조만간 제법 인지할 만한 수준으로 변할 거라는 게 나의 판단이다.

이런 상황에서 일부 전문가는 언론보도 자체만을 문제 삼을지도 모르겠다. 언론보도가 과도한 테크놀로지 해결주의(technological solutionism)나 테크놀로지 중심주의(techno-centrism)를 조장하고 있으며, 그로 인해 미디어 소비자들이 통번역을 너무 쉽게 생각하게끔 만든다고 말이다. 그렇다면 언론이 좀 더 적극적으로 나서서 인간 통번역사의 능력이나 가치를 강조해야 할까? 안타깝지만, 인간 통번역사의 실존적 가치를 부르짖는 간헐적 보도나 칼럼이 테크놀로지의 물결을 막아내기란 불가능해 보인다. 디지털카메라와 고해상도 스마트폰이 보급되는 상황에서 필름 사진(술)의 가치를 아무리 강조한들, 일반 대중이 얼마나 전통을 고수하려 하겠는가?

테크놀로지를 통해 통번역을 쉽게 할 수 있다는 인식은 다방면으로 우리에게 영향을 미칠 것이다. 번역가의 인지적 수고를 인정하는 사람들이 줄어들 것이고, 이는 통번역사의 작업 요율에도 장기적으로 영향을 미칠 것이다. 또한 통번역을 공부하는 어린 학생들에게도 간접적인 피해를 줄 수 있다. 통번역을 배우는 게 통번역 자체만을 위한 것도 아닌데, '인공지능 시대에 통번역을 배워서 뭐에 쓰느냐'고 핀잔 아닌 핀잔을 받을지도 모른다. 통번역 전문가로서 억울하고 화도 나지만, 그렇다고 어떻게 할 수도 없는 노릇이다. 어쨌든 요지는 테크놀로지의 엄습이 통번역에 관한 인식을 뒤바꿔 놓을 것이고, 관련 산업과 교육에도 중장기적인 영향을 미칠 거라는 점이다.

7.5 공진화(共進化)는 가능한가?

인공지능 관련 논문이나 서적에는 인간과 인공지능의 '공진화'(co-evolution)를 강조하는 내용이 단골처럼 등장한다. 인공지능이 우리의 일자리를 앗아간다거나 인간 고유의 가치와 정체성을 훼손할 거라는 전망도 있지만, 인공지능의 진화는 결국 인간의 진화를 촉발한다는 내용이다. 공진화 논증에 따르면 인공지능과 인간지능은 일대일 관계 속에서 미묘한 상호작용을 미치고 복잡한 피드백 루프 속에서 상호 진화를 유도한다. 멋지게 들리지 않는가? 인공지능과 인간의 공진화는 '진화'라는 단어가 만들어 내는 긍정적 연상 작용 덕분에 쉽게 받아들여지는 것 같다.

최근 번역 분야에도 공진화에 관한 논의가 등장했다. 일례로, 2023년 5월 26일 한국문학번역원이 개최한 〈AI번역 현황과 문학번역의 미래〉 심포지엄의 보도자료에는 다음과 같은 부분이 있다.

> 번역원은 "AI와 인간의 공진화는 피할 수 없는 흐름으로 대두되고 있으며 이에 대한 기대와 우려가 교차하고 있다. 번역원 역시 '공진화'라는 관점에서 문학 번역과 번역 교육 분야에서 AI와의 협업 가능성을 검토하는 동시에 그 수용범위와 윤리 등에 대한 범사회적 고민에 충실히 참여하고자 이번 심포지엄을 마련하였다."라며, "AI전문가부터 문학번역, 법률 전문가까지 다양한 관계자들이 참여하는 공론의 장을 통해 문학 번역이 마주한 현재의 상황을 폭넓게 이해하고, 이를 문학번역과 번역교육 분야의 정책 수립에 반영해 나갈 수 있기를 기대한다."라고 밝혔다. (한국문학번역원, 2023, p. 3).

밑줄 친 부분에서 볼 수 있듯이 인공지능과 인간 번역(가)의 협업은 공진화라는 관점에서 가능할까? 그것도 가장 인간적인 '문학 번역' 분야에서? 나는 불가능하다고 본다. 왜냐하면 인간 번역가의 실질적, 존재론적 가치는 기계 번역의 발전과 확산으로 인해 줄어들기 때문이다. 인공지능 프로그램이나 자동 번역기는 번역 작업의 효율성을 극대화하고 번역의 정확성도 높일 수 있다. 따라서 이런 측면에서 보면 인공지능 등의 테크놀로지는 인간 번역가의 '진화'를 촉발하고 지속하는 데 이바지할 수 있다. 하지만 딱 거기까지다. 당신이 전문 번역가라면 인공지능이나 자동 번역기의 도움을 받아 작업 마감일을 지킬 수 있는 것 하나만으로도 기뻐할지 모르겠지만, 인지적 미로를 힘겹게 빠져나올 때 번역가 — 오늘날 우리가 알고 있는 바로 그 번역가 — 만이 느낄 수 있는 효능감과 성취감은 기계 때문에 상당 부분 사라질지도 모른다(이상빈, 2024a). 번역 과정의 대부분을 기계가 도맡아 한다면 당신의 존재 가치는 어디에서 찾을 수 있는가? 독자나 고객들이 당신을 진정한 번역가로 인정해 줄까? 스스로 자부심을 느낄 수 있는가?[5] 번역료만 제때 입금되기를 원하거나 테크놀로지를 좀 쓴다는 소리를 듣고 싶은 자에겐 '공진화'가 가능할지도 모른다. 번역 발주자나 독자의 시각에서 보면 번역물이 좀 더 빨리 나올 수 있으니, 이런 상황을 진화라고 불러야 할까? 일부 분야에서는 인공지능 덕택에 번역의 포드주의(Fordism)를 실천할 수 있게 됐으니, 인류 전체의 관점에서 보면 진화가 일어난 것일 수도 있다. 그럼에도, 인간 번역가에게 진정한 진화가 일어나려면 진화에 관한 좀 더 근사하고 철학적인 질문이 필요하다.

    인공지능 등의 테크놀로지와 인간 번역가의 관계는 차라리 공생(symbiosis)으로 설명하는 게 타당해 보인다. 공생에는 서너 가지 하위 유형이 있다. 첫째, 상리공생(相利共生)이다. 꽃과 벌의 관계처럼 두 개체 사이에 호혜의 원칙이 존재하는 경우를 말한다. 그렇다면 인공지능과 인간 번역가의 관계는 상리공생일 수 있을까? 컴퓨터 보조 번역이 이루어지는 과정을 생각하면 상리공생이라는 표현도 제법 그럴듯해 보인다. 예컨대 컴퓨터

---

5   이에 관한 다른 시각도 있다(이상빈, 2024b).

보조 번역으로 대규모 프로젝트를 수행 중인 번역가가 시스템 내에서 전문 용어를 계속해 업데이트한다고 치자. 이런 작업이 누적돼 시스템이 개선되고 다른 번역가들도 작업의 효율성을 높일 수 있다면, 결과적으로 볼 때 상리공생이 구현된 것 아닐까? 이런 시나리오만 생각하면 테크놀로지와 인간 번역가의 관계는 상리공생, 아니 공진화로도 설명할 수 있다. 공생의 두 번째 유형은 편리공생(片利共生)과 편해공생(片害共生)이다. 전자는 한 종이 이익을 얻으나 다른 종은 큰 영향을 받지 않는 경우를, 후자는 한 종이 피해를 보나 다른 종은 큰 영향을 받지 않는 경우를 뜻한다. 가령, 일반 상어와 빨판상어의 관계는 편리공생에 해당하고, 큰 나무에 가려 햇빛을 못 받는 작은 나무는 편해공생에 해당한다. 이런 시각에서 볼 때, 인간 번역가는 어떤 처지에 있는 개체일까? 여러분이 기계 번역 생태계를 어떻게 이해하고 해석하는지에 따라 답은 달라진다. 누군가는 빨판상어와 비슷하다고 말하겠고, 다른 누군가는 햇빛을 못 받는 작은 나무라고 주장할 수도 있다. 공생의 마지막 유형은 '기생'이다. 벼룩과 개의 관계처럼 한 종은 이득을 취하지만 다른 종은 피해를 보는 경우다. 기계와 인간 번역가의 관계를 매우 암울하게 본다면, 인간은 기생 관계의 '개'와 흡사할 것이다. 반복적인 디지털 노동에만 시달리며 기계(벼룩)에게 데이터(피)를 공급하는 존재, 기계 덕택에 작업을 빨리할 수 있으나 자부심이나 효능감 따위는 포기해야 하는 존재 말이다. 결국, 인공지능과 인간 번역가의 관계는 우리가 어떤 이데올로기를 표방하느냐에 따라 공생의 다양한 모습으로 구현된다.

    내가 공진화와 공생을 길게 설명한 이유는 기계와 인간의 관계를 어떻게 보느냐에 따라 해당 교수자의 번역 교육이 달라지기 때문이다. 기계와 인간의 관계를 공진화나 상리공생으로만 해석하면, 인공지능과 기계 번역 관련 수업이 모든 걸 해결해 줄 것만 같다. 하지만 현실은 이렇게 아름답지 않다. 내가 보기에, 양자의 관계는 상황이나 조건에 따라 달라지고, 인간에게 불리한 공생 관계들을 가정해야만 인공지능 시대의 번역 교육을 의미 있는 방향으로 이끌 수 있다.

7.6 미필적 고의

'미필적 고의'(未必的 故意)란 "어떤 행위로 범죄 결과가 발생할 가능성이 있음을 알면서도 그 행위를 행하는 심리 상태[로,] 통행인을 칠 수 있다는 것을 알면서도 골목길을 차로 질주하는 경우, 상대편이 죽을 수도 있음을 알면서도 그를 심하게 때리는 경우 따위가 해당한다"(표준국어대사전). 이런 사전적 정의를 보니, 용어를 구성하는 한자 뜻과는 달리 섬뜩한 느낌마저도 든다. 사실 내가 여기서 잠깐 언급할 내용도 이만큼 무서운 이야기다.

인공지능 시대에 우리 통번역 교육자와 외국어 교수자들은 학생들을 제대로 가르치고 있을까? 우리의 진심과 노력을 의심하는 게 아니다. 내 주변의 많은 교수가 학생들의 장래를 걱정하며 미래 교육의 비전과 방향을 고심하고 있기 때문이다. 새로운 교수법을 개발·시행 중이고, 학생들과 교감하면서 자신의 지식과 기술(skills)을 조금이라도 더 전수하고자 애쓰고 있다. 그러나 현재 교실 현장에서 진행 중인 다양한 강의와 실습이 진정한 의미에서 학생들의 미래에 도움이 될지는 좀 더 생각해 봐야 한다. 지금처럼 숨 가쁘게 돌아가는 인공지능 시대에는 자칫 '미필적 고의'를 범할 수 있기 때문이다. 대학 통번역 교육과 관련해 내가 생각하는 미필적 고의는 다음 두 가지다.

첫째, 인공지능 시대에 필요한 대응력과 역량을 가르치지 못하고 있다.

사실 이 점은 통번역 교육의 문제라기보다는 인문학, 나아가 기존 대학 교육의 총체적 문제라 할 수 있다. 대학이 전례 없는 재정 위기를 겪고 있는 점이나 인문학의 인기가 시들해진 점도 문제지만, 더 근본적인 이유는 고등교육의 패러다임을 바꾼 사회경제적 메가시프트(mega-shift)에 있다. 전통 학문 분야의 지식이 노동시장에서 얼마나 쓰이는지 의문이고, 이제는 한 업종에서 퇴직할 때까지 머무는 경우가 거의 없다. 따라서 우리가 진심을 담아 학생들에게 통번역 관련 지식을 전수해도, 그들이 직장인이 됐을 때, 특히 40대가 됐을 때, 그런 지식이 얼마나 도움이 될지는 진지하게 고민할 부분이다. 누구보다도 열심히 통번역 기술(skills)을 가르쳤는데, 정작 그 기술이 인공지능과 테크놀로지의 발달로 쓰임새가 없다면, 장차 우리 학생들은 어떤 생각을 하게 될까? 교수자의 뜻이 아무리 선하다 할지라도 시대가 급변함에 따라 학생들에게 의도하지 않은 피해를 줄 수 있다. 졸업 직후 구직 활동에 도움이 되는 것만 생각해선 안 되고, 10~20년 후를 내다봐야 한다. 미시적인 기술이나 지식보다는 거시적인 역량(competency)을 키워주는 게 학생들에게 더 큰 도움이 된다.

둘째, 오늘의 기계 번역 교육이 미래의 번역가들에게 근본적으로 도움이 안 될 수도 있다. 기계 번역 교육 자체를 반대하는 게 아니다. 나 또한 소속 학과나 그간의 논문에서 컴퓨터 보조 번역이나 기계 번역 포스트에디팅 수업을 강조해 왔다. 이제 기계 번역에 관한 지식과 기술 없이는 진정한 의미의 번역 전공자라 말할 수 없다. 이제 통번역 전공자는 자연어 처리 등을 전문적으로 다루진 못해도 기계 번역에 대한 기본적인 이해를 갖춘 자로 여겨질 것이다. 그러나 오늘의 기계 번역 교육이 우리의 바람이나 의도와 달리, 향후 번역의 위상이나 번역가의 처우를 끌어내리는 데 일조할 수 있다. 내가 다른 글에서 논했듯이, 인공지능과 기계 번역이 발전하면 번역 종사자들이 실존적 가치를 인정받지 못하는 디지털 노동자로 전락할 수 있기 때문이다(이상빈, 2024a). 설령 번역가의 평균 월급이나 수당이 현재와 비슷하거나 좋아져도, 그들의 실존적 가치까지 높아질지는 의문이다. 그래서 나는 생각한다. 번역 교육의 초점을 테크놀로지에 지나치게 맞추면 자칫 미필적 고의를 범할 수 있다고.

'미필적 고의'의 뜻을 떠올리며, 다시 한번 자신에게 묻자. 통번역 교육자와 외국어 교수자들이 미필적 고의를 범하고 있는 건 아닐까? 우리가 가르치는 학생들의 5년 후가 아니라 10년, 20년 후를 내다보자. 현재 우리가 가르치고 지도하는 내용이 그들에게 실질적이고도 장기적인 도움이 될까? 통번역으로 평생 먹고살 졸업생이 얼마나 될까? 이런 질문은 당장 다음 학기 수업을 준비하는 우리에게 현실적인 고민이자 성찰이어야 한다. 5년 뒤만 생각할 거라면, 인공지능에 관한 고민은 옛사람들 말대로 엿과 바꿔 먹는 게 나을 것 같다.

7.7 바보야, 중요한 건 과정이야!

It's the economy, stupid!
(바보야, 중요한 건 경제야!)

클린턴 캠프의 전략가 제임스 카빌(James Carville)이 만든 대선 구호이다. 당시 클린턴 후보는 경제 회복을 가장 중요한 국가 과제로 삼았고 이를 반영한 슬로건을 내세워 대통령에 당선됐다. 그 후 이 슬로건은 다양한 분야에서 정작 중요한 요소가 뭔지를 강조하고자 할 때 자주 사용되었다.

최근 기계 번역 담론이 주변을 휩쓸고 있고 번역 작업의 편리함과 효율성이 키워드로 떠올랐다. 예컨대, 어떤 번역기가 더 좋더라, 어떻게 해야 기계 번역 결과물(raw output)이 좋더라, 기계 번역의 효율성은 어떤 텍스트에서 더 높게 나타나더라…… 이런 논의 말이다. 당연히 번역 결과물은 좋아야 한다. 되도록 적은 시간을 투자해서 최상의 번역을 만들어 내는 게 당장 작업에 투입된 번역가에게는 지상 최대의 목표일 수밖에 없다. 그러나 학부에서 번역을 수행하는 메커니즘과 목적은 근본적으로 다르다. 번역 과업을 통해 외국어 능력을 습득하고 문화적 소통 능력을 배양하는 게 학생 대부분에게는 더 중요하다. 따라서 현재 우리를 짓누르는 번역 세계의 결과지상주의나 성과주의는 사실 교육적 측면에서 큰 도움이 되지 않는다. 그러니 나 같은 통번역 교수자들은 "바보야, 중요한 건 과정이야!"라고 외치고 싶은 것이다.

아직도 주변에는 자동 번역기가 없는 수업을 꿈꾸며 기계 번역 사용을 금하는 교수들이 있다. 그들의 상황을 들어보면 충분히 이해하고도 남는다. 자동 번역기를 금지하는 이유는 너무도 명확하다. 기계 번역에 의존하는 학생들은 해당 외국어나 번역 능력은커녕 번역 과정에서 자연스레 얻을 수 있는 핵심 역량을 얻을 수 없기 때문이다. 답안지를 보면서 수학 문제를 푸는데, 이를 좋아할 수학 교사가 어디 있겠는가? 사실 학생들도 명확하게 설명하지는 못할지언정 번역기 사용의 문제점을 알고 있다. 하지만 시간은 부족하고 성적은 잘 받아야 하니, 번역기와 GPT의 유혹을 뿌리치기가 여간 어려운 게 아니다. 드래그와 클릭 몇 번만으로도 자기가 한두 시간 동안 한 번역보다 좋은 번역을 얻을 수 있는데, 이런 디지털 커닝을 한 번도 안 하고 과제를 수행하는 우직한 학생이 과연 얼마나 될까? 이건 믿음이나 윤리의 문제가 아니다. 학생들에게 도덕군자의 모습을 기대하는 건 위선일 수 있다. 기계 번역 사용을 금지하는 건 미봉책에 불과하다('영어 전공'인 나는 딥엘 같은 번역기를 '한영사전' 정도로 취급한다). 학생들이 번역기의 존재를 잊고 능동적으로 참여하는 환경을 만드는 게 차라리 더 현실적이고 정신 건강에도 좋다. 즉, 번역 결과물이 아닌, 학습 과정에 초점을 맞춘 실라버스를 개발해야 한다. 번역기를 사용하면 학생 스스로 불편해지거나 번역기가 별반 도움이 안 되는 수업 말이다.

앞서 언급한 내용은 영어와 같은 주요 외국어를 가르치는 나 같은 사람들에게만 해당할지 모른다. 학생들이 배우는 전공어가 고등학교에서 제2외국어로만 잠시 접했던 것이거나 특정 대학이나 학과가 아니면 배울 수 없는 특수 외국어라고 생각해 보자. 이런 학생들에게는 간단한 작문도 버거울 때가 많고 기초부터 하나하나 가르쳐야 하는 지난한 과정이 요구된다. 이런 교육 환경에서 GPT 번역이나 신경망 기계 번역(품질이 나쁘다고 해도 학생이 한 번역보다는 훨씬 우수한 번역)은 학생들에게 치명적인 독이 될 수 있고 교수자의 사기도 단번에 떨어뜨릴 수 있다. 이런 힘든 상황에서도 해결책은 크게 다르지 않다. 결과 중심주의가 설 자리가 없는 수업, '참여'가 학습의 큰 축을 차지하는 수업이 변화의 핵심이다.

7.8 대학 통번역 교육의 방향

인공지능 시대에 대학의 통번역 교육은 어떻게 변해야 할까? 누구에게나 효과적인, 단일의 대안이나 접근을 마련하기는 어려워 보인다. 교수자가 속한 대학의 수준과 상황, 전공 언어, 학과의 내부 상황, 학생의 교육 수준과 기대 등이 서로 다르기 때문이다. 따라서 이 절에서는 큰 틀에서만 학부 교육의 방향을 논하고자 한다. 전략 없이 구체적인 전술을 논할 수는 없는 노릇이다.

내가 생각한 교육 운영의 기본 방향은 다음과 같이 서로 연관된 다섯 가지다. 첫째, 'M자형 인재' 교육을 강화해야 한다. 대학 교육은 아주 오랫동안 — 산업혁명 후부터 꽤 최근까지 — 한 분야에 전문성을 보유한 'I자형 인재'를 추구했다. 특정 분야를 남보다 오래, 깊게 파면 성공을 보장받을 수 있는 단순 모델이었다. 하지만 디지털 사회가 도래하고 노동시장이 복잡다단해지면서 이런 모델로는 성공을 담보하기가 어려워졌다. 한 분야에서 어느 정도 전문성을 갖췄을 뿐만 아니라 이웃 분야에서도 두각을 나타낼 수 있는 소위 'T자형 인재'가 요구됐기 때문이다. 하지만 이 모델의 생명력도 그리 오래가지는 못할 것 같다. 인공지능이 일상 곳곳에 들어오면서 이제 온 세상이 M자형 인재를 요구하고 있기 때문이다. 언제든지 새로운 분야에서 독학을 통해 경쟁력을 키울 수 있는 박학다식형 인재 말이다.

전통적인 통번역대학원들은 I자형 인재 양성을 지향했다. 커리큘럼에 통번역 이외의 과목도 반영했지만, 이는 어디까지나 통번역 실무를 위한 보조과목 수준이었다. 실전에 바로 투입할 통번역사를 양성하는 기관이니, 이런 교육 모델을 쫓는 게 당연하다. 이와 비교해 학부의 통번역 교육은 T자형 모델에 가깝다. 학부의 총체적 교육 목표는 전문 통번역사를 배출하는 게 아니라 전공어 분야에서 한껏 능력을 뽐낼 수 있는 의사소통 전문가나 '범용' 인재를 키우는 것이기 때문이다. 그러니 학부 교육은 통번역 실무와 직접적으로 관련되지 않은 수업이나 기존의 외국어 학과들이 운영해 왔던 교과목이 많을 수밖에 없다. 하지만 이런 '확장형' 모델도 생성형 인공지능의 등장으로 진부한 느낌을 주고 있다.

이젠 통번역이라는 축만을 생각해서는 안 되고, 통번역만큼이나 학과 교육을 떠받칠 수 있는 새로운 축들이 필요하다. 보조 축이 아니라 여러 개의 핵심 축 말이다. 언어학이나 문학을 통번역과 함께 가르쳐 왔던 학과들은 그나마 사정이 괜찮아 보인다. 다만 이런 학과에서도 시들해지는 인문학 중심의 교육을 보완할 수 있는 새로운 축을 세워야 한다. 새로운 축은 '자연어 처리'처럼 최근 일부 학과에서 시도하는 인공지능 관련 분야가 될 수도 있지만, 인공지능 교육이 모든 걸 해결해 준다고 믿어서는 안 된다. 인공지능과 무관한 제삼 지대의 학문도 돌파구를 마련할 수 있다. 이런 새로운 축이 뭔지는 학과의 비전과 교육 목표에 달려 있다. 학생들이 졸업 후 어떤 분야로 진출하기를 원하는가? 이 부분이 명확하지 않으면, 어디로 배를 띄어야 할지 정할 수가 없다.

둘째, 통번역 수업 세분화를 지양하자(cf. 송연석, 2024). 전통적인 통번역 교육은 통번역의 방향, 원문의 장르나 주제 분야, 원문/실습의 난이도, 이론의 정도 등에 따라 세분되었다. 가령 〈통번역 개론〉, 〈영한 순차 통역 1〉, 〈영한 순차 통역 2〉, 〈한영 번역〉, 〈고급 한영 번역〉, 〈문학번역〉, 〈정치·경제 번역〉, 〈미디어 번역〉 같은 과목명이 이를 상징적으로 보여준다. 통번역을 전문적으로 가르칠 때는 이런 분류가 이상적이기도 했다. 하지만 앞서 주장한 M자형 인재를 양성하기 위해서는 기존의 세분화 전략을 과감히 버려야 한다('포기'로 보일 수 있으나, 이는 '전략적 선택'이다). 이제는 통번역 지식과 기술을 예전처럼 하나하나 다 가르칠 수 없고, 그래서도 안 된다. 인공지능과 자동 번역기가 번역의 많은 부분을 맡을 시대라면 새롭게 요구되는 역량을 중심으로 교과과정을 간소화하고 재설계해야 한다. 전통적 개념의 통번역사를 양성할 것도 아니지 않는가! 짐을 푸는 '언패킹'(unpacking)에서 짐을 싸는 '패킹'(packing)으로 태세를 전환할 때다.

국내외 대학들이 교육 체계를 바꾸고 있는 현실도 고려해야 한다. 예컨대 많은 국내 대학에서 제1 전공 규모를 줄이면서 학생들의 포트폴리오를 다변화하기 시작했다. 이미 주요 사립대들이 마이크로 전공이나 나노 전공 같은 새로운 전공 방식을 채택·시행하고 있으며, 그간 높아만 보였던 전공 사이의 벽을 다양한 방식과 협업 체계로 허물기 시작했다. 얼마 전에는 교육 당국의 지원과 권고(?)로 '無전공'(자유전공)이라는 급진적 제도도 도입됐다. 이제는 통번역 교육이 학과 차원이 아닌, 대학 차원에서라도 달라질 수밖에 없는 이유다.

통상적인 세분화 전략을 피해야 하는 이유는 최근 진행 중인 대학 교육의 패러다임 시프트 때문이기도 하다. 과거 대학 교육의 목표는 지식과 기술의 본체인 '노하우'(know-how)를 전수하고, 노하우를 찾는 데 필요한 '노웨어'(know-where) 능력을 지원하는 데 있었다. 하지만 생성형 인공지능을 필두로 한 첨단기술 덕택에 어디서나 쉽게 지식을 얻을 수 있을 거라는 인식이 확산하였다. 이제 많은 전문가가 전통적인 대학 교육과 교수의 필요성에 회의적인 시선을 보내고 있으며, 아직 대학에 입학하지 않은 알파 세대(아주 어려서부터 스마트폰을 사용한 디지털 네이티브)는 경계가 모호하고 비전통적인 콘텐츠와 학습에 익숙해진 상태다. 이제 진정한 대학 교육은 학습자가 언제라도 원하는 분야에서 독학할 수 있도록 지원하는 것이지, 예전처럼 인터넷에서 찾을 수 있는 지식이나 기술을 그대로 전달하는 게 아니다. 이런 점에서 볼 때, 학생들이 근본적인 지식 체계를 스스로 탐구할 수 있도록 '노와이'(know-why)를 강조하고, 고정 지능(crystalized intelligence)보다는 유동 지능(fluid intelligence)[6]에 초점을 맞춘 커리큘럼을 개발해야 한다.

---

6   고정 지능은 과거의 경험이나 축적된 지식과 관련 있고, 유동 지능은 보유 지식에 의존하지 않고 새로운 문제 해결 방법을 찾는 능력과 관련 있다.

셋째, 통번역 실습 중심의 수업에서 벗어나야 한다. 통번역 학과의 장점 가운데 하나는 노동시장에서 요구하듯이 자신의 전공어를 다양한 실습 형태로 연마하는 데 있다. 내가 통번역 전공자라서 편견 섞인 주장처럼 들리겠지만, 통번역 실습은 외국어 실력을 높이는 데 있어 단연 효과적이다. 영어를 싫어하고 못 했던 나 자신을 돌아봐도 그런 듯싶고, 제법 인기 있는 '외국어로서의 한국어'(Korean as a Foreign Language) 과정을 봐도 통번역 실습의 효용성을 쉽게 확인할 수 있다. 통번역 학과에서 학생들의 전공어 실력을 배가하려면 시사 문제를 반영한 각종 실습을 획기적으로 늘리는 게 타당해 보인다. 그러니 통번역 학과를 졸업해 남는 건 이론서가 아니라 실습에 썼던 수많은 A4 용지뿐이라는 게 틀린 말은 아니었다. 이런 상황에서 통번역 실습을 줄이자고 주장하는 건 우리 집단을 지배해 왔던 하이브 마인드(hive mind)를 바꾸자는 것과도 같다.

하지만 통번역 실습만으로는 경쟁력을 갖추기 어려운 세상이 왔다(챗GPT 공개 이전에 이미 그런 세상이 왔다!). 이제 일반적인 통번역 분야에서는 테크놀로지가 인간을 대체할 거라는 인식이 자리 잡고 있으며, 외국어 경쟁력 하나만으로는 폴리매스(polymath)를 요구하는 노동시장에서 인정받기가 어려워졌다. 물론 최고급 수준의 외국어를 구사한다거나 특수 외국어 분야에서 어느 정도 실력을 갖추면 여전히 몸값을 유지할 수 있겠지만, 그렇다고 해서 이런 부분만을 교육 목표로 내세우는 건 위험하기 짝이 없다. M자형 인재를 양성하기 위해서는 교육 내용상 중복성이 거의 없고 기계번역과의 연계성이 높으며 범용성이 높은 과목만을 실습 형태로 유지하고, 그렇지 않은 기존 수업들은 다른 유형의 과목으로 대체해야 한다. 예를 들면 〈영한 번역〉과 같이 특징 없는 번역 수업들은 없어져야 한다는 게 나의 판단이다.

이미 실습형 수업을 꽤 버린 학과들이 있다. 사실, 버렸다기보다는 학과 교수들의 전공 분야를 고려하여 처음부터 실습 일변도의 교과과정을 택하지 않은 학과들이다. 과거 나는 이런 학과의 커리큘럼보다 실습 중심의 커리큘럼이 학생들에게 유리하다고 생각했다. 나의 교육 철학 때문이 아니라 취업하고 일을 할 때 효용성이 크다는 이유에서다. 이제는 생각이 달라졌다. 당장은 필요성이 적어 보이지만 학생들의 근본적인 학습 역량을 키워줄 수 있는 수업이 진정 고등교육에서 필요한 부분이라고 생각한다. 아주 당연한 말인데, 대학에서는 자신의 전공과 관계없이 글쓰기 능력을 배양해야 한다. 단순한 기교로서의 글쓰기를 말하는 게 아니다. 논리적으로 사고하고 그 내용을 표현할 수 있는 능력을 말하는 거다. 이런 근본적인 영역을 통번역 실습 중심의 커리큘럼이 놓쳤던 게 사실이다. 번역 '능력'(competence)에 초점을 맞춘 결과, 글쓰기 '역량'(competency)[7]에는 소홀했다. 이를테면, 거대한 빙산에서 눈에 보이는 부분에만 집중했지, 수면 아래에 있는 더 큰 부분을 놓친 것이다. 외국어는 일반인들보다 잘하는데 글쓰기가 안 되는 '번역가'도 많이 봤고, 말이 논리적이지 않은 '통역사'도 제법 봤다. 단순 독해와 듣기가 경쟁력을 줄 때는 이런 통번역사들이 먹고사는 데 지장이 없었지만, 조만간 그들의 자리를 기계가 빼앗을 것이다.

넷째, 통번역 '백그라운딩'(backgrounding) 전략도 고려해 볼 만하다. 국내 학부 통번역 교수자라면 '통번역'이라는 세 글자가 유행했던 시절을 기억할 것이다. 내가 소속된 학과도 2000년대 말이나 2010년대 초에는 속된 말로 매우 잘 나갔다. 통번역은 수준 높은 외국어 교육의 상징처럼 여겨졌

---

7   능력(competence)과 역량(competency)은 라틴어 competentia에서 유래했지만, 두 용어의 뜻은 확연히 다르다. 능력은 특정 분야에서의 기술과 지식을 가리키는 데 반해, 역량은 오랜 기간에 걸쳐야만 강화가 가능한 본성에 가깝다(류태호, 2023, pp. 104-106).

고, 통번역이 노동시장에서 유용한 분야라는 인식이 매우 강했다(물론 지금도 어느 정도 사실이다). 그러니 통번역 실습을 커리큘럼에서 강조하는 건 당연한 선택처럼 보였다. 하지만 현재 통번역 전공에 대한 전반적인 관심과 인기는 10년 전보다 줄어든 상태다. 이렇게 말하기가 머쓱하고 슬프기도 하나 엄연한 사실이다. 이젠 위기감을 가져야 할 대다.

통번역 학과의 학문적 정체성은 (적어도 학과 이름으로 볼 때) '통번역'에 있겠지만, 이제는 이런 믿음 자체도 재고할 필요가 있다. 통번역을 완전히 버리라는 말이 아니다. 통번역을 굳이 전면에 내세울 필요가 없으며, 학문적 정체성의 하이브리드화를 추구하거나 정체성을 분산시키라는 뜻이다. 물론 소속 대학이나 학과 사정에 따라 방향이나 정도의 차이는 있을 수밖에 없다. 이미 어학이나 문학 등과 공존하고 있는 '통번역' 학과는 또 다른 변화를 모색해야 한다. 뭔가를 혁신할 마음이 있다면 눈에 보이는 정체성부터 바꿀 각오로 임해야 한다. 어쩌면 이런 사례를 기억하는 게 도움이 될지도 모르겠다. 미국의 종합금융지주사인 골드만삭스의 CEO는 2017년에 "우리는 테크놀로지 기업이자 플랫폼이다"(We are a technology firm. We are a platform.)라고 선언했고(Gupta & Simonds, 2017), 네덜란드에 본사를 둔 다국적 금융 회사인 ING와 대형 은행들은 "은행을 은행이라는 틀에서 벗어나게끔"(unbank the bank) 대규모 조직 개편을 단행했다(Neeley & Leonardi, 2022/2024, p. 253).

끝으로, 교수자가 변해야 한다. 너무 당연하게 들리겠지만, 사실 이는 가장 어려운 과제이다. 이 말이 진부하게 들린다면 이렇게 바꿔보자. *혁신의 대상은 다름 아닌 바로 당신(우리)이다!* 대학(원) 커리큘럼이나 교수법 등에 있어 통번역 분야만큼 변하지 않은 곳이 있을까? 현재 교수자 상당수가 학생 시절 배웠던 걸 거의 그대로 가르치거나 큰 틀에서 비슷한 내용을 다루고 있을 것이다. 통번역 생태계와 직업 환경이 아직은 거의 똑같기 때문이다. 그래서인지 생성형 인공지능의 대두가 그 어느 교수자 집단보다도 우리에게 당혹감을 주는 것 같다. 안 그래도 대학 교육이 시대에 뒤처지고 있다는 비판이 연일 나오는데, 외국어 교육을 어떻게 바꿔야 할지 서비스 제공자인 우리에게도 때로는 감조차 오지 않는다. 엘빈 토플러(Alvin Toffler)의 말을 빌자면, 19세기 교육 환경에서 20세기 교수들이 21세기 학생들을 가르치는 현실(한치원, 2021에서 인용)이 통번역 교육만큼 맞아떨어지는 분야도 없을 것이다.

이제 교수자는 새로운 분야를 독학하고 개척해야 한다. 여태껏 배워왔고 가르쳤던 것을 일부 포기하고 나부터가 학습자로 변모해야 한다. 뭘 배워야 할지는 나도 모른다. 저마다 교육 철학이나 사정이 다를 테고 교육 여건도 상이할 것이다. 어쨌든 새로운 공부를 하는 주체는 학생이 아니라 교수임을 인정해야 한다. 박사학위를 받았다는 건 특정 능력을 인정받았다는 뜻이지만, 새로운 분야를 독학하여 가르칠 잠재력을 인정받았다는 뜻이기도 하다. 특히 대학의 근무 환경이 악화하고 있고 신규 교원을 충원하기도 어려운 만큼, 기존 교수자가 변하지 않고서는 새로운 시도를 할 수가 없다. 통번역학 박사가 인공지능 전문가가 되기는 어렵겠지만, 인공지능이든 뭐든 나에게 익숙하지 않은 것들을 관심 있게 지켜보고 새로운 학습 기회를 찾아 나서야 한다. 교수자의 업스킬링(upskilling)뿐만 아니라 리스킬링(reskilling)이 그 어느 때보다도 절실하다.

이런 면에서 교강사 간의 공식적인 학술교류도 중요하다. 개별 교실 현장에서 어떤 학습이 이루어지는지는 학과장도 알기 어렵다. 그간의 통번역 중심 커리큘럼에서는 중복되는 학습이 생길 수밖에 없었는데, 이제는 그런 부분을 '복습'으로 포장할 게 아니라 비효율로 인정해야 한다. 즉, 아는 것을 배우지 않도록 하는 폐기학습(unlearning)을 적극적으로 실천해야 한다. 이런 측면에서 학과 차원의 교강사 재교육 프로그램이 효과적일 수 있다. 대규모 세미나를 열어야 한다는 뜻이 아니다. 교강사에게 교육 방향만 주지시켜도 좋고, 새로운 교과목 개발을 독려하며 독학을 지원하는 것만으로도 가능하다. 예컨대 〈영한 번역〉과 같은 수업을 담당해 오던 교강사들이 새로운 분야를 개척할 수 있도록 함께 고민하고, 새로운 전공자가 학과에 편입되어 기존 강사들을 독려하고 추동할 수 있게 해야 한다.

대학의 외국어 교수자들은 전쟁 중이다. 다만, 저마다 다른 전선에서 싸우고 있을 뿐이다. 소속 대학의 대외적 위상, 학생들의 능력과 기대, 전공어의 기계 번역 품질, 전공어에 대한 인식과 필요 등에 따라 어떤 이는 성 밖 최전방에서 치열하게 싸움을 시작했을 수 있고, 어떤 사람은 성벽 안에 머물며 가끔 날아 오는 포탄만을 피하고 있을지 모른다. 저마다 이 전쟁을 보는 관점과 경험은 다르지만, 시간이 갈수록 포탄의 위협은 누구에게나 거세질 것이다. 내가 속해 있는 학문 분야와 대학(원)만을 봐서는 안 된다. 각 전투의 판도가 어떻게 돌아가는지를 살피면서 현실에 안주하지 말고 내일의 위협에 대비해야 한다. 다른 외국어 전공자, 다른 통번역 전공자의 상황을 주시하고 전략을 함께 고민해야만 이 전쟁의 피해를 최소화할 수 있다.

이 글은 『T&I REVIEW』 14권 2호에 실린 필자의 논문을 소폭 수정한 것입니다. 출판을 허락해 주신 이화여자대학교 통역번역연구소에 감사의 뜻을 표합니다.

참고문헌

〈1차 자료〉

공경희. (번역). (2009) 이상한 나라의 앨리스 [Alice's adventures in Wonderland]. 루이스 캐럴 저. 도서출판 마루벌.

권영민. (엮음). (1985). 해방 40년의 문학: 소설 2. 민음사.

김경미. (번역). (2005) 이상한 나라의 앨리스 [Alice's adventures in Wonderland]. 루이스 캐럴 저. 비룡소.

김양미. (번역). (2008) 이상한 나라의 앨리스 [Alice's adventures in Wonderland]. 루이스 캐럴 저. 인디고.

마이크 플래너건. (제작). (2020). 블라이 저택의 유령 [영화]. 넷플릭스.

브래드 라이트. (제작). (2016-2018). 시간여행자 [영화]. 피콕앨리 엔터테인먼트.

블리자드엔터테인먼트. (제작). (2010). 스타크래프트 II [게임].

윤고은. (2013). 밤의 여행자들. 민음사.

이상빈. (2024a). 바벨탑 3.0의 시대, 인공지능과 번역을 논하다. 번역학연구, 25(3), 11-30.

이상빈. (2024b). AI 번역 시대, 번역과 번역자를 바라보는 다양한 관점들. 통역과 번역, 26(3), 125-151.

이상빈. (2024c). AI 번역의 한계와 가능성. KPIPA 리포트, 11, 18-25.

이상빈. (2024d). AI 시대의 도전과 대학의 통번역 교육, *T&I REVIEW*, 14(2), 67-89.

이형민과 최선민. (제작). (2024). 낮과 밤이 다른 그녀 [드라마]. JTBC.

전미세리. (2023). 기계 번역이 인간 번역을 대신하게 될까? 조의연, 이상빈. (공편), K 문학의 탄생: 한국문학을 K 문학으로 만든 번역 이야기 (pp. 174-190). 김영사.

Buehler, L. (Trans.). (2020). *The tourist disaster: A novel* (윤고은의 『밤의 여행자들』). Counterpoint.

〈2차 자료〉

강옥주. (2023). 생성형 AI 모델과 대화하는 프롬프트 엔지니어링(Prompt Engineering). Samsung SDS 인사이트 리포트. https://bit.ly/4h1YCaE

고학수. (2021). [고학수 칼럼] '공정한 인공지능'의 어려움. AI Times. https://bit.ly/4higF-dz

권유진. (2024). 뭐, 비행기에서 번역 된다고?... 해외여행 '최강 통역기' 정체. 중앙일보. https://bit.ly/46hhVJn

김대영. (2024). 화상회의 동시통역에 골프 중계까지... 다재다능 구글 생성 AI. 한국경제. https://bit.ly/4fga8j0

김덕진, 송태민, 우희종, 이상호, 류덕민. (2023). 인간이 지워진다. AI 시대, 인간의 미래. 메디치미디어.

김미정. (2024). 언어 잘하는 모델 넣었다... 딥엘, 기업용 번역 서비스 출시. ZDNET Korea. https://bit.ly/46gdoa9

김상균. (2023). 초인류. 웅진지식하우스.

김성구. (2021). 자본 제1권 길라잡이. 나름북스.

김성태. (2023). 데이폴로지. 이른비.

김순미. (2018). AI시대 인간번역과 기계(NMT) 번역의 공존 — 경영학 '확장(Augmentation) 전략' 중심. 통역과 번역, 20(2), 1–32.

김영준. (2021). 서울의 '삘딩' 혹은 '삘딩'을 찾아서. 문화+서울, 176, 50–51.

김용주. (2019. 10. 24.). 구글 "슈퍼컴으로 1만 년 걸리는 문제, 양자컴으로 200초면 끝." 전자신문. https://bit.ly/42fLNnr

김은정. (2017. 2. 21.). 바둑은 졌지만 번역은 이겼다... 인간 vs AI 번역대결서 인간 '압승.' 조선일보. https://bit.ly/3vXXNOj

김명훈. (2024). 인공지능 법과 윤리. 길벗 캠퍼스.

김태균. (2017. 2. 22.) 논란에 흔들리는 AI·인간 번역 대결… "평가 과정 불공정해." 연합뉴스. https://bit.ly/47biBAq

김태현. (2025). 웹소설 특화 AI 번역 솔루션 개발사 리베타, 시드투자 유치. 머니투데이. https://bit.ly/4aSAqpK

김혜란. (2020). 번역가 달시 파켓이 꼽은 '기생충' 속 '가장 어려운' 대사는? https://bit.ly/3Z7QHlk

남미래. (2024). 대형로펌 뛰쳐나온 변호사, 챗GPT보다 똑똑한 'AI 번역' 해냈다. 머니투데이. https://bit.ly/3WQiWVx

남형두. (2023). 인공지능 기반의 문학번역에 관한 저작권법 문제 — 바벨탑의 데자뷰? 계간 저작권, 36(4), 33–88.

네이버. (n.d.). 영어사전. https://en.dict.naver.com/#/main

류태호. (2023). 챗GPT 활용 AI 교육 대전환. 포르체.

마승혜. (2024). AI 문학번역, 어디까지 가능한가 — 챗GPT가 번역한 한국 문학작품 제목의 기능 분석을 중심으로. 번역학연구, 25(3), 57–85.

박수정, 최은실. (2023). 챗GPT의 아이러니 번역 활용 가능성 고찰. 번역학연구, 24(2),

131-160.

박찬. (2023). 유명 사진대회서 생성 AI 사용했다며 수상 거부한 작가 화제. AI 타임즈. https://bit.ly/40HVc7S

법무법인 세종. (2024). 생성형 AI 저작권 관련 중국 판례 동향 — 생성형 AI 산출물에 대한 저작권 인정 사례 / 생성형 AI 산출물을 저작권 침해물로 인정한 사례. 법무법인 세종 뉴스레터. https://www.shinkim.com/kor/media/newsletter/2482

변형균. (2024). 통찰하는 기계 질문하는 리더. 한빛비즈.

서정명. (2024). 멸종 직전 희귀한 언어도 번역해 드려요... 구글, 110개 언어 번역 추가. 서울경제. https://bit.ly/3ybQTXb

송연석. (2024). AI 시대의 번역 교육 — 통번역대학원 한영과 교수자 심층 면접조사를 중심으로. 번역학연구, 25(3), 31-55.

신재우. (2025). [단독] 中 딥시크 경계령 속 국내 출판사 'AI 번역 금지' 조항 추가. 문화일보. https://bit.ly/3WRn879

신지선과 김은미. (2017). 인공지능 번역 시스템의 출현에 대한 소고. 번역학연구, 18(5), 91-110.

오경진. (2024). 상상으로만 존재했던 게 지금은 현실… 가장 두려운 건 '읽기'의 종말. https://bit.ly/4cBen6a

오동건. (2024). 영상편집·통역도 척척... 유통가에 스며든 AI. *YTN*. https://bit.ly/3YiDhE5

윤기영과 이명호. (2023). 거대 언어모델 미래전개도 II: STE3P 프레임으로 기회와 위험 탐색. SW중심사회, 107(5), 70-83.

이구용. (2024). 출판시장에서의 AI 수용 양상 연구. 국제언어문학, 58, 201-225.

이상빈. (2013). 비디오 게임에서의 유머 번역과 수용: 〈스타크래프트 II〉의 문화적 유머를 중심으로. 번역학연구, 14(1), 183-210.

이상빈. (2016). 번역기계, 팬번역가, 로컬라이저의 네트워크: 게임번역기 MORT를 통해 살펴본 게임번역 네트워크의 미래. 번역학연구, 17(3), 117-137.

이상빈. (2017). 학부번역전공자의 기계 번역 포스트에디팅, 무엇이 문제이고, 무엇을 가르쳐야 하는가?. 통역과 번역, 19(3), 37-64.

이상빈. (2022). 우리는 번역학 용어를 제대로 쓰고 있는가? — '곁텍스트', '화면해설', '통역사' 등을 기반으로. 통역과 번역, 24(3), 125-150.

이상빈. (2023). 생각을 키우는 번역학 수업 (개정판). 한국외국어대학교 지식출판콘텐츠원.

이선우와 이상빈. (2025). AI는 한영 번역을 어떻게 평가하는가? 챗GPT-인간 평가의 상관관계와 챗GPT 평가의 특징에 관하여. 통번역학연구, 29(1), 29-51.

이세돌. (2024). "악수는 정수가 될 수 없다" 바둑 황제 이세돌의 명언 파티! *YTN*. https://

bit.ly/3YTet5V

이영훈. (2023). 한국에서 베누티의 번역 이론의 전이와 수용. 번역학연구, 24(4), 63-90.

이영훈. (2025). AI 시대 강의실의 코끼리: 기계 번역 문해력 교육을 위한 제언. 번역·언어·기술, 6, 65-86.

임대준. (2024a). AI 사진 대회서 '진짜 사진'이 우승… "AI보다 자연이 더 아름다워." AI 타임즈. https://bit.ly/40m7BgB

임대준. (2024b). AI가 쓴 글, 조만간 인간 창의성 넘어설 수도. AI 타임즈. https://bit.ly/3DGfrKt

장종원. (2024). AI 작품, 어디까지 저작권을 인정받을 수 있을까? Samsung SDS 인사이트 리포트. https://www.samsungsds.com/kr/insights/ai-copyright-240813.html

전미세리. (2023). 기계 번역이 인간 번역을 대신하게 될까? 조의연과 이상빈. (공편), K 문학의 탄생: 한국문학을 K 문학으로 만든 번역 이야기 (pp. 174-190). 김영사.

전현주. (2022). 인공지능 번역플랫폼 기반 번역가의 직명 및 직무 기술의 분화에 관한 연구. 통번역학연구, 26(1), 167-193.

전혼잎. (2019). 'Mum-Roach'? 한국에만 있는 혐오 표현 '맘충' 어떻게 번역됐을까. https://bit.ly/416iWDk

정진영. (2019). 애플카드 성차별 논란… "신용점수 더 높은데 왜 한도는 20배 적죠?" 국민일보. https://bit.ly/3EIg5NO

채혜선. (2017). '원숭이 셀카' 저작권자는 누구? 2년 만에 소송 마무리. 중앙일보. https://www.joongang.co.kr/article/21927862

최현재. (2024). 조선소 통역사 된 AI… 전문 용어도 척척. 매일경제. https://bit.ly/4fftvc3

카이스트 문술미래전략대학원 미래전략연구센터. (2023). 카이스트 미래전략 2023. 김영사.

표준국어대사전. (n.d.). https://stdict.korean.go.kr/main/main.do

한국문학번역원. (2023). 보도자료: 'AI 번역 현황과 문학 번역의 미래'에 대한 공론의 장 열린다. https://bit.ly/3SrZzzs

한국시조협회. (2022). *Sijo: Korean poetry*. 한국문화사.

한상기. (2024). AGI의 시대. 한빛미디어.

한치원. (2021). AFTER COVID-19, 해외 명문 학교의 학습 키워드?… "빠르게 아닌 다르게 키워야 한다." https://bit.ly/3D7JZo1

함수진과 류수린. (2010). 기술문서의 한일 기계 번역 문제에 대한 통제언어 연구 — '되다' 구문의 기계 번역 수월성 제고를 위한 통제규칙. 번역학연구, 11(4), 191-238.

Amazon. (n.d.). Contents guidelines (2025년 1월 25일 접속). https://kdp.amazon.com/en_US/help/topic/G200672390

Austin, J. L., & Urmson, J. O. (1962). *How to do things with words*. Oxford University

Press.

Baker, M. (2011). *In other words: A coursebook on translation*. Routledge.

Baudelaire, C. (1859). The salon of 1859: The modern public and photography. https://bit.ly/4g5v3V1

Blok, A., & Jensen, T. E. (2011/2017). 처음 읽는 브뤼노 라투르: 하이브리드 세계의 하이브리드 사상(황장진 역). 사월의 책.

Berisha, V. (2017). *AI as a threat to democracy: Towards an empirically grounded theory*. M.A. thesis. Uppsala University.

Bohacek, M., & Farid, H. (2023). Nepotistically trained generative-AI models collapse. https://arxiv.org/abs/2311.12202

Bowker, L. & Buitrago Ciro, J. (2019). *Machine translation and global research: Towards improved machine translation literacy in the scholarly community*. Emerald Publishers.

Brooks, C., Eggert, S., & Peskoff, D. (2024). The rise of AI-generated content in Wikipedia. https://arxiv.org/abs/2410.08044

Burawoy, M. (1979). *Manufacturing consent: Changes in the labor process under monopoly capitalism*. The University of Chicago Press.

Camus, A. (1942). *Le mythe de Sisyphe : essai sur l'absurde*. https://bit.ly/3BdVxW1

Camus. A. (2014). 시시포스 신화: 부조리에 관한 시론(오영민 역). 연암서가.

CEATL. (2023). Statement on artificial intelligence. https://bit.ly/4fLlr1u

Collins Online Dictionary. (n.d.). https://www.collinsdictionary.com

Cronin, M. (2003). *Translation and globalization*. Routledge.

Cronin, M. (2013). *Translation in the digital age*. Routledge.

DeepL. (2024). 이용약관: DeepL 번역기(무료 버전). https://www.deepl.com/ko/pro-license?tab=free

Edwards, R. (1979). *Contested terrain: The transformation of the workplace in the twentieth century*. Basic Books.

Farghal, M., & Haider, A. S. (2024). Translating classical Arabic verse: Human translation vs. AI large language models (Gemini and ChatGPT), *Cogent Social Sciences*, *10*(1), 2410998.

Gawdat, M. (2023). AI 쇼크, 다가올 미래(강주헌 역). 한국경제신문사.

Gerbner, G., Gross, L., Morgan, M., & Signorielli, N. (1980). The "mainstreaming" America: Violence profile no.11. *Journal of Communication*, *30*(3), 10–29.

Google Cloud. (n.d.). AI 할루시네이션이란 무엇인가요? htps://bit.ly/3WnXRRF

Guan, X. (2024). A Bard is born: A new era of poetry translation by ChatGPT-4, *Translation Review, 120*(1), 23-39.

Guerberof-Arenas, A., & Toral, A. (2022). Creativity in translation: Machine translation as a constraint for literary texts. *Translation Spaces, 11*(2), 184-212.

Guerberof-Arenas, A., Moorkens, J., & Orrego-Carmona, D. (2024). "A Spanish version of EastEnders": A reception study of a telenovela subtitled using MT. *The Journal of Specialised Translation, 41*, 230-254.

Guerberof-Arenas, A., & Toral, A. (2024). To be or not to be: A translation reception study of a literary text translated into Dutch and Catalan using machine translation. *Target, 36*(2), 215-244.

Gupta, S., & Simonds, S. (2017). Goldman Sachs' digital journey. *Harvard Business School Case 518-039* (Revised May 2019).

Heaven, W. D. (2023). Geoffrey Hinton tells us why he's now scared of the tech he helped build. *MIT Technology Review*. https://bit.ly/3Zfw8Dv

Hermann, E., Morgan, M., & Shanahan, J. (2021). Television, continuity, and change: A meta-analysis of five decades of cultivation research. *Journal of Communication, 71*(4), 515-544.

Hern, A. (2023). Sci-fi publisher Clarkesworld halts pitches amid deluge of AI-generated stories. *The Guardian*. https://bit.ly/4hf3IRW

Hu, K., & Li, X. (2023). The creativity and limitations of AI neural machine translation: A corpus-based study of DeepL's English-to-Chinese translation of Shakespeare's plays. *Babel, 69*(4), 546-563.

IBM. (n.d.). AI 할루시네이션이란 무엇인가요? https://bit.ly/4hkBCV3

Jetñil-Kijiner, K. (2014). United Nations Climate Summit Opening Ceremony — A poem to my daughter. https://bit.ly/4fS0tzg

Johnson, R. L., Pistilli, G., Menédez-González, N., Dias Duran, L. D., Panai, E., Kalpokiene, J., & Bertulfo, D. J. (2022). The ghost in the machine has an American accent: Value conflict in GPT-3. https://doi.org/10.48550/arXiv.2203.07785

Kelly, N. (2014). Why so many translators hate translation technology. *Huffpost UK*. https://bit.ly/3X7cTfB

Kim, K.-T. (2023). Legal and ethical issues and implications of AI-based creations. *K-Book Trends, 64*, 1-9.

Latour, B. (1990/1996). On actor-network theory. A few clarifications plus more than a few complications. *Soziale Welt, 47*, 369-381.

Lee, T. K. (2023). Artificial intelligence and posthumanist translation: ChatGPT versus the translator. *Applied Linguistics Review*, 1−22. https://doi.org/10.1515/applirev-2023-0122

Loh, J. (2021). 트랜스휴머니즘과 포스트휴머니즘(조창오 역). 부산대학교 출판문화원.

Long, D., & Magerko, B. (2020). What is AI literacy? Competencies and design considerations. *Proceedings of the 2020 CHI Conference on Human Factors in Computing Systems*. https://doi.org/10.1145/3313831.3376727

McCann, D. (2008). *Urban temple: Sijo, twisted & straight*. Bo_leaf Books.

Mahdawi, A. (2025). AI-generated 'slop' is slowly killing the internet, so why is nobody trying to stop it? *The Guardian*. https://bit.ly/4aGlHy4

Manapbayeva, Z., Zaurbekova, G., Ayazbekova, K., Kazezova, A., & Pirmanova, K. (2024). AI in literary translation: ChatGPT-4 vs. professional human translation of Abai's poem 'Spring.' *Procedia Computer Science, 251*, 526−531.

Marx, K. (1867/1887). *Capital: A critique of political economy* (Vol. 1). https://bit.ly/3ZsaNIn

Metz, R. (2022). AI won an art contest, and artists are furious. *CNN Business*. https://bit.ly/3WAtmYT

Molino, A. (2023). Promoting machine translation literacy: A focus on gender mistranslations and bias in English-Italian NMT. *European and Global Studies Journal*, 319−342.

Moorkens, J., & O'Brien, S. (2017). Assessing user interface needs of post-editors of machine translation. In D. Kenny (Ed.), *Human issues in translation technology* (pp. 110−130). Routledge.

Moorkens, J., Way, A., & Lankford, S. (2025). *Automating translation*. Routledge.

Mossop, B. (2020). *Revising and editing for translators* (4th ed.). Routledge.

National Artificial Intelligence Advisory Committee (NAIAC). (2023). *Recommendations: Enhancing AI literacy for the United States of America*. https://bit.ly/4gosn4Y

Neeley, T., & Leonardi, P. (2022/2024). AI 나를 위해 일하게 하라(조성숙 옮김). 월북.

Ng, D.T.K., Leung, J.K.L., Chu, S.K.W., & Qiao, M.S. (2021). Conceptualizing AI literacy: An exploratory review. *Computers and Education: Artificial Intelligence, 2*, 1−11.

Nord, C. (2012). Paratranslation — A new paradigm or a re-invented wheel? *Perspectives, 20*(4), 399−409.

ODT. (2023). Office paper consumption statistics: The key data [2023]. https://bit.ly/41cTeNG

OpenAI. (2024). GPT-4 technical report. https://arxiv.org/abs/2303.08774

Osmond, C. (n.d.). Fly in the ointment: Idiom, meaning & origin. *Grammarist*. https://grammarist.com/idiom/fly-in-the-ointment/

Pew Research Center. (2023). AI in hiring and evaluating workers: What Americans think. https://bit.ly/4fmUti4

Pihl, M. (1993, Trans.). Land of exile. In M. Pihl & B. Fulton (Eds.), *Land of exile: Contemporary Korean fiction*, (pp. 201-243). M.E. Sharpe.

Pym, A. (2016). *Translation solutions for many languages: Histories of a flawed dream*. Bloomsbury Academic.

Pym, A., Orrego-Carmona, D., & Torres-Simón, E. (2016). Status and technology in the professionalisation of translators. Market disorder and the return of hierarchy. *The Journal of Specialised Translation, 25*, 33-53.

Roser, M. (2022). The brief history of artificial intelligence: The world has changed fast — what might be next? *Our World in Data*. https://bit.ly/4h02SaW

Screen, B. (2019). What effect does post-editing have on the translation product from an end-user's perspective? *The Journal of Specialised Translation, 31*, 133-157.

Sorgi, G., & Di Sario, F. (2023). Who killed the EU's translators? *Politico*. https://bit.ly/3STfTJV

Suleyman, M. (2023). *The coming wave: Technology, power, and the twenty-first century's greatest dilemma*. Crown Publishing Group.

Temizöz, Ö. (2016). Postediting machine translation output: Subject-matter experts versus professional translators. *Perspectives, 24*(4), 646-665.

The Authors Guild. (n.d.). AG Introduces New Publishing Agreement Clauses Concerning AI. https://bit.ly/3Edrtv6

Translated. (2022, December 21). Translated measured the speed to singularity in AI using trends in machine translation. bit.ly/3ueQO30

Venuti, L. (1995). *The translator's invisibility: A history of translation*. Routledge.

World Economic Forum. (2023). *Future of job report 2023: Insight report*. https://bit.ly/46AkhmJ

Wu, M., Yuan, Y., Haffari, G., & Wang, L. (2024). (Perhaps) beyond human translation: Harnessing multi-agent collaboration for translating ultra-long literary texts. arXiv:2405.11804v1 [cs.CL] 20 May 2024.

Zhou, C., Neubig, G., Gu, J., Diab, M., Guzman, F., Zettlemoyer, L., & Ghazvininejad, M. (2021). Detecting hallucinated content in conditional neural sequence generation. *Findings of the Association for Computational Linguistics* (ACL-IJCNLP 2021), 1393-1404.

AI와 통번역의 미래

1판 1쇄 발행　2025년 3월 17일

지 은 이 ｜ 이상빈
펴 낸 이 ｜ 김진수
펴 낸 곳 ｜ 한국문화사
등　　록 ｜ 제1994-9호
주　　소 ｜ 서울시 성동구 아차산로49, 404호 (성수동1가, 서울숲코오롱디지털타워3차)
전　　화 ｜ 02-464-7708
팩　　스 ｜ 02-499-0846
이 메 일 ｜ hkm7708@daum.net
홈페이지 ｜ http://hph.co.kr

ISBN　979-11-6919-304-7 93700

· 이 책의 내용은 저작권법에 따라 보호받고 있습니다.
· 잘못된 책은 구매처에서 바꾸어 드립니다.
· 책값은 뒤표지에 있습니다.

오류를 발견하셨다면 이메일이나 홈페이지를 통해 제보해주세요.
소중한 의견을 모아 더 좋은 책을 만들겠습니다.